_____님께

上善若水

가장 훌륭한 것은 물과 같다

나를 찾는 **도덕경**

도덕경 불경 성경 논어 현대과학의 참 지혜

나를 찾는 도덕경
도덕경 불경 성경 논어 현대과학의 참 지혜

인쇄일 1판1쇄 | 2023년 9월 7일
발행일 1판1쇄 | 2023년 9월 15일

글쓴이 | 편상범
발행인 | 양영광

발행처 | 황금비
등록일 | 2022년 9월 8일
사무실 | 서울시 강남구 광평로 295, 서관동 1319호
전 화 | 031-608-7701 팩 스 | 02-6008-0488
블로그 | https://blog.naver.com/goldenratio85
이메일 | goldenratio85@naver.com

ⓒ 편상범 2023
ISBN 979-11-93142-06-6 03100

*이 책의 저작권은 황금비가 소유합니다. 저작권법에 의해 한국 내에서 보호를 받는 저작물이므로 무단전재와 무단복제를 금합니다.
*이 책의 전부 또는 일부를 이용하려면 반드시 사전에 저작권자와 출판사 이름의 서면 동의를 받아야 합니다.
*책값은 뒤표지에 있습니다. 잘못 만든 책은 구입한 서점에서 바꿔 드립니다.

나를 찾는 도덕경

도덕경 불경 성경 논어 현대과학의 참 지혜

황금비

일러두기

1. 도덕경 81장을 글쓴이가 원론과 각론, 주제별로 재배치하였고, 주제가 많이 겹치거나 반복되는 장은 일부 생략했습니다.
2. 도덕경 원문은 왕필본, 백서본, 죽간본 등을 비교 대조한 다음, 전체 맥락을 해석하는 데 더 적절하다고 판단되는 글자들을 선택하여 재구성했습니다. 특히 자구와 해석에 논란이 있는 부분은 다양한 해석이 있음을 밝히고, 글쓴이가 선택 또는 해석한 이유를 제시했습니다.
3. 도덕경 원문 풀이는 1단계로 최대한 간명한 해설을 하고, 2단계로 다른 경전과 상통되는 구절과 비교하면서 상세하게 설명하여 독자들이 뜻을 재음미하면서도 쉽게 이해할 수 있도록 구성했습니다.
4. 각 장의 소제목은 원문에 있는 것이 아니라 주제에 쉽게 접근할 수 있도록 글쓴이가 자의적으로 붙인 것입니다.
5. 도덕경을 풀이하면서 동서양 주요 경전들과 현대 철학, 현대 과학천문학, 양자물리학 등, 시詩와 한시漢詩, 게송偈頌, 예술음악, 미술, 서예 등 다양한 참조 사례를 들어 경전의 큰 함의含意에 접근하는 데 도움을 주고자 하였습니다.
6. 본 저서를 집필하는 데 수많은 경전과 철학, 문학, 예술, 과학서 등을 비교, 참조, 확인했으나, 일일이 모두 언급하기는 어려워 도덕경 원문 풀이 관련하여 주로 참고한 문헌만 일러두기에 밝힙니다.

《노자 도덕경과 왕필의 주》 왕필 주해 · 김학목 역, 홍익출판사, 2012
《감산의 노자 풀이》 감산 주해 · 오진탁 역, 서광사, 1991
《도덕경》 오강남 풀이, 현암사, 2011
《무위당 장일순의 노자 이야기》 이현주 대담·정리, 다산글방, 1998
《노자》 김학주 옮김, 연암서가, 2011
《도덕경》 정창영 역, 물병자리, 2014
《신역 노자 독본》 여배림 주해 · 박종혁 역, 학고방, 2011
《다석 유영모의 늙은이(노자) 풀이》 윤정현 엮어씀, 도서출판 기역, 2023

여는 글

'참나'와 '미래로 가는 옛길'을 찾아

어느덧 경전 공부를 시작한 지 약 삼십 년쯤 된듯하다. 그 사이 시간은 쏜살같이 빠르고, 세월은 유수流水같이 장구長久한데, 깨달음의 길은 갈수록 더 멀고 막막하기만 하다. 이따금 깨우침이 오기도 하지만, 이 작은 몸 안에 수천, 수만 년 동안 쌓인 거대한 카르마karma, 業를 덜어내는 일은 참으로 지난하고 고단한 일이다. 하지만 큰 지혜는 궁역락窮亦樂 통역락通亦樂이라, 막혀도 즐거움이요 뚫려도 즐거움이라 했으니, 너무 먼 길이지만 기꺼이 그 경지까지 걸어가 보기로 하자.

처음 도덕경道德經을 시작으로 장자莊子, 금강경金剛經, 화엄경華嚴經, 성경聖經, 논어論語, 맹자孟子, 주역周易, 중용中庸, 대학大學, 천부경天符經, 법구경法句經, 벽암록碧巖錄, 임제록臨濟錄, 우파니샤드Upanisad, 바가바드기타Bhagavadgītā 등을 공부하면서, 15년 전부터는 동서양의 대표 종교라 할 수 있는 유교, 불교, 도교, 기독교의 4대 경전인 논어, 금강경, 도덕경, 성경의 말씀을 상호 비교해서 살펴보는 '동서양 4대 경전 비교강좌'를 진행해 오고 있다.

이 책은 15년 동안 비교강좌를 진행했던 결과물이라 할 수 있다. 책을 집필하게 된 큰 동기는 강좌를 진행할 때 도덕경을 중심으로 4대 경전을 비교해가며 풀어나가는데, 주主 교재인 도덕경 81장에는 각 주제가 혼재되어 있고, 근원을 다루는 원론과 구체적인 실천 사례가 나오는 각론들이 체계 없이 섞여 있어서 주제별로, 원론과 각론별로 재분류하고 싶었다. 아울러 동서양 대표 경전들이 공통으로 전하는 참 지혜의 말씀을 함께 찾아보고자 했다.

지난겨울 어느 날, 추운 새벽에 일어나 원고를 정리하던 중에 문득, '나는 왜 이 경전 공부를 시작했을까?' 하는 의문이 떠올랐다. 곰곰이 생각해보니 세 번의 큰 계기가 있었던 것 같다.

너무 어려서 아직 발심發心이라고까지는 할 수 없는, 첫 번째 큰 의문이 일어난 때는 초등학교 4~5학년쯤 여름방학이었던 것 같다. 필자의 고향인 충청도 보령 청소면 새울 동네 가운데쯤에 '중당中堂'이라 불리는 높지 않은 비산비야非山非野의 큰 구릉丘陵이 하나 있었는데, 조금만 올라가면 낙락장송과 아름드리 참나무들이 그늘을 만들어주는 아주 넓은 평원이 나온다. 동쪽 청소면 오서산烏棲山과 그 오서산 줄기가 남쪽으로 뻗어 생긴 주포면 진당산鎭堂山 계곡에서 내려오는 시원한 바람이 오천면 바닷가 도미항渡美港으로 빠져나가는 길목에 바로 이 중당中堂이 있어서 여름철에는 동네 어른들의 요긴한 숲

그늘 쉼터이자, 아이들에겐 알토란같은 놀이터가 되었다.

　매일 그렇듯 어느 날 중당에 놀러 갔는데 그날따라 친구들이나 마을 어른들이 다 어디 갔는지 없고, 중당 정상에 있는 당堂나무 밑에 허리 굽은 백발의 큰할머니 당숙네 할머니가 편찮으시다고 했는데 어떻게 올라오셨는지 혼자 물끄러미 아래 동네를 내려다보고 계셨다. 큰할머니가 내려다보는 방향은 이웃 동네 길목이었는데, 마을에 초상이 났는지 때마침 꽃상여가 지나가고 있었다. 멀리서 '어허~ 어하, 어허이 어~하' 하는 선소리꾼의 구슬픈 사설과 요령쇠방울 소리가 들려왔다. 이윽고 길게 이어졌던 상여 행렬이 다 지나가자 큰할머니는 집으로 내려가려고 고개를 돌리다가 나와 눈이 마주쳤다.

　그때 마주쳤던 그 눈, 망자가 생전에 친한 지인이었는지 눈물을 머금은 그 붉은 두 눈이 40년도 훌쩍 넘은 지금도 어제 본 듯 생생하다. 아직 어려서 죽음의 의미도 잘 모르고, 그 큰할머니의 충혈된 눈이 왜 붉었는지도 잘 몰랐지만, 자신의 죽음이 얼마 남지 않은 한 인간이, 친했던 지인의 죽음을 바라보는 그 눈길이 주는 어떤 심원深遠함이 서늘하게 느껴졌고, 아주 어렴풋이 살아있음과 죽음에 대해서도 의문이 들었던 것 같다. '저 꽃상여 안에 누워 있는 사람은 죽어서 어디로 가나?', '그것을 애잔하게 바라보던 큰할머니의 붉은 눈은 무엇을 말하는가?'

　두 번째 큰 의문이자 첫 발심이 일어난 것은 중학생 시절 끝 무렵이었던 듯하다. 그때는 시절이 어려운 때라 이 마을 저 마을 떠돌아다니며 식량을 구걸하는 거지가 많았고, 손목 하나가 없거나 다리가 잘려서 목발 짚고 구걸하러 다니는 상이군인도 많았다. 보릿고개를 넘기긴 했지만, 식량이 넉넉하진 않아서 거지나 상이군인들에게 연이어 곡식을 몇 되 퍼주고 나면 금방 밥상에 표가 났다. 식구들 먹이는 게 우선일 텐데도 어머니는 그 초대하지 않은 손님들이 올 때마다 뒤에서도 인상 한번 쓰지 않고 꼭 됫박이 넘치게 퍼주셨다. 생판 모르는 거지한테도 그랬으니 우리보다 더 어려운 일가친척이나 동네 사람들한테 어찌했을지는 안 봐도 훤하리라. 오죽했으면 어머니 돌아가셨을 때 장례식장 빈소에 한동네 꼬부랑 할머니 할아버지들이 사흘 내내 찾아오셔서 '우리 삼 동네에서 세 마을이 한 리를 이루고 있어서 가장 선한 양반이 세상을 떠났다'라며 아쉬워하셨다.

그때 나는 어린 나이에 속상해서 "엄마는 왜 우리 먹을 것도 부족한데 모르는 사람 아는 사람 가리지 않고 쌀을 다 퍼 주시냐"고 투덜거리면, 어머니는 아무 설명도 없이 "그런 소리 하는 거 아녀~"라고만 하셨다. 그런 일은 내 최초의 기억이 더듬어질 때, 그러니까 유년 시절에도 그래왔었는데, 어려서는 가만히 있다가 머리 좀 컸다고 어머니께 불평하곤 했다. 그러면서 한편 문득 드는 생각이 '엄마는 저렇게 자기 자식 먹을 것까지도 남들에게 선뜻 내주는데, 나는 왜 내 혈육인 동생들하고 물건이나 음식가지고 허구한 날 툭하면 싸우나. 엄마를 안 닮았나? 아버지도 엄마랑 비슷한데 그럼 나는 누구를 닮았나?' 하는 의문과 함께 혹시 양자가 아닐까 하는 터무니없는 의심도 들었다. 그러면서 '분명 부모님에게 육신과 영혼을 물려받았는데 내 이기성은 어디서 왔는가?' 더 나아가 인간 본성에 관해 공부하고 싶은 마음 발심이 들었고, 평소 좋아하던 시나 소설을 통해서 해답을 찾고자 문학 공부에 뜻을 두게 되었다. 자연스럽게 대학에서 문학을 공부하게 되었고, 좀 더 인간 심리를 알고 싶은 욕심에 대학원에서 심리학을 공부하게 되었다.

세 번째 계기는 직장에 들어간 지 얼마 안 된 신입사원 시절에 일어났는데 문학이나 심리학에서도 근원적인 갈증 해결이 안 되던 중에, 어느 날 까마득한 상사였던 지금은 작고하신 위광원 처장님의 방에서 인터폰이 울려왔다. 그때 내가 홍보 업무를 하고 있어서 이곳저곳 대내외적으로 글 쓰는 일이 많았는데, 그 글들을 읽고 그러셨는지 몰라도, 인터폰을 받고 처장실에 들어가 보니 뜬금없이, "편 선생이라면 이 책 좋아할 거 같아서. 한번 읽어보시구려"라며 책 세 권을 건네주시는 것이었다. 그 책이 바로 노자의 '도덕경 道德經'이었다.

문학을 공부하면서도 논어나 불경, 성경 등 경전 구절들을 조금씩 들여다보긴 했지만 제대로 푹 빠져서 읽어본 경험은 없었다. 회사 일도 많은데 이 두꺼운 책을 세 권씩이나, 게다가 한자 漢字가 절반인 책을 언제 다 읽나. 하늘 같은 상사인 처장님이 주신 책이니 안 읽을 수도 없고. 떨떠름한 마음으로 집에 와서 읽어보기 시작했는데, 첫 장부터 거대한 블랙홀에 빠져들어 가듯 푹 빠져버렸다. '몰입 沒入'이라는 글자 그대로 도덕경이라는 살에 머리를 푹 박고 피를 빨아 먹는 등에처럼 한 구절 한 구절을 탐닉했다. 어찌나 좋아했던지 근무하면서도 몰래 결재판에 책을 넣고 화장실에 들어가서도 읽었고, 퇴근하고 집에 돌아와서는 저녁도 안 먹고 밤늦도록 읽다가 품에 안고 잠들고, 눈뜨면 다시 읽었다. 그렇게 완전히 몰입해서 읽고 나니, 평소 궁금해하던 우주의 참된 이치와 인간 본성의 근원이 되는 뿌리가 조금씩 만져지기 시작했다. 그러면서 다른 성현들은 그것에 대해 어떻게 말했는지도 알고 싶어서 금강경과 성경, 논어와 맹자, 주역, 중용과 대학, 우파니샤드 등도 연이어 탐독하게 되었다. 민예총에서 주관하는 고전 강좌에서 '동서양 비교철학'을 몇 년 공부한 것도 문리 文理를 트는 데 많은 도움이 되었다.

원래 미욱하고 아둔하지만 그래도 꾸준히 공부해보니, 노자나 예수님, 석가모니는 말할 것도 없고 공자, 맹자, 장자, 소크라테스, 스피노자, 간디, 톨스토이, 소로우에서 우리나라의 최제우, 최시형, 류영모, 함석헌, 장일순 선생에 이르기까지 동서고금의 성현들이 전하는 진리는, 한 나무 안에서도 잎사귀나 꽃의 크기나 모양과 색깔이 조금씩 다르듯 표현만 조금씩 다를 뿐 그 바탕이 되는 뿌리는 한결같았다.

현시대를 지배하고 있는 물질문명과 자본주의라는 것이 꽃과 열매만 지나치게 탐하게 되어있어서, 잎이나 꽃과 열매가 너무 무성하게 되면 결국 뿌리가 견디지 못하고 썩듯이, 걷잡을 수 없는 많은 문제를 야기하고 있다. 쾌적하던 유럽의 여름은 몇 년째 최악의 폭염과 가뭄에 허덕이고 있고, 올해만 해도 지구 기온이 상승하면서 북극한파를 묶어주던 제트기류가 느슨하게 풀리면서 미국 북부와 캐나다에는 영하 50도에 육박하는 한파가 몰려와서 도시가 마비되고 사람들이 죽어 나갔다. 아프리카나 중동지역의 사막화는 갈수록 더 심해지고, 다른 한쪽에서는 홍수로 도시 전체가 물에 잠기기도 한다. 우리나라만 해도 근래 일기예보에 '기상관측이래 최초로'라는 말이 일상어가 될 정도로, 최장의 장마와 가뭄, 최고의 폭염과 한파가 반복되고 있어서, 전쟁 못지않게 자연 생태계의 붕괴를 염려하지 않을 수 없게 되었다.

지구온도가 2℃ 올라가면 지금보다 폭염 기간이 5배가 더 길어져서 93배 더 많은 사람들이 생명의 위협을 받게 된다고 한다. 그래서 2015년 세계 195개국 정상들이 파리에 모여 1.5℃ 이상 올라가는 것을 막자는 '1.5℃ 기후행동 협약'을 맺은 바 있지만, 인공지능 딥러닝으로 현재 지구 기온 상승률을 적용해보면 1.5℃ 이상이 되는 시점이 2033~35년이라고 한다. 기후전문가들이 예상보다 너무 빠른 시기에 위기 상황이 도래하는 것에 놀라서 수십 번 변수 조건을 적용해서 돌려봐도 결과는 같았다고 한다. 또한, 기상학자들이 '운명의 날 빙하'라 부르는 남극 스웨이츠 빙하에 온난화로 최근 구멍이 생겨서 녹는 속도가 가속되고 있다고 한다. 이 빙하가 녹아 없어지면 전 세계 해수면이 당장 65cm 상승하고, 주변 빙붕의 연쇄 붕괴를 초래하여 해수면을 추가로 2m 이상 상승시킬 수 있어, 뉴욕과 서울 같은 대도시도 물에 잠길 수 있다고 경고하고 있다.

지구환경만 심각한 것이 아니다. 신자유주의 확대로 부익부富益富 빈익빈貧益貧의 구조적 불평등이 갈수록 더 심해져서, 지구 한편에서는 아이들이 굶주림으로 죽어가고, 다른 한편에서는 너무 많이 먹어서 성인병으로 죽어 나간다. 배금주의와 물신화 현상이 심각해져서 사람을 연봉 얼마짜리로 물건처럼 값을 매기는 것이 자연스럽게 되었고, 아이들에게 옆 친구를 이겨야 대학에 가고 출세하는 구조를 어려서부터 체득시키고 있다. 그러다 보니 물질은 풍부해졌는데, 정신은 공허하고 황폐해져서, 우리나라 아이들의 ADHD와 유사 ADHD 비율이 30%나 된다고 하고, 청소년들 자살률은 세계 1위이며, 어른들은 공황장애 같은 우울증 환자가 해가 갈수록 증가하고 있다. 그런데도 더 심각한 것은 병病을 병病으로 모르는 데 있다.

노자는 일찍이 병을 병으로 아는 사람이 깨달은 자聖人라 했다. 노자뿐만 아니라 예수님이나 석가모니, 공자도 인류에게 어떤 것이 병인지, 그 병이 왜 생겼는지, 그리고 어떻게 하면 개인과 사회와 지구 전체가 앓고 있는 대병大病을 치료할 수 있는지 한목소리로 말하고 있는 것이 바로 다름 아닌 대도大道요, 사랑이요, 자비요, 인仁에 이르는 길이다.

그 크지만 쉽지 않은 길에 여러 도반道伴들과 즐겁게 동행하고 싶어서 이 책을 쓰게 됐다. 이 책이 나오는 데 많은 분이 도움을 줬다. 특히 경전 공부의 첫걸음을 내딛게 하신 아이코리아의 고故 위광원 처장님, '인문학 교양교실'이라는 처음 대중 강좌를 여는 데 계기를 마련해주신 씨앤에이 이재종 이사장님, 책을 집필하도록 권유하고 편집하는 데 많은 도움을 주신 황금비의 양영광 대표님, 몇 달 동안 새벽부터 밤늦도록 원고 집필하는 데 집중할 수 있도록 곁에서 도와준 아내와 지은이, 성우 그리고 분당 씨앤에이 식구들에게도 각별히 고마운 마음을 전하고 싶다.

끝으로 고향에서 홀로 우주의 적막寂寞을 견디고 계신 아버지와 평생 가장 낮은 곳에서 함이 없이 안 하는 일 없는 소도小道의 삶을 사시다가 재작년 늦가을 대도大道의 품으로 돌아가신 나의 작은 하느님, 어머니께 이 어리숙한 글을 바친다.

2023년 9월
편 상 범

차례

여는 글 '참나'와 '미래로 가는 옛길'을 찾아   5
프롤로그 우리는 어디서 와서 어디로 가는가?   18

道經

도의 본체론
도道, 그 크고 참된 이치는 무엇인가?   24

태초 우주의 시원 (제25장)   26
도란 무엇인가? (제1장)   31
우주 만물은 어떻게 변화하는가? (제42장)   38
도의 형상, '이夷 희稀 미微' (제14장)   41
도와 우주 만물과의 관계 (제34장)   48
밝은 깨달음 明이란? (제52장)   51
만물의 실재常 - 귀근歸根 (제16장)   56

도의 작용론
도道는 어떻게 작용하는가?   63

도의 기본적인 움직임과 기능 (제40장)   64
도의 본질과 주요작용, 충沖에 관하여 (제4장)   67
도의 주요작용, 허虛에 관하여 (제5장)   72

천지의 뿌리, 음 陰여성성에 관하여 (제6장)	76
도의 성품, 물의 순리 작용 (제8장)	80
도의 주요작용, 무용 無用에 관하여 (제11장)	87
도와 덕의 역설적 작용 (제41장)	90
유도 有道와 무도 無道의 원인, 결과 (제46장)	96
도의 실재와 올바른 다스림 (제37장)	101
도는 왜 알기 어려운가? (제70장)	107
천명 天命과 하늘의 그물 (제73장)	111

德經

덕의 본체론

덕德이란 무엇이고 어떻게 실천해야 하는가? 118

도와 덕의 관계 (제21장, 51장)	120
높고 훌륭한 덕 上德과 수준이 낮은 덕 下德 (제38장)	123
변함없는 덕 常德을 잘 지키는 방법 (제28장)	128
큰 덕德은 서툰 것 같고 (제45장)	133

성인론

성인 聖人은 어떤 사람이며, 어떻게 될 수 있는가? 141

문밖을 나가지 않고도 다 알게 되고 (제47장)	142
상대적 관계가 하나임을 아는 자 (제2장)	146
성인이 드러내는 덕 德의 모습 (제15장)	152
사욕 私慾이 없어서 영원히 존재한다 (제7장)	160

성인이 하지 말아야 할 것들 (제9장)	164
도가道家의 건강법 (제10장)	169
감각적 욕망을 극복하는 방법 (제12장)	175
인정욕구에서 해방되는 방법 (제13장)	180
만물을 취사선택取捨選擇하지 않고 (제27장)	189
자기를 알고 스스로 만족하는 자 (제33장)	197
일상에서 빠지기 쉬운 여러 욕구에 대한 경계 (제44장)	204
매일 쌓았으면 매일 덜어내야 (제48장)	207
고정된 마음 없이 모든 사람을 대하고 (제49장)	212
사람들은 왜 죽음의 길을 선택하는가? (제50장)	216
사람들은 왜 좁은 지름길을 선호하는가? (제53장)	221
어렵고 큰일을 쉽거나 작게 보지 않고 (제63장)	224
일을 시작하기 전에 마음을 먼저 정제하고 (제64장)	228
도가道家의 세 가지 보물 (제67장, 59장)	235
아는 것이 어떻게 병病이 되는가? (제71장)	243
큰 원한은 화해를 잘해도 여한이 남으니 (제79장)	247
믿음직스러운 말은 아름답지 못하고 (제81장)	252

지도자론

덕德을 지닌 지도자는 어떻게 다스리는가?	258
욕심낼만한 것들을 보이지 않음으로써 (제3장)	260
지도자의 네 단계와 최고 수준의 통치 (제17장)	266
분별심과 아는 체하는 것을 버리고 (제19장)	271

지나침과 사치, 교만을 버려야 (제29장) 275
너무 꼼꼼하게 다스리면 사람들 마음이 각박해지고 (제58장, 60장) 280
다투지 않고 상대를 이기는 법 (제68장) 285
부드럽고 약한 것이 굳세고 강한 것을 이기니 (제76장) 289
남는 것은 덜어내어 모자란 것을 채우고 (제77장) 293
좋은 지도자가 되려면 어떻게 해야 하는가? (제78장) 297

에필로그 노자가 꿈꾸던 세상은? (제80장) 306

프롤로그

우리는 어디서 와서 어디로 가는가?

우리는 어디서 와서,
어디로 가는가?
_위키아트

문명 생활에 환멸을 느껴 파리를 떠나 남태평양 타히티섬에서 생을 마감한 인상파 화가 폴 고갱 Eugène Henri Paul Gauguin, 1848~1903은 '우리는 어디서 와서, 어디로 가는가?'라는 작품을 남겼다. 질병과 빈곤, 딸의 죽음으로 자살 시도까지 했던 고갱은 이 작품을 통해 인간 존재의 근원에 관한 물음을 던지고 있다.

그림 오른쪽에서 왼쪽으로 이동하면서 누워 있는 어린 아기를 통해 우리의 과거를 묻게 되고, 그림 중앙에 서서 익은 과일을 따는 여인을 통해 우리의 현재를 보게 되기도 하며, 선악과를 따는 아담과 이브가 연상되기도 한다. 또 화면 왼쪽 아래 웅크리고 귀를 막아 닥쳐올 고통을 괴로워하는 늙은 여인의 모습에서는 우리의 미래를 어

우리는 어디서 와서 어디로 가는가?

렴풋이 느낄 수 있다. 즉, 인간의 탄생, 삶 그리고 죽음의 3단계를 표현한 것이다. 그림 왼쪽 윗부분에는 생명과 죽음을 관장하는 타히티섬 전설 속의 여신 '히나'의 상像이 있고, 여신 곁에는 고갱의 딸 '알린'이 그려져 있다. 분신처럼 아끼던 딸 '알린'을 여신의 힘을 빌려 되살리고자 한 것이다.

작품의 주제이자 제목은 왼쪽 위 끝에 프랑스어로 'D'où Venons Nous, Que Sommes Nous, Où Allons Nous'라고 물음표도 없이 쓰여 있는데, '우리는 어디에서 왔고, 우리는 무엇이며, 어디로 가고 있는가? Where Do We Come From? What Are We? Where Are We Going?'란 뜻으로 번역할 수 있다. 비운의 천재 화가 고갱이 죽음을 앞두고 혼신의 힘을 다해 그린 역작이 던지고 있는 이 굵직한 화두에 대한 답을 오래된 지혜의 보고寶庫, 경전에서 찾아볼 수 있을까?

고갱의 질문을 좀 더 확장해보자. 우주 만물은 어디에서 왔으며, 어떤 원리로 운행되고 있으며, 그 안에 있는 우리 인간은 어떻게 살아가야 하는가? 공자의 《중용中庸》〈술이述而〉편 구절처럼, 일찍이 사물의 이치를 단박에 깨달은 생이지지生而知之한 성현인 노자와 석가모니와 예수는 도덕경, 금강경, 성경을 통해 한결같은 목소리로 위의 물음에 대한 명쾌한 해법을 제시하고 있다. 태어나면서부터 깨달을 수 없는 범부인 우리는 곤이지지困而知之나 곤이불학困而不學, 즉 곤경에 처해서야 깨닫거나, 무지하여 어려움을 겪으면서도 배우지 않는 어리석음을 범하지 않기 위해, 학이지지學而知之의 간곡한 마음으로 옛 성현들의 음성을 따라 현재와 미래의 해법을 찾아보고자 한다.

　필자는 이 책에서 노자의 도덕경 81장을 해체하여 주제별로 재분류해서 해석하고자 했는데, 그 과정에서 2,500년 전의 동서양 다른 경전들 성경·금강경·장자·논어·맹자·주역·중용·대학 등과 동서양 철학자들의 사상, 그리고 현대 최첨단 과학 분야인 우주 천문학 거시적 세계, 양자물리학 미시적 세계과 비교 분석함으로써 동서고금 東西古今을 관통하는 보편적 진리가 무엇인지에 대해 접근하고자 했다. 나아가 그 진리의 세계 우주 만물의 생성과 존재 방식, 운행 원리를 순리대로 걸어가는 자의 모습을 보여줌으로써 현대 우리 사회가 안고 있는 여러 난제들의 근원적인 해법을 찾아보고자 하였다.

　보편적으로 도덕경 상편에 해당하는 1장~37장을 도경 道經이라 하고, 하편에 해당하는 38장~81장을 덕경 德經이라 분류한다. 그렇지만 상편이 모두 도 道에 관해서 말하고, 하편이 모두 덕 德에 관해서 말하는 게 아니다. 상편에도 덕에 관한 이야기가 적잖게 나오고, 하편에서도 도에 관한 이야기가 나오는데, 주로 도의 '존재론적인 측면體'을 상편에서 많이 다루고 도의 '기능론적인 측면用'인 덕의 내용을 하편에서 많이 다루기 때문에 흔히들 그렇게 분류하는 것이다. 그렇지만 일부 판본에서는 상편과 하편이 바뀌어서도 나올 만큼 도덕경 전편에서 도 道의 체 體와 용 用이 혼재되어 있다. 그래서 도덕경은 한 사람이 집대성한 것이 아니라 노자의 말씀을 여러 사람이 적은 것을 한곳에 모았다고 보기도 한다.

필자는 이러한 보편적이고 전통적인 분류법도 참고하면서, 혼재되어 있는 도道의 원론적인 체體와 기능론적인 용用을 체계적으로 재구분하여, 체體는 도의 본체론本體論과 작용론作用論으로, 용用은 덕의 원론原論과 성인론聖人論, 지도자론指導者論으로 나누어 구성하였다.

道經

도의 본체론

도道, 그 크고 참된 이치는 무엇인가?

　도덕경道德經은 도道와 덕德에 관한 경전이다. 아이가 초등학교에 들어가서 처음 배우는 과목이 도덕道德이다. 도덕道德 국어國語 산수算數 사회社會 자연自然을 배우는데, 바로 이 도덕道德과 자연自然이 도덕경에서 나오는 중심어이다. 물론 여기에서의 도덕과 자연은 노자가 말하는 의미보다는 협의의 개념이다. 특히 도덕은 오히려 공자가 말한 인의예지仁義禮智의 덕에 가깝다. 공자는 일찍이 '조문도석사가의朝聞道夕死可矣'라 하여 아침에 도를 들으면 저녁에 죽어도 좋다고 했는데, 이때의 도道 또한 노자의 도

道와는 결이 다르다. 공자의 도道는 인간이 사회를 이루어 살아가는 데 필요한 올바른 생활 규범, 가치 기준이며 세상을 옳게 다스리는 방법을 의미한다.

노자의 도道는 인간이 가야 할 바람직한 길을 다루기도 하지만, 그 길을 인간이 만든 예禮나 제도가 아닌 우주 만물의 구성과 근본적인 운행 원리에서 찾고 있다. 즉, 노자의 도道는 우주와 만물의 근원이 되는 것이며, 우주와 만물이 존재하고 변화하는 섭리와 참된 이치를 말하는 것이다. 우주 만물이 이런 원리로 구성되어 있고, 존재하며, 변화, 운행되므로 우주의 파편인 인간도 그러한 원리에 따라 살아가는 것이 참된 이치에 맞는 순리順理여서 편안히 장구長久할 수 있지만, 그 반대로 살아가면 우주의 원리에 역행하므로 '부도不道면 조이早已라', 일찍 끝나게 되어있다는 것이다. 마치 2,500년 전의 현자가 현대 기후변화 위기 등을 예견하여 미리 섬뜩한 경고를 보낸 것처럼 들린다.

그러면 우선 노자가 도道를 가장 원론적으로 어떻게 설명하고 있는지 먼저 도덕경 제1장과 25장에서 살펴보자.

태초 우주의 시원
(제25장)

제1장에서 도道의 첫 이름을 명명命名하고 시작해서 여기부터 살펴봐도 무방하지만, 태초 우주의 시원始原부터 설명하기에는 제25장이 더 근본이 되기 때문에, 먼저 제25장의 첫 봉인封印부터 해제해보도록 하겠다.

有物混成 유 물 혼 성	어떤 것들이 마구 섞여서 흐릿해 있는데
先天地生 선 천 지 생	그것은 하늘과 땅이 생기기 전보다도 먼저 있었다.
寂兮寥兮 적 혜 요 혜	고요하고 텅 빈듯하지만
獨立而不改 독 립 이 불 개	무엇에 의지하거나 변하지 않고 홀로 서서,
周行以不殆 주 행 이 불 태	두루 행하되 잠시도 쉬지 않으니
可以爲天下母 가 이 위 천 하 모	가히 천하 만물의 어머니라 할 수 있다.
吾不知其名 오 부 지 기 명	나는 그 이름을 알지 못하니
字之曰道 자 지 왈 도	문자로 그저 '도道'라 부르고,
强爲之名曰大 강 위 지 명 왈 대	억지로 이름을 지어 표현하자면 '크다大' 하니
大曰逝 대 왈 서	크기 때문에 '끝없이 나아간다逝' 하고
逝曰遠 서 왈 원	끝없이 나아가니 '멀다遠' 하며
遠曰反 원 왈 반	멀리 가니까 '되돌아오는 것反'이다.

故, 道大 _{고 도대}	그러므로 도_道는 크고
天大 _{천대}	하늘도 크며
地大 _{지대}	땅도 크고
王亦大 _{왕역대}	왕_{깨달은사람} 또한 크다.
域中有四大 _{역중유사대}	세상에는 네 가지 큰 것이 있는데
而王居一焉 _{이왕거일언}	왕도 그 가운데 하나이다.
人法地 _{인법지}	하여 사람은 땅을 본받고
地法天 _{지법천}	땅은 하늘을 본받으며
天法道 _{천법도}	하늘은 도_道를 본받고
道法自然 _{도법자연}	도_道는 자연을 본받는다.

첫 구절에 나오는 '유물혼성_{有物混成}'은 '태초에 혼돈과 공허, 흑암이 있었다'라는 《성경_{聖經}》의 〈창세기 1장〉을 연상케 한다. 천지가, 우주 만물이 생기기 전의 혼돈 상태, 고요하고 텅 빈듯하지만 잠시도 쉬지 않고 두루 행하는 상태. 현대 천문학에서는 약 140억 년 전 빅뱅_{Big Bang} 이후 우주가 생성되었다고 설명하는데, 초기우주는 플라스마_{plasma, 액체·기체·고체가 아닌 제4의 물질} 상태였다고 한다. 있는 것도 아니고 없는 것도 아닌 상태로 존재하지만, 내부적으로는 엄청난 잠재 에너지인 잠열_{潛熱}이 방출되면서 우주가 급격히 10^{100}배 팽창하는데, 허블망원경으로 관찰할 수 있는 '우리우주'는 무려 수천억 개의 은하로 이루어져 있고, 여기에서 '우리은하'는 다시 천억 개 이상의 태양계로 이루어져 있다고 한다. '우리우주'만 관통하는 데도 5천만 광년이 걸리니, 그 밖의 우주는 그 크기나 거리와 면적

의 가늠이 불가능하다. 이러한 우주의 존재와 우주를 움직이는 원리는 특정한 단어로 표현할 수 없으니, 그저 어쩔 수 없이 억지로 도道나 대大로밖에 표현을 못 하는 것이다.

    도道나 우주는 인간의 인식으로 가늠할 수 없을 만큼 거대하므로 끝없이 나아가逝 멀리 가고遠, 끝없이 멀리 간다는 것은 결국 되돌아오는 것反을 말한다. 여기서 되돌아온다는 의미는, 도道가 인간 → 지구 → 태양계 → 은하 → 우주로 무한 확장되지만, 종국에는 다시 인간으로 되돌아온다는 것으로 해석할 수 있다.

    그래서 도道가 크듯이 천지天地와 마찬가지로 왕王, 깨달은 사람도 크다고 할 수 있으니, 마침내 돌아와 사람은 땅을 본받고, 땅은 하늘을 본받고, 하늘은 도道를 본받고, 도道는 자연自然, 스스로 그러한 것을 본받아야 한다. 사람은 땅과 하늘과 도와 자연을 본받아야 순리대로 살 수 있다는 것이다. 이는 오랫동안 동양철학에서 만물을 구성하는 요소로 생각한 천지인天地人의 삼재三才와 깊은 연관이 있으며, 동학의 '사람이 곧 하늘'이라는 인내천人乃天 사상에도 큰 영향을 주었다고 볼 수 있다.

    이러한 노자의 도道 사상은 서양철학뿐 아니라 동양철학에도 조예가 깊었던 스피노자 Baruch de Spinoza의 사상에도 큰 영향을 미쳤다. 스피노자는 사르트르, 들뢰즈, 베르그송 등 현대 서양철학 거장들이 가장 존경하는 철학자이다. 일찍이 들뢰즈 Gilles Deleuze는 "스피노자는 철학자들의 그리스도라 불린다"라고 했으며, 베르그송 Henri Bergson은 "모든 철학은 스피노자 혹은 그 외의 철학이다"라고 칭송했다. 스피노자는 동양철학을 치밀한 데카르트식 방법적 사유를 통해 재해석하여 다음과 같은 결론을 얻는다. "자연 안의 질서와 필연적인 우주의 인과관계를 인식한 자는 그 인식의 필연성 때문에 자연의 일부인 삶을 긍정할 수 있게 되고, 드디어 마음의 평화를 얻게 된다. 그전까지 사람들은 공포 속에서 신神을 통치자, 입법자, 왕, 자비롭고 정의로운 자로 상상하고 거기에 복종하고자 했다. 한 마디로 인간은 자기 모습대로 신을 상상하고 신에 복종해온 것이다. 그리고 이러한 복종은 정치적 지배력과 떼어서 생각할 수 없다. 왕이 오로지 그에게 계시된 신의 명령에 따라서만 명령을 내린다고 믿으면 사람들은 더욱더 왕의 지배 아래 있게 될 것이다. 따라서 예속의 상태로부터 벗어나는 길은 상상적 원인을 근절하고 지성을 통해 적합한 원인을 인식하는 것, 즉 합리적 질서를 파악하는 것이다." 만물이 그 안에 담겨 있는 자연이를 스피노자는 신으로 이해했다에서 합리적인 질서를 발견할 수 있다는 것인데, 그 합리적 질서가 구체적으로 무엇인지는 앞으로 나올 도덕경의 여러 장에서 차근차근 살펴볼 것이다.

스피노자 Baruch de Spinoza, 1632~1677 : 참된 선善, 최고의 행복, 예속을 벗어난 진정한 자유와 해방을 철학적으로 추구했음. 과학적 지식을 중시하면서도 직관적 체험을 존중하고, 전체론적 틀을 갖고서도 개체 생명을 소중히 여겼으며, 종교적 심성을 지닌 동시에 탈종교적 태도를 보여주어 진정한 철학자의 삶의 표상으로 여겨진다.

스피노자는 더 나아가 '신즉자연神卽自然, 자연즉신自然卽神'이라 하며 노자의 자연自然을 서양 기독교의 신神과 같은 의미로 해석했는데, 여기에서 신과 자연은 스스로 움직이고 스스로가 스스로를 생산하는 자를 의미한다. 현대 천문학에서 우주가 스스로 끝없이 확장하고 있다는 빅뱅 우주론과도 일맥상통하는 부분이다. '스스로 자기를 조직하는 우주 self organizing cosmos'가 서양 기독교에서 신神의 의미이며, 다름 아닌 노자의 자연自然인 것이다. 동서양 철학의 두 거인 노자와 스피노자는 이러한 자연自然과 도道와 신神을 사람이 본받는 것이 순리順理이며, 그래야 평안에 이를 수 있다고 말하고 있다.

a word of Tao Te Ching engraved in my heart **내 마음에 새겨보는 도덕경**

태초 우주의 시원 (제25장)

도란 무엇인가?
(제1장)

제25장에 이어서 우리가 궁극적인 평안에 이르기 위해 본받아야 할 도 道의 의미를 제1장을 통해 더 확장해보자.

道可道非常道 도 가 도 비 상 도	도道를 도라 하면 이미 그 도가 아니다.
名可名非常名 명 가 명 비 상 명	이름을 붙이면 이미 그 이름이 아니다.
無名天地之始 무 명 천 지 지 시	이름 없는 것에서 천지가 시작되고
有名萬物之母 유 명 만 물 지 모	이름 있는 것에서 만물이 태어난다.
故, 常無欲 고 상 무 욕	그래서 언제나 보고자 하는 마음 없이 보면
以觀其妙 이 관 기 묘	보이지 않는 것 만물 생성의 신비함, 空의 세계을 보게 되고
常有欲 상 유 욕	보고자 하는 마음으로 보면
以觀其徼 이 관 기 요	현상계 우주 만물, 色의 세계를 보게 된다.
此兩者同 차 양 자 동	이 둘의 근원은 같은 것인데
出而異名 출 이 이 명	나타나면서 이름을 달리한 것이다.
同謂之玄 동 위 지 현	이 같음을 일컬어 신비롭다 하니
玄之又玄 현 지 우 현	신비롭고 또 신비로운 도道야말로
衆妙之門 중 묘 지 문	온갖 신묘한 것들이 들어가고 나오는 문이다.

제1장은 상징적인 문구가 많으니 좀 더 찬찬히 살펴보는 것이 좋겠다. 먼저 '道可道非常道도가도비상도'의 의미부터 풀이해보자. 자, 이제부터 '우주의 실존과 그 안의 만물이 운행되는 원리 The Way the whole universe is or is working'를 인간의 말로 어쩔 수 없이 특정 지어 도道라 하겠는데, 그것을 도道라는 언어로 국한하면 이미 도道가 아니다. 그 이유는 이름을 붙이는 순간 벌써 그 이름의 속성에서 변하기 때문이다. 이러한 변화는 크게 상대적 관계 말하는 자와 듣는 자의 인식 차이와 시차 말하는 순간과 듣는 순간, 또는 글을 쓴 시간과 읽는 시간의 차이에 의해 발생한다. 제행무상諸行無常이라, 즉 만물은 매 순간 시시각각 변화하는데, 지금 내가 붙인 이름이 잠시 후 너에게 전달될 때 그 변화하는 속성까지 다 담을 수 없는 것이다.

그래서 데카르트 René Descartes는 방법론적 회의 끝에 도달한 'Cogito, ergo sum'을 철학의 출발점이 되는 제1 원리로 제시했던 것이다. '나는 회의한다 모든 변화하는 것들의 고정된 이름을 의심한다, 고로 존재한다 모든 것을 의심한다는 그 사실 자체만 변하지 않고 존재하며, 나머지는 모두 변화한다.'

데카르트 René Descartes, 1596~1650 : 근대 서양철학의 아버지라 불리며, 이성을 통한 세계의 이해를 강조한 합리주의, 마음정신과 육체물질를 엄격하게 나눈 심신이원론, 의심할 수 있는 것은 끝까지 의심하는 체계적 의심의 방법론 등을 제시했으며, 수학적 방법과 기계적 철학에 근거해서 우주의 거의 모든 것을 설명하려고 시도했던 과학자이기도 했다.

우주의 원리를 분석한 또 다른 경전인 《주역周易》에서의 키워드인 '역易'자 또한 변화의 속성을 표현한 것이고, 유학성리학에서 모든 존재의 근원적 실체를 담고 있다는 '태극太極 무늬☯'도 가운데 음양陰陽의 경계가 일一자가 아닌 물결무늬~인 이유는 음양의 상시 변화를 담고 있기 때문이다.

이름은 의사소통에 있어서 두 가지 효율적인 기능이 있다. 하나는 김춘수金春洙, 1922~2004의 시詩 '꽃'에서처럼 '의미화signification'이며, 다른 기능은 '고정화framing, fixation'이다. 어떤 것이든 이름이 있어야 의미가 명료해지며 전달이 용이한 반면, 수많은 다양한 속성을 내재한 그것을 그 이름으로만 다 담을 수 없기에 발화자와 전달자, 수용자의 틀로 절단되고, 이렇게 왜곡 편집된 것이 다시 고착화되는 한계를 수반하는 것이다.

늘 변화하는 만물을 한 이름으로 특정화하는 것은 위험하지만, 어떤 이름으로 부르지 않으면 의미를 전할 수가 없으므로 부득이 이름을 붙일 수밖에 없는 것인데, 그러니 그 이름에 얽매이지 말라는 것이다.

다음 구절, '無名天地之始무명천지지시 하고 有名萬物之母유명만물지모 라', 이름이 없는 것에서 천지가 시작되고, 이름이 있는 것에서 만물이 태어났다. 즉, 빅뱅에서 '초기우주'가 시작되었으니 무명無名은 공空, 무無의 세계이고, 유명有名은 색色, 유有의 세계이다. 공이 곧 색이고 색이 곧 공이니, 유·무有無라는 분별적 단어에 얽매일 필요는 없겠다.

고故로, '常無欲以觀其妙상무욕이관기묘 하고', 보고자 하는 마음 없이 보면 공空과 무無처럼 보이지 않는 근원적인 것을 보고, '常有欲以觀其徼상유욕이관기요 라', 보고자 하는 마음으로 보면 색色, 유有처럼 현상계를 보게 된다. 이 둘空과色, 無와有은 원래 같은 것이되 나오기 전에는 원래 하나였으나, 나오면서 이름이 달라졌다. '이이불이異而不二'의 원리로 서로 다른데 둘은 아니다. 각각의 파도는 다른데 한 바다 안에서 둘이 아니듯, 각각의 나뭇가지는 다른데 한 나무 안에서 둘이 아니듯 유·무有無와 색·공色空도 서로 다르지만 둘이 아니다. 개체는 각기 다르지만, 전체 안에서 하나인 것이다.

불가佛家에서 색色, 각각의 개별적 다른 세계을 통해 공空, 하나의 근원적인 세계을 보는 것이 '법안法眼'이고, 색이 공이고 공이 색임을 보는 것을 '불안佛眼'이라 한다. 그러니 '망언득지忘言得志'하라, 유·무有無니 색·공色空이니 하는 말에 얽매이지 말고 그 참뜻을 보라.

이어서 '同謂之玄동위지현이라', 유·무有無와 색·공色空이 같은 것을 일컬어 신비롭다 한다. 유·무有無와 색·공色空, 음·양陰陽이 얽혀 상생하는 우주가 얼마나 신비로운가? 20세기 가장 위대한 논리철학자로 꼽히는 비트겐슈타인Ludwig Wittgenstein, 1889~1951은 '세상이 어떻게 존재하느냐를 아는 것보다 그것이 존재한다는 사실 자체가 신비롭다'고 했다. 어떻게 빅뱅에서 우주 만물이 시작되었고, 초신성의 폭발로 태양계가 생겼으며, 하필 지구가 태양으로부터 딱 적당한 거리조금만 가깝거나 멀었으면 생명체가 살 수 없음에 떨어져 나왔고, 공교롭게 23.5°가 기울어져 춘하추동春夏秋冬이 생겨서 다양한 생물들이 번성할 수 있게 되었으며, 너와 내가 이렇게 만날 수 있게 되었단 말인가. 생각할수록 그저 신비할 따름이다.

비트겐슈타인이 말한 세상 존재의 신비와 인간 인식의 한계를 절묘하게 표현한 시가 바로 김종삼金宗三, 1921~1984 시인의 '새'이다.

새

김종삼

또 언제 올지 모르는

또 언제 올지 모르는

새 한 마리가 가까이 와 지저귀고 있다.

이 세상에선 들을 수 없는

고운 소리가

천체에 반짝이곤 한다.

나는 인왕산 한 기슭

납작집에 사는 산사람이다.

시인 곁에 새 한 마리가 날아와서 지저귀고 있는데, 그 새는 '또 언제 올지 모르는두 번이나 반복해서 강조함' 귀한 인연이다. 이 천체엔 우리가 다 알 수 없는 아름답고 신비한 것들이 가득한데, 우리는 지구 마을의 한 귀퉁이 납작한 집에 살고 있어서 그 고운 실체를 다 알 수 없는 것이다.

다시 본문으로 돌아오면, 그래서 노자는 '玄之又玄 衆妙之門현지우현 중묘지문'이라, 연거푸 '신비롭고도 신비롭도다, 이 도道야말로 온갖 신비로운 것들이 나오고 들어가는 문이다'라고 감탄하고 있다. 도道야말로 유·무有無니 색·공色空이니 하는 상대적 세계가 없는 절대 경지이며, 부처님이 말씀하신 '천상천하유아독존天上天下唯我獨尊', 천하에 오직 '참나眞我'만 존재하는 세계이며, 예수님이 '세상의 빛이요 길이요 진리요 생명이다'라고 말씀하신 하느님 아버지의 세계이다. 유·무 有無가 없는 신비한 문은 내가 도道나 하느님 부처님 안에 있고, 도道나 하느님 부처님이 내 안에 있는 전일 全一적 경지이며, 물아일체 物我一體의 세계인 것이다.

일상 속 수행을 권하는 핵심 화두 話頭

상무욕이관기묘 常無欲以觀其妙 상유욕이관기요 常有欲以觀其徼

언제나 보고자 하는 마음 없이 보면 보이지 않는 것만물 생성의 신비함, 공의 세계를 보게 되고, 보고자 하는 마음으로 보면 현상계우주 만물, 色의 세계를 보게 된다. 유욕 有欲, 즉 어떤 의도나 욕구를 가지고 보면 현실세계의 모습을 보게 되고, 무욕 無欲, 즉 의도나 욕구를 여의고 보면 현실세계를 움직이게 하는 근원적인 이치가 보인다는 것이다. 인간은 한 개체로서는 유한 有限하지만 생명 그 자체는 무한 無限과 불멸 不滅이다. 무한자로서 개체를 떠난 마음, 즉 욕망을 여읜 마음으로 세상을 보면 우주만물을 움직이는 신비한 이치를 볼 것이요, 유한자로서 즉 개체의 욕망으로 본다면 그 현상계를 보는 것이다. 이 두 가지를 모두 받아들인다면 비로소 '도道'의 온전한 모습을 보게 될 것이다.

a word of Tao Te Ching engraved in my heart 내 마음에 새겨보는 도덕경

우주 만물은 어떻게 변화하는가?
(제42장)

자, 그럼 신비의 세계인 도_道는 어떤 형상이며, 도_道의 자식인 만물은 어떻게 변화하는지 제42장, 14장으로 들어가 보도록 하자. 먼저 제42장을 살펴보면,

道生一 도 생 일	도_道는 하나를 낳고
一生二 일 생 이	하나는 둘을 낳으며
二生三 이 생 삼	둘은 셋을 낳고
三生萬物 삼 생 만 물	셋은 만물을 낳는다.
萬物負陰而抱陽 만 물 부 음 이 포 양	만물은 음_陰을 등지고 양_陽을 안아 품어
沖氣以爲和 충 기 이 위 화	텅 비어 있는 기운으로 조화를 이룬다.

첫 구절부터 살펴보면, '道生一_{도생일}이라', 절대적인 무_{無, absolute non-being}인 도_道가 '하나_{→, 주역의 태극에 해당}'를 낳았다. 천문학에서 빈 공간의 빅뱅에서 초기우주가 탄생했다고 보는 것과 맥이 상통한다고 볼 수 있으며, '태초에 말씀이 있었다'라는 성경 구절과도 통하고, 천부경_{天符經} 첫 구절

'一始無始一일시무시일, 천지가 하나에서 시작되었는데 시작이 없는 하나이다'와도 일치한다. 도道나 우주는 무시무종無始無終의 하나이기 때문이다. 그 하나에서 음陰과 양陽 '둘二'이 생겨나고, 이 둘이 조화를 이루면서 천·지·인天地人 '삼재三才'가 나오고, 천지인 셋에서 '만물萬物'이 생겨났다.

이어서 '萬物負陰而抱陽만물부음이포양하여', 만물은 모두 몸의 척추처럼 '음陰'을 기둥 삼은 채 '양陽'을 끌어안아서, '沖氣以爲和충기이위화라', 텅 비어 있어서 가득 채울 수 있는 음양의 기운으로 조화를 이루어 만물이 번성한다. 만물은 음을 기둥 삼아서 양을 끌어안는다는 말의 뜻풀이가 좀 어려울 수 있는데, 쉽게 예를 들면 나무가 그 뿌리를 음陰인 땅속에 깊게 내리고, 잎으로 양陽인 태양의 기운을 받아들이며 살아가는 것을 말한다. '沖氣충기'는 텅 빈 공간과 그 공간에 충만한 음과 양의 기운, 에너지氣를 뜻한다. 그 텅 빈 공간에 가득한 기운, 에너지로써 만물이 조화를 이루어 번성한다는 것이다.

양기陽氣의 대표인 하늘과 음기陰氣의 대표인 땅이 조화를 이루어 산천초목과 세상 만물이 생겨나는데, 여기에서 '서로 조화를 이룬다'는 것은 하늘과 땅이 제각각 자신만 내세워서는 불가능하다. 서로 자신을 낮추어야 양은 음을 받아들일 수가 있고, 음은 양을 품을 수 있는 것이다. 그리하여 양하늘과 음땅이 조화를 이룸으로써 산천초목과 세상 만물이 끊임없이 번성하는 것이다.

우주 만물의 변화 원리에서 배우는 실천 팁

새로운 것을 받아들이고 발전을 이루려면 음과 양이 서로를 받아들여 만물을 번성시키는 것처럼 끊임없이 자신을 낮추어야 한다. 일부러 낮추려 하거나 겉으로만 겸손한 척하지 말고 진정으로 낮아져야 한다. 자신이 최고라 생각하는 사람은 더 이상 배울 게 없다. 늘 자신의 부족함을 자각해야 상대의 장점과 새로운 것을 배우고 싶은 마음이 생긴다. 부족함을 자각하는 것이 메타인지의 근본이고, 이 메타인지가 되어야 깨달음의 가능성도 열린다.

a word of Tao Te Ching engraved in my heart **내 마음에 새겨보는 도덕경**

도의 형상, '이夷 희稀 미微'
(제14장)

평소 우리는 어떤 사물이 잘 안 보일 때 '희미하다'는 표현을 쓰는데, 바로 제14장에서는 '도道의 모양'을 희稀, 미微와 이夷로 표현하고 있다.

視之不見 시 지 불 견	보아도 보이지 않는 것을
名曰夷 명 왈 이	이름하여 이夷라 하고
聽之不聞 청 지 불 문	들어도 들리지 않는 것을
名曰希 명 왈 희	이름하여 희稀라 하며
搏之不得 박 지 부 득	잡아도 잡히지 않는 것을
名曰微 명 왈 미	이름하여 미微라 한다.
此三者 차 삼 자	이 셋은
不可致詰 불 가 치 힐	어떻게 할 다스릴 수가 없으며
故, 混而爲一 고 혼 이 위 일	그래서 이 셋이 하나로 섞여 혼연일체를 이룬다.
其上不皦 기 상 불 교	그 위라서 더 밝은 것이 아니고
其下不昧 기 하 불 매	그 아래라서 더 어두운 것도 아니며,
繩繩兮 승 승 혜	끝없이 이어지니
不可名 불 가 명	무엇이라 이름을 붙일 수도 없다.

復歸於無物 복 귀 어 무 물	결국 아무것도 없는 무無의 세계로 돌아가는지라
是謂無狀之狀 시 위 무 장 지 장	이를 일컬어 모양 없는 모양이요
無象之象 무 상 지 상	형상 없는 형상이라 한다.
是謂惚恍 시 위 홀 황	가히 황홀이라 하겠다.
迎之不見其首 영 지 불 견 기 수	앞에서 맞이해도 그 머리를 볼 수 없고
隨之不見其後 수 지 불 견 기 후	뒤에서 쫓아도 그 뒤를 볼 수 없다.
執古之道 집 고 지 도	도道의 시원비롯함을 잡으면
以御今之有 이 어 금 지 유	오늘날의 현상을 다스릴 수 있고,
能知古始 능 지 고 시	능히 우주 만물의 시원비롯함을 알면
是謂道紀 시 위 도 기	이를 일컬어 도道의 근본根本이라 한다.

    첫 구절에 나오는 세 단어 '이夷, 희希, 미微'는 우리말로 표현하기가 쉽지 않다. 다만 도道는 볼 수도 없고 들을 수도 없고 잡을 수도 없는 것이라는 의미는 알 수 있다. 이렇듯 도道의 속성은 일체 모양도, 소리도, 형체도 없는 것이니 인간의 일상적인 감각으로는 감지할 수 없다는 것이다. 이는 현대 물리학 양자론量子論을 연상시키는데, 너무 큰 것도 우리 눈은 보지 못하고, 양자나 중성자, 전자처럼 너무 작은 것도 보지 못하며, 지구가 자전이나 공전하는 소리처럼 너무 큰 소리도 듣지 못하고 너무 작은 소리도 듣지 못한다. 잡는 것도 마찬가지여서, 너무 큰 것도 못 잡고 너무 작은 것도 못 잡는다.

    이 짧은 장에서 '아니 불不'자가 9번, '없을 무無'자가 3번 쓰이고 있다. 도덕경뿐만 아니라 다른 종교 경전에서도 도道와 신神, 하느님 같은 궁극 실재에 관해서 이야기할 때 '그것이 무엇이다'라는 긍정적인 표현보다는 '무엇일 수 없다'는 부정적인 표현을 더 많이 쓴다. 스콜라 철학을 대표하는 신학자 토마스 아퀴나스 Thomas Aquinas, 1225~1274도 "신에 대하여 알 수 있는 유일한 사실은 우리가 신에 대해서 아무것도 알 수 없다는 것뿐"이라고 했다. 사람의 오관五官으로 잡히지 않고, 인간의 말로 표현할 수 없는 것을 부득이하게 표현해야 하기 때문이다. '형태 없는 형태'라는 무형지형無形之形의 형용모순으로 표현할 수밖에 없는 것이다. 있음의 없음, 없음의 있음, 비존재의 존재, 존재의 비존재 등도 이와 같은 고육지책苦肉之策의 표현이라 볼 수 있다.

그러니 이夷, 희希, 미微, 이 셋은 인간이 어떻게 할다스릴 수가 없고, 이 셋이 모여 하나가 되는데, 여기에서 한 '일一'자는 바로 도道를 말하는 것이다. 그래서 '일즉도一卽道요, 도즉일道卽一이라' 하는 것이다.

다음 구절에서 그 위는 밝지도, 아래는 어둡지도 않다는 것은 도道의 세계에서는 밝음과 어둠이 따로 없다는 뜻이다. 하느님이 어디 위아래라는 경계가 있을 수 있겠는가? 경계가 없으니 밝음과 어둠도 있을 수 없는 것이다.

이 도道는 '승승혜繩繩兮라', 승繩은 지푸라기를 손바닥으로 비벼 꼬아 길게 만든 새끼줄을 의미한다. 그 새끼줄처럼 처음도 없고 끝도 없이 이어지고 이어져서, 이름을 붙일 수가 없다. 이름을 짓는다는 것은 그 대상을 다른 것으로부터 분리한다는 뜻인데, 계속 이어지는 것은 분리할 수 없기 때문이다.

그래서 모든 만물은 '복귀어무물復歸於無物이라', 무물無物 즉 형상이 없는 것, 공空의 세계로 돌아간다. 이를 일컬어 '무장지장無狀之狀이요, 무상

지상無象之象이라', 모양 없는 모양이라 한다. 장狀은 외면의 모양이고 상象은 내면의 모양을 말한다. 그러니 인간의 말로는 뭐라 표현할 길이 없어 그저 '황홀하다'라고 밖에 쓸 수가 없다.

그리하여 '영지불견기수迎之不見其首하고', 앞에서 맞이해도 그 머리를 볼 수 없고, '수지불견기후隨之不見其後라', 뒤에서 따라가며 본다고 해도 그 뒤를 볼 수 없다. 보는 자가 보려는 자 속에 들어 있으니 볼 수가 없는 것이다. 세상의 모든 사람의 아들이 하느님 아버지 품 안에 있고, 모든 중생이 부처님 손바닥 안에 있는데, 그래서 이이불이異而不二라 서로 완전히 같다고 할 수는 없지만 둘이 아닌 것이다.

다음 구절에 도덕경의 대주제大主題가 나온다. '執古之道 以御今之有집고지도 이어금지유라', 도道의 시원始原, 비롯함을 잡으면 오늘날의 현상을 다스릴 수 있고, '能知古始 是謂道紀능지고시 시위도기라', 능히 우주 만물의 시원을 알면 이를 일컬어 도道의 근본根本이라 한다.

옛 중국에 향엄지한香嚴智閑, ?~898이라는 선사가 있었다. 아는 것이 많아서 학문에 있어서는 당할 자가 없었다고 한다. 하지만 스승인 영우선사를 만난 후 교학教學 공부의 한계를 깨닫고 선禪에 전념했다고 전해지는데, 영우선사를 만나 깨달음에 이르는 과정 안에 도덕경의 대주제인 마지막 구절을 해석하는 큰 화두가 숨어 있다.

교리에 대해 박식하기로 소문이 자자했던 향엄 스님은 더 큰 깨달음을 얻기 위해 영우선사를 찾아갔는데, 영우선사는 젊은 제자에게 다음과 같은 화두를 하나 던지고는 더 이상 답을 주지 않았다. "네가 그렇게 많은 경전을 안다고 하니, 이걸 한번 물어봐야겠다. '父母未生前 本來

面目?'부모미생전 본래면목, 네 부모가 너를 낳기 전에 네 본래 얼굴이 무엇이냐?" 즉, '네 시원의 참모습이 무엇이냐? What is your original face'라고 묻는 것이다. 향엄 스님은 세상의 모든 경전을 달달 외우고 있었지만 처음 듣는 질문에 답을 몰라 충격에 빠진다.

자기 방에 돌아와 며칠 동안 잠도 안 자고 서책을 뒤지며 답을 찾아보았지만 알 수가 없었다. 부처님의 선禪은 성불 이전에 깨닫기 위한 수행이고, 교教는 깨닫고 난 후의 가르침이다. 그 가르침이라는 것이 온통 수행 방법을 설명한 것인데, 수많은 방법을 달달 외운다고 수행이 저절로 되겠는가.

향엄 스님은 '내 삶이 이렇게 무의미할 줄이야. 내 공부는 아무것도 아니었구나'라고 한탄하며 방에 있던 책들을 모두 불살라버리고 떠났다. 거처 없이 떠돌아다니는 행려승자로서 추위와 굶주림을 참아가면서 오직 '본래면목 本來面目'에 대한 답만 생각했다. 그것이 고행의 최우선 순위였다.

그렇게 수행에 전념하던 중, 어느 하루는 지붕에서 돌 하나가 굴러 떨어져 대나무에 부딪혀서 "탁" 소리를 내는 것을 들었다. 그와 동시에 그는 즉시 깨달았다고 한다. 완전히 전념해서 오랫동안 성심을 다하면, 그 성심이 놀랍게도 어느 순간 무언가 깨지는 소리, 새가 날아가는 소리, 무언가 부딪히는 소리로 꿰뚫고 나가 돌연 깨달음으로 온다고 한다. 물이 99도까지 계속 안 끓고 있다가, 100도가 되는 순간 딱 끓기 시작하는 것과 같은 원리다. 그때 그는 깨달은 순간의 광경을 표현하기 위해 아래와 같은 시, 게송偈頌을 지었다.

一擊忘所知 일 격 망 소 지	한번 부딪힘탁 소리에 알던 것 잊으니
更不自修持 갱 불 자 수 지	다시 더 닦을 것 없구나.
動容楊古路 동 용 양 고 로	속내를 움직여 옛길성현들의 깨달음을 드러내고
不墮悄然機 불 타 초 연 기	근심의 갈림길로 떨어지지 않도다.
處處無蹤迹 처 처 무 종 적	이르는 곳마다 자취가 없으니
聲色外威儀 성 색 외 위 의	성색감각의 세계 밖의 위의위엄있는 자태로다.
諸方達道者 제 방 달 도 자	제방온세상의 도道를 아는 이라면
咸言上上機 함 언 상 상 기	모두가 이를 일러 최상의 기회라 하겠네.

향엄 스님이 깨닫고자 했던 '부모로부터 태어나기 전에 있는 너의 본바탕이 무엇이냐' 하는 자리는 바로 도道의 자리, 부처님의 자리이다. 그 자리는 언어 이전 유아독존唯我獨尊의 일갈一喝과도 같은 것이다. 성경 창세기에서 바로 하느님의 자리이다. 그게 바로 우리의 본래면목인데, 보아도 볼 수 없고, 들어도 들을 수 없고, 잡아도 잡히지 않는 것이므로 무형지형無形之形의 형용모순으로 표현하고 있는 것이다.

그런데 세상 사람들은 오감五感으로 느낄 수 없으니 무시하는 것이다. 무시하니까 오관五官의 작용에 빠져 들뜨고 흥분하는 것이다. 감각의 대상으로 부처님과 하느님, 도道를 보려 하니 보이겠는가? 오감에 얽매인 한정된 자아형식ego에 빠지지 말고 무한한 무아無我의 세계에 도달하면 우주와 합일合一이 되고 모든 일체와 하나가 되니, 앉은 자리에서 우주가 내 안에 있는 것이다. 성경에서 누군가가 예수님께 하느님을 뵙게 해달라고 간청했을 때, 예수님이 아버지가 내 안에 있고 내가 아버지 안에 있다고 말하는 장면이 바로 그 경지이다. 한 터럭의 사私도 없이 완전히 하느님과 하나가 된 나, 부처님의 천상천하유아독존天上天下唯我獨尊의 깨달은 나가 바로 부모가 생기기 전 우리의 '본래면목本來面目'인 것이다. 철저히 무사無私의 경지에서 '참나眞我'를 알게 되면, 즉 도道의 본바탕을 알게 되면 오늘날의 현상들을 올바르게 다스릴 수 있다는 것이다. 왜냐하면 도道는 우리가 오관五官으로 감지할 수 있는 현상계, 모든 만물의 기원비롯함이기 때문이다.

일상 속 수행을 권하는 핵심 화두話頭

부모미생전 본래면목 父母未生前 本來面目

부모가 너를 낳기 전, 즉 네가 태어나기 전의 원래 모습이 무엇이냐? 틈나는 대로 계속해서 이 의문을 품어보면, 내가 알고 있는 나는 일시적이고 표면적인 모습에 불과하다는 것을 알 수 있다. 끊임없는 회의懷疑를 통해, 변하지 않는 영원한 '참나眞我'의 모습을 발견해보시라. 깨닫기 이전과 이후의 생生이 달라진다.

도와 우주 만물과의 관계
(제34장)

제34장에서는, 우주 만물은 도_道에 의존해 존재하고 변화하지만, 그것은 완전한 자연_{自然}의 상태로서 그렇게 된다고 말하고 있다.

大道氾兮 대 도 범 혜	큰 도_道는 널리 퍼져 있어서
其可左右 기 가 좌 우	왼쪽과 오른쪽을 모두 포함한다. 미치지 않는 곳이 없다
萬物恃之以生 만 물 시 지 이 생	모든 것이 도_道에 의지하여 생장하지만
而不辭 이 불 사	어느 것 하나 버리지 않으며,
功成而不居 공 성 이 불 거	공_功을 이루어도 그것에 머무르지 않는다.
愛養萬物 애 양 만 물	만물을 사랑하여 먹이고 입히고 기르지만
而不爲主 이 불 위 주	그 주인 노릇을 하지 않는다.

첫 구절 '大道氾兮_{대도범혜}여서 其可左右_{기가좌우}라', 큰 도_道는 널리 퍼져 있어서 왼쪽과 오른쪽을 모두 포함한다. 도_道는 우주의 만물을 낳고 그 만물을 운용하니, 널리 미치지 않는 곳이 없다.

이어 '萬物恃之以生_{만물시지이생}이나 而不辭_{이불사}하며 功成而不居_{공성이불}

거라', 모든 만물이 도_道에 의지하여 생장_{生長}하지만, 도_道는 부모가 자식을 버리지 않듯 어느 것 하나 버리지 않으며, 만물을 낳고 기르는 그 큰 공_功을 이루고도 그것에 머무르지 않는다. 그 공을 내세우거나 자랑하지 않는다.

마지막 구절도 비슷한 뜻으로 반복 강조하고 있다. '愛養萬物_{애양만물}이나 而不爲主_{이불위주}라', 만물을 사랑하여 먹이고 입히고 기르지만, 그 주인 노릇을 하지 않는다. 만물의 주인이고 부모이지만, 주인 노릇이나 부모인 척하지 않고 없는 것처럼 보인다는 것이다.

이렇듯 도_道는 안 하는 일이 없이 큰일을 하면서도, 아무런 인위나 작위 없이 자연스럽게 저절로 그렇게 된 것처럼 만든다. 따라서 사람들은 도_道의 위대한 작용이나 존재는 의식조차 못 하기 일쑤다. 도_道처럼 아무런 작위_{作爲}를 가하지 않고 저절로 되는 것을 '무위_{無爲, trying without trying}'라 하고, 그러한 상태를 '자연_{自然 스스로 그러함}'이라 부른다. 도가의 이른바 무위자연_{無爲自然} 사상은 여기에서 출발한 것이다. 노자가 제37장에서 '도_道는 언제나 일부러 하는 일이 없지만, 하지 않는 일이란 없는 것이다_{道常不爲, 而無不爲}'라고 한 것은 이것을 설명한 것이다. 도_道는 언제나 무위_{無爲}하고, 또 자연_{自然}을 법도로 삼는다.

일상 속 수행을 권하는 핵심 화두 話頭

애양만물 이불위주 愛養萬物 而不爲主

만물을 사랑하여 먹이고 입히고 기르지만, 그 주인 노릇을 하지 않는다. 남녀 간에 사랑을 베풀 때나 부모가 자식을 양육할 때도 그 사랑에는 은연 중에 보상심리가 숨어 있다. 꼭 등가성의 물질적 보상이 아니더라도, 자신도 의식하지 못하는 칭찬이나 인정, 대리 성취 등의 심리가 내재해있는 것이다. 그래서 자신이 사랑을 준 만큼 연인이나 자식을 자기 뜻대로 해도 된다는 지배의식에 빠질 수 있다. 자연이나 신이 우주 만물을 다 살리고 키우되, 공을 내세우거나 주인 노릇을 하지 않음으로써 상처받거나 실망하여 포기하는 일이 없는 것처럼, 우리 인간도 그리할 수 있다면 애양 愛養 의 일에 지치지 않을 것이다.

a word of Tao Te Ching engraved in my heart 내 마음에 새겨보는 도덕경

도와 우주 만물과의 관계 (제34장)

밝은 깨달음明이란?
(제52장)

제52장에서는 천하의 시초인 도道와 그 아들인 만물과의 관계, 그리고 '명明', 즉 밝은 깨달음이 무엇인지 말하고 있다.

天下有始 천 하 유 시	천하에 시작이 있으니
以爲天下母 이 위 천 하 모	이를 천하의 어머니라 한다.
旣得其母 기 득 기 모	이미 천하의 어머니를 얻었으면
以知其子 이 지 기 자	이로써 그 자식을 알 수 있고,
旣知其子 기 지 기 자	이미 그 자식을 알고
復守其母 복 수 기 모	그 어머니를 지킬 수 있으면
沒身不殆 몰 신 불 태	죽을 때까지 위태롭지 않다.
塞其兌閉其門 색 기 태 폐 기 문	그 구멍을 막고 그 문을 닫으면
終身不勤 종 신 불 근	평생 힘들이지 않아도 되지만,
開其兌濟其事 개 기 태 제 기 사	그 구멍을 열고 그 일을 만들어 보태면
終身不救 종 신 불 구	평생토록 구제받지 못한다.
見小曰明 견 소 왈 명	보이지 않는 것을 보면 '밝은 깨달음'이라 하고
守柔曰強 수 유 왈 강	부드러움을 지키면 이를 일컬어 굳세다고 한다.

用其光 용 기 광	내면의 밝은 지혜를 써서
復歸其明 복 귀 기 명	깨달음으로 돌아가면,
無遺身殃 무 유 신 앙	자신에게 재앙을 남기지 아니하니
是謂習常 시 위 습 상	이를 일컬어 도道에 든다고 한다.

첫 구절부터 보면, '天下有始천하유시하니 以爲天下母이위천하모라', 천하에 시작이 있으니, 이를 천하의 어머니라 한다. 천하는 모두 도道요, 하느님으로부터 비롯되었으니 세상을 낳은 어머니라 할 수 있는 것이다. '旣得其母기득기모면', 이미 천하의 어머니를 얻었으면, 즉 도道의 세계를 알았으면, '以知其子이지기자하고', 이로써 그 자식을 알 수 있고, 즉 도道에서 나온 만물을 알 수 있고, '旣知其子기지기자하고 復守其母복수기모면', 이미 그 자식을 알고 그 어머니를 지킬 수 있으면, 즉 만물을 알고格物致知, 도道의 원리를 잘 지켜 수행하면, '沒身不殆몰신불태라', 죽을 때까지 위태롭지 않다. 반대로 눈에 보이는 현상계의 논리는 잘 아는데, 눈에 보이지 않지만 그 현상계를 움직이게 하는 근원적인 도道의 세계와 그 도道의 운행 원리를 모르면, 반드시 위태로워진다는 것이다. 뿌리가 흔들리고 썩었는데 그 가지와 열매인들 온전할 수 있겠는가?

'塞其兌閉其門색기태폐기문하면 終身不勤종신불근이라', 그 구멍을 막고 그 문을 닫으면 평생 힘들이지 않아도 되지만, '開其兌濟其事개기태제기사면 終身不救종신불구라', 그 구멍을 열고 그 일을 만들어 보태면 평생토록 구제받지 못한다. 여기서 구멍을 뜻하는 '태兌'는 감각기관을 상징한다. 불가에서 말하는 6근六根에 해당한다. 내적 인식기관 6근은 눈의 요소眼界·귀의 요소耳界·코의 요소鼻界·혀의 요소舌界·몸의 요소身界·마음의 요소意界이다. 이 6근이 외적 인식 대상인 6경境-색계色界·성계聲界·향계香界·미계味界·촉계觸界·법계法界를 만나면 대상을 인식하는 마음 작용인 6식識-안식계眼識界·이식계耳識界·비식계鼻識界·설식계舌識界·신식계身識界·의식계意識界가 일어난다는 것이다. 이 6근, 6경, 6식을 합해서 18계라고 하는데, 인식을 성립시키는 18가지 요소를 뜻한다.

　여기서 '태兌'는 6근을 상징하고, '문門'은 6근이 6경을 만나 일어나는 마음의 작용인 6식을 상징한다고 보는 게 좋겠다. 모든 감각기관을 막고 감각의 수용으로 일어나는 마음 작용을 닫으면 종신불근終身不勤이라, 평생 힘들이지 않아도 된다는 것이다. 6근과 6경을 닫는다는 것은, 무감각하게 살라는 뜻이 아니라 쓸데없는 외부 자극에 이끌려 살지 말라는 뜻이다. 사물을 보고 느끼되 그 근원을 보라는 얘기다. 그 사물이 나와 동떨어진 개체가 아니라 나와 한 뿌리임을 보라는 것이다. 그러지 않고 '開其兌濟其事개기태제기사면 終身不救종신불구라', 그 감각기관의 이끌림대로 매사 그 마음 작용을 만들어 보태면 평생토록 구제받지 못한다. 사람들이 감각에 집착하는 것은 탐·진·치貪瞋痴라는 악의 뿌리 때문이다. 쾌락을 추구하는 욕망은 즐거운 대상만을 보고 싶어 한다. 즐거운 말을 듣기 좋아하고, 향기로운 냄새와 맛에 탐닉하며 부드러운 감촉을 느끼려 한다. 우리는 여러 매체에서 감각적 쾌락을 제어하지 못해서 패가망신한 유명인들 소식을 종종 접하면서도, 그 문제가 나에게도 있음을 깨닫지 못한다. 《법구경法句經》에 이런 가르침이 있다. "꽃을 꺾는 일쾌락에만 팔려

제정신을 차리지 못한 사람은 죽음의 신이 앗아간다. 잠든 마을을 홍수가 휩쓸어가듯이."

이어 '見小曰明견소왈명이면 守柔曰強수유왈강이라', 보이지 않는 것을 보면 깨달음이라 하고, 부드러움을 지키면 이를 일컬어 굳세다고 한다. 보이지 않는 것이란 현상계 너머의 본질적 세계를 가리킨다. 6근으로 인식되는 색계色界를 넘어서, 일체법에서 존재의 무상無相과 무아無我, 물아일체物我一體를 볼 수 있으면 그것을 '명明'이라, 즉 밝은 깨달음이라 하고, 守柔曰強수유왈강이라, 아상我相이 없어서 모든 존재를 수용하는 부드러움을 지키면, 그것이 가장 강한 것이다. 아상我相을 여읜 사람을 누가 이길 수 있겠는가? 그러니 가장 강한 것이다.

끝으로, '用其光용기광하여 復歸其明복귀기명이면', 내면의 밝은 지혜를 써서 이러한 밝은 깨달음의 세계로 돌아가면, '無遺身殃무유신앙이니 是謂襲常시위습상이라', 자신에게 재앙과 허물을 남기지 않으니, 이를 일컬어 실재의 세계인 도道의 경지에 들어간다고 한다.

감각기관인 6근에 이끌리지 않고 부드러움을 지키며, 현상계만 아니라 그 근원을 볼 줄 아는 밝은 지혜로써 깨달음의 경지에 오르면, 평생 힘들거나 위태로울 일이 없으며, 허물을 남겨 재앙을 초래할 일이 없다는 것이다. 이것이 도道라는 실재 세계의 경지다.

일상 속 수행을 권하는 핵심 화두 話頭

색기태 폐기문 종신불근 塞其兌 閉其門 終身不勤

그 구멍을 막고 그 문을 닫으면 평생 힘들이지 않아도 된다. 평소 우리 감정은 오감으로 지각되는 외부환경에 큰 영향을 받는다. 좋고 싫다고 받아들이는 느낌과 남의 말 등에 감정이 널을 뛴다. 살아있는 생명체가 오감을 없앨 수 없듯이 오르락 내리락 하는 감정을 없앨 수는 없다. 먼저 생명체의 감정은 원래 출렁거린다는 것을 아는 것, 그리고 오감에 의해 기분이 좋고 나쁜 것은 어쩔 수 없지만 그것에 너무 빠지지 않는 것이 중요하다. 평소 시간을 내서 내게 느껴지는 오감을 의식해보는 시간을 가져보라. 그러면 평소 내가 오감의 주인이 아니라 얼마나 자주 노예가 되는지 새삼 느낄 수 있어서 깜짝 놀랄 것이다. 이 수행과정이 쌓이게 되면 좋아도 너무 들뜨지 않고, 싫어도 너무 가라앉지 않아서 잔잔한 파도처럼 평정심을 잃지 않게 된다.

a word of Tao Te Ching engraved in my heart **내 마음에 새겨보는 도덕경**

만물의 실재 - 귀근 歸根
(제16장)

이어 제16장에서는 허虛와 정靜으로써 만물의 근원과 명命-천명, 상常-실재, 명明-깨달음을 관조함으로써 도道의 실재實在, 또는 실상實相을 보여주고 있다.

致虛極 치 허 극	비어 있음을 철저히 들여다보고
守靜篤 수 정 독	고요함을 착실하게 지키면서 통찰하면,
萬物竝作 만 물 병 작	만물이 함께 번성하지만
吾以觀其復 오 이 관 기 복	나는 그 근원으로 돌아감을 본다.
夫物芸芸 부 물 운 운	무릇 모든 사물은 끊임없이 바뀌지만
各復歸其根 각 복 귀 기 근	저마다 제 뿌리로 돌아간다.
歸根曰靜 귀 근 왈 정	뿌리로 돌아감을 일컬어 '고요함'이라 하고
靜曰復命 정 왈 복 명	고요함을 일컬어 '운명으로 돌아감'이라 하며
復命曰常 복 명 왈 상	운명으로 돌아감을 일컬어 '실재'라 하고
知常曰明 지 상 왈 명	실재를 아는 것을 일컬어 '밝음'이라 한다.
不知常 부 지 상	실재를 모르면
妄作凶 망 작 흉	재앙을 일으키고
知常容 지 상 용	실재를 알면 모든 것을 포용한다.

容乃公 용 내 공	모든 것을 포용하는 것이 공公이고
公乃王 공 내 왕	공公이 곧 왕王이며
王乃天 왕 내 천	왕이 곧 하늘이고
天乃道 천 내 도	하늘이 곧 도道다.
道乃久 도 내 구	도道가 곧 영원함이니
沒身不殆 몰 신 불 태	몸은 죽어도 죽지 않는다.

첫 구절, '致虛極치허극하고 守靜篤수정독이라', 비어 있음을 철저히 들여다보고 고요함을 착실하게 지키면서 통찰한다는 것은 얼핏 '명상冥想'을 연상시킨다. 고요한 가운데 깨어 있어서 무념무상의 경지로 우주의 원리를 통찰한다는 것이다. 불가의 묵조선默照禪에서 고요히 앉아 명상을 통해 진여眞如의 세계를 관조하는 것이나, 유가에서 정좌하고 격물치지格物致知하여 깨달음의 세계에 도달하려는 것과 같은 수행법이다. 실제로 도가의 마음을 비우고虛, 고요함을 유지하며靜 통찰하는 수양법이 유가에 영향을 미쳐《순자荀子》의 〈해폐解蔽〉편 마음 수양법 중에 '허虛와 정靜으로써 마음을 순일純一하게 한다'라는 내용이 나오기도 한다.

그리하면 '萬物竝作만물병작이나 吾以觀其復오이관기복이라', 만물이 저마다 함께 번성하지만, 나는 그 근원으로 돌아감을 본다. 생겨난 모든 것은 돌아간다. 모든 생명이 나고 죽는 것이 돌아가는 것이다. 세계를 제패하며 한 시대를 풍미했던 나폴레옹도, 칭기즈칸도, 불사불멸을 꿈꿨던 진시황도 결국 돌아갔다.

'夫物芸芸부물운운이나 各復歸其根각복귀기근이라', 무릇 모든 사물은 태어나 쑥쑥 성장을 거듭하면서 끊임없이 바뀌지만, 종국에는 저마다 제 뿌리로 돌아간다.

'歸根曰靜 귀근왈정이라', 그렇게 뿌리로 돌아감을 일컬어 '고요함'이라 한다. 모든 돌아간 것들은 말없이 고요하다. 예외가 없다. '靜曰復命 정왈복명이라', 그 고요함을 일컬어 '운명으로 돌아감'이라 한다. 천명天命인 셈이다. '復命曰常 복명왈상이라', 그렇게 운명으로 돌아감을 일컬어 진여실상眞如實相의 '실재'라고 하고, '知常曰明 지상왈명이라,' 그 실재를 아는 것을 일컬어 '밝음'큰 깨달음이라 한다. '밝은 깨달음'이라는 것은 '모든 존재가 단 하나의 예외도 없이 그 근원으로 다시 돌아간다는 것天命의 실재을 자각하는 것'이다.

'不知常 부지상이면 妄作凶 망작흉이고', 그 실재를 모르면 재앙을 일으키고, '知常容 지상용이라', 실재를 알면 모든 것을 포용한다.

여기서 '상常'은 불가에서 일체 만물은 한결같을 수 없으며 모두 변한다는 의미를 담고 있는 '제행무상諸行無常'에서 '무상無常'의 반대말이다. 늘 변하며 한결같지 않은 한결같음, 즉 이 '무상無常의 상常'이 만물의 참 존재, 즉 실재라는 것이다. 부처님이 큰 깨달음을 얻고 나서 말씀하셨다는 아래 사구게四句偈에 '무상無常의 상常'의 참뜻이 잘 나와 있다.

諸行無常 제 행 무 상	모든 것은 무상無常하나니
是生滅法 시 생 멸 법	이것이 곧 생멸生滅의 법칙이다.
生滅滅已 생 멸 멸 이	생멸이 끝나면
寂滅爲樂 적 멸 위 락	곧 고요한 열반의 경지이니, 그것이 극락이니라.

'일체 만물은 무상하여 모두 근원으로 돌아간다'라는 실재를 모르게 되면, 늘 시시각각 변하는 현상에 집착하므로 재앙을 일으키게 되고, 실재를 깨달으면 변하는 모든 것들을 포용하게 되는데, 그것이 열반에 이르는 길이라는 것이다.

'容乃公용내공이고', 모든 것을 포용하는 것은 사私가 없어야 가능하니 공公이고, '公乃王공내왕이라', 공公이 곧 왕王이란 말은 사私 없이 만물을 거느리고 일체에 충만하니 왕과 다를 바 없다는 뜻이다. 그러니 왕은 '깨달은 자'를 상징한다. '王乃天왕내천이라', 왕이 곧 모든 것에 충만해 있으면서 얽매이는 게 없으니 모든 것에 초월해 있는 하늘과 같고, '天乃道천내도라', 그 하늘이 곧 도道라 할 수 있다.

'道乃久도내구이니', 도道가 곧 영원함이니, '沒身不殆몰신불태라', 몸은 죽어도 죽지 않는다. 위의 부처님 사구게四句偈에서도 나왔듯이, 제행무상諸行無常이 생멸의 법칙인데, 모두 그 근원으로 돌아가는 실재를 깨닫게 되면 영원한 열반의 경지, 몰신불태沒身不殆 불생불멸不生不滅의 극락세계를 알게 되리라는 것이다. 사도 바울도 예수님의 부활을 일컬어 "썩은 육신의 옷을 벗고, 영원히 썩지 않는 옷을 갈아입는 것"이라 하였는데 이 몰신불태沒身不殆의 경지를 말하는 것이리라.

일상 속에서 실천해보는 명상법 5단계

1. 지켜보라! 오로지 들숨과 날숨만 의식하며 끝없이 움직이는 생각들을 지켜보라! 그 생각들을 없애려 하지 마라. 그것 또한 망상이다.

2. 그저 지켜보기만 하라! 지켜보는 사람은 언덕 위에서 골짜기를 내려다보듯이 거기서 초월해 있다.

3. 지켜보는 동안은 이러니저러니 조금도 판단하지 마라! 강물이 흘러가듯이 그렇게 지켜보라.

4. 그리고 받아들여라! 어느 것 하나 거역하지 말고 모든 것을 받아들여라!

5. 그리고 그 받아들임 안에서 어디에도 물들지 않는 본래의 자기 자신과 마주하라!

일상 속 수행을 권하는 핵심 화두 話頭

만물병작 오이관기복 萬物竝作 吾以觀其復

만물이 함께 번성하지만 나는 그 근원으로 돌아감을 본다. 세상 만물은 매 순간 변화하고 흥망성쇠를 거듭하지만, 예외없이 근원태어나기 전 원래 자리, 부모미생전 본래면목의 자리으로 돌아간다. 일상에서 스트레스를 받을 때마다 이 구절을 나직이 반복해서 읊조려 보라. 흥분이 가라앉고 마음이 차분해지는 것을 느낄 수 있다.

a word of Tao Te Ching engraved in my heart **내 마음에 새겨보는 도덕경**

도의 작용론

도_道는 어떻게 작용하는가?

도의 기본적인 움직임과 기능
(제40장)

앞에서 도_道의 본체를 살펴봤다면, 이어서 도의 기본적인 움직임과 기능, 그리고 주요 작용과 역설적 기능 등에 관해서 알아보도록 하자. 우선 다음 제40장은 도_道의 기본적인 움직임과 기능을 말하고 있다.

反者道之動 반 자 도 지 동	되돌아감이 도_道의 움직임이고,
弱者道之用 약 자 도 지 용	약한 것이 도_道의 기능이다.
天下萬物生於有 천 하 만 물 생 어 유	세상의 모든 것들은 유_有에서 생겨나고,
有生於無 유 생 어 무	그 유_有는 무_無에서 생겨난다.

이 장은 도덕경을 관통하고 있는 키워드인 '반_反', '약_弱', '무_無'의 개념이 응축된 장이다.

도_道의 움직임인 '돌아감_反'은 세 가지 의미를 함축하고 있다. 첫 번째는 서로 상반되어 있으면서 서로를 존재하게 하는 기능을 갖고 있다. 그 예로 크게는 하늘과 땅_{天地}, 음과 양_{陽陰}, 유와 무_{有無}가 해당하고, 작게는 길고 짧음_{長短}, 높고 낮음_{高低}, 어려움과 쉬움_{難易}, 앞과 뒤_{前後} 등 모두가 서로 반대를 이루면서 서로를 존재하게 해준다.

두 번째 의미는 양성적이고 강한 것보다는 음성적이고 약한 쪽이 지닌 반면적 가치를 더 중요시하는 의미가 있다. 적으면 얻고少則得, 패이면 차고窪則盈, 굽히면 펴지고枉則直, 굽으면 온전해지는曲則全 이치다. 유약柔弱이 부드럽고 약하지만 강하고 굳센 것을 이긴다.

세 번째는 끝없이 반복·순환한다는 의미이다. 제16장에서 보면 모든 사물은 끊임없이 바뀌면서 저마다 제 뿌리로 돌아간다며, 만물이 그 근원으로 돌아간다는 것을 '반反'이라는 개념으로 설명하고 있다.

다음으로 도道의 기능이라는 '약弱'은 꽁꽁 얼어붙은 땅凍土을 뚫고 나오는 여린 새싹을 연상케 한다. 실제로 새싹은 수만 톤을 드는 힘을 지니고 있다고 한다. 제43장에서 세상에서 가장 부드러운 것이 가장 단단하고 힘센 것을 제 맘대로 부린다고 했고, 제28장에서는 근원적인 힘을 젖먹이 아기로, 제52장에서는 세상에 물보다 더 부드럽고 약한 것이 없는데 굳세고 강한 것을 치는 데는 물을 앞지르는 것이 없다고 했다. 나그네의 외투를 벗기는 은은한 햇살처럼 약한 듯한 움직임, 은은한 '약弱'의 작용이 도의 근원적인 '기능用'이라는 것이다.

마지막으로 '무無'는 모든 것이 나오는 근원인 '허虛'의 개념이다. 세상 만물은 유有에서 생기는데, 유有에서 생긴다는 것은 하늘이 있고, 땅이 있고, 부모가 있으니, 모든 것이 거기에서 나오는 것이다. 그렇지만 만물을 낳는 그 하늘과 땅, 부모인 유有는 텅 비어 있는 허虛, 즉 무無에서 나온다. 무無는 유교에서의 '무극無極', 기독교에서의 '태초의 말씀', 현대 천문학에서의 빅뱅 이전 '초기우주의 텅 빈 공간'을 말한다고 볼 수 있다.

유$_有$는 인간의 오감으로 느끼거나 잡을 수 있는 영역이지만, 모든 존재의 근원인 무$_無$는 감각의 대상이 아닌 것, 즉 도$_道$요, 자연$_自然$이요, 하느님이다.

　이렇듯 도$_道$는 사람의 눈에 보이지 않는 곳에서 세상의 정$_正$을 이루게 해주는 반$_反$, 강$_强$의 시작이 되는 약$_弱$, 유$_有$의 바탕이 되는 무$_無$로서 작용하여, 우주 만물과 인간 세상에서 눈에 띄는 정$_正$과 강$_强$, 유$_有$를 낳고 기르는 역할을 하는 것이다.

a word of Tao Te Ching engraved in my heart **내 마음에 새겨보는 도덕경**

도의 본질과 주요 작용, 충沖에 관하여
(제4장)

이어서 제4장에서는 도道의 본질인 '텅 비어 있음沖'과 더불어 잘 알려진 '화광동진和光同塵'의 원리에 관해 이야기하고 있다.

道沖而用之 도 충 이 용 지	도道는 텅 비어 있어 그 쓰임에
或不盈 혹 불 영	항상 차고 넘치지 않는다.
淵兮 연 혜	그 심연과 같은 깊음이여!
似萬物之宗 사 만 물 지 종	우주 만물의 근원과 같구나.
挫其銳 좌 기 예	그 날카로움을 무디게 하여
解其紛 해 기 분	얽힌 것을 풀어주고
和其光 화 기 광	그 빛을 감추어
同其塵 동 기 진	먼지와 하나가 된다.
湛兮 담 혜	그 깊고 고요함이여!
似或存 사 혹 존	영원한 존재 같구나.
吾不知誰之子 오 부 지 수 지 자	나는 그가 누구의 아들인지 모르는데
象帝之先 상 제 지 선	어쩌면 하느님보다 먼저인 것 같다.

도道는 '충沖이라', 도는 텅 비어 있다. 여기서 '충沖'은 불가에서 공空의 의미와 같다. 불가에 '진공묘유眞空妙有'란 화두가 있다. 여기서 '공空'은 없음을 뜻하는 무無와 다른 개념이다. 공空이란 없는 것도 아니고 그렇다고 해서 있는 것도 아닌 것을 말한다. 이것을 진공묘유眞空妙有라고 표현한다. '텅 비울 때'가 바로 진공眞空이고, '오묘한 존재가 드러나는 것'이 묘유妙有이다. 진실로 공空한 가운데 묘妙한 것이 있다는 뜻이다. 있는 것 같은데 없고, 없는 것 같은데 있다. 우주 공간을 보라. 텅 비어 있지만 그 안에는 수많은 별들이 생성과 소멸을 반복하며 없는 듯 있는 듯 신묘하게 존재한다.

그렇게 도道는 텅 비어 있어서 항상 가득 차지 않는 것이다. 도저히 가늠할 수 없는 우주 크기를 보면 그 말이 실감 난다. 그 깊고 깊음이여, 우주 만물의 근원宗과 같구나. 모든 현상계가 여기에서 나온다. 여기에서 '종宗'자는 종교宗教·종가宗家라는 말에서 보듯이 근원, 으뜸을 가리킨다. 어원으로 보면 종교宗教는 다름 아닌 근원으로 돌아가는 으뜸 가르침을 말한다.

그 다음에 유명한 구절들이 나온다. '挫其銳좌기예하여 解其紛해기분'이라, 그 날카로움을 무디게 하여 얽힌 것을 풀어준다. 여기서 '예銳'는 뭔가를 날카롭게 쪼개거나 따지는 것을 말한다. 인위적으로 날카롭게 뭔가를 쪼개고 해명할수록 더 꼬이고 얽히므로, 그 날카로움을 무디게 하여 그 얽힌 것을 푼다는 것이다.

이 구절을 읽을 때마다 떠오르는 사람이 있는데, 바로 고인이 된 최규하 전前 대통령이다. 신군부의 12.12군사쿠데타에 의해 대통령직에서 물러났던 분인데, 87년 6.10항쟁으로 세상이 바뀌어 '5공 청문회'가 진행될 때였다. 당시 기자들이 최 전前 대통령에게 묻기를, 신군부에 의해서 강제로 물러나서 할 얘기가 많으실 텐데 왜 아무 말도 안 하시느냐? 했더니, 선문답 같은 다음 한마디만 했다고 한다. "항룡亢龍은 유회有悔라!" 이 말은 《주역周易》〈상구上九〉에 나오는 구절이다. 높은 용은 무슨 일을 해도 후회가 남으리라는 뜻이다. 상구上九는 맨 윗자리에 있어서 더 나아갈 수 없으므로 '높은 용'인 항룡亢龍 격이 되어 뉘우침만 남는다고 하였다有悔. '윗 상上'은 올라가는 것이고 높은 자리 위에 있는 것이지만, '높을 항亢'은 올라가서는 안 되는 곳까지 극도로 올라간 것을 의미한다. 그래서 중中이 중요한 것이다. 상구는 중中을 벗어나 너무 치우치고 과극過極하여 후회만 있게 된다는 것이다. 최 전前 대통령은 자신을 항룡으로 여겼으며, 이제 와서 날카롭게 헤집는 것이 결국 후회만 남을 것이리라 생각한 것이다. 사실 이미 청문회에서 최 대통령 선에서 알 수 있는 것들은 다 밝혀졌다. 그러니 자기가 한마디 더 보태는 것이 얽힌 것을 풀기는커녕 더 꼬이게 만들 것으로 생각했으리라.

'和其光화기광하여 同其塵동기진이라', 그 빛을 감추어 먼지와 하나가 된다. 여기에서 '광光'은 뛰어남, 재기, 지덕 등을 말한다. 그 뛰어남을 감추어 세속과 하나가 되어 어울려라. 이 구절은 예수님이 화려한 궁전에서 태어난 것이 아니라 허름한 마구간 말구유 속에서 태어난 것과 "나는 의인이 위해서가 아니라 죄인을 위해 왔노라", "너희 가운데 이 미천한 자에게 물 한 대접을 대접하면 그것이 곧 나를 대접하는 것이다"라고 하신 말씀과 일맥상통한다. 세상의 먼지와 하나가 되기 위해서는 먼저 '자기 비움'이 있어야 가능하다. 이러한 '자기 비움'을 기독교 신학에서는 '케노시스 헬라어: κενοσις, 영어: kenosis'라 하는데, 자신의 의지를 스스로 비우고 하느님의 신적 의지를 전적으로 수용하는 것을 말한다.

'湛兮 담혜여', 도道라는 세계의 그 깊고 고요함이여! '似或存 사혹존이라', 영원한 존재 같구나. 깊고 깊어서 시공時空을 초월해 영원히 존재하는 것 같다는 뜻이다.

마지막 구절을 보면, '吾不知誰之子 오부지수지자인데 象帝之先 상제지선이라', 나는 도道가 누구의 아들인지 모르는데, 어쩌면 하느님보다 먼저인 것 같다. 도道가 세상의 근원인데 누구의 아들인지 어찌 알 수 있겠는가? '제帝는 상제上帝를 뜻하는데, 고대 중국에서 최고의 인격신God으로 모시는 하느님을 말한다. 도道는 인격신 너머의 하느님, 신학자 폴 틸리히Paul Johannes Tillich, 1886~1965의 표현을 빌리면 "God above God 하느님 위의 하느님"인 것 같다는 것이다. 틸리히 표현을 이 구절에 적용하면, 앞의 'God'은 인격신인 상제上帝를 뜻하며, 뒤의 'God'은 인격신을 넘어선 도道를 뜻한다. 그리고 그것은 반드시 그렇다고 단정할 수는 없다. 우리 인간의 인지 영역 밖의 경지이기 때문이다. 그래서 겉으로 엉성해 보이지만 실은 누구보다 치밀했던 노자는 이 구절 맨 앞에다 '象 모양상'자를 써서 '그런 것 같다'고 한 것이다.

일상 속 수행을 권하는 핵심 화두 話頭

좌예해분 화광동진 挫銳解紛 和光同塵

날카로움을 무디게 하여 얽힌 것을 풀고, 빛을 감추어 먼지와 하나가 된다. 매사 지나치게 따지거나 평가하지 마라. 더 꼬인다. 의외로 시간이 해결해주는 일이 많다. 세상 모난 것의 팔할은 시간의 풍화작용으로 둥글어진다. 그러니 잘난 척하지 말고 무리와 하나가 돼라. 잘난 척 해봐야 잘나지지 않고 적만 더 생긴다.

a word of Tao Te Ching engraved in my heart **내 마음에 새겨보는 도덕경**

도의 주요 작용, 허虛에 관하여
(제5장)

다음에 이어지는 제5장에서는 도道의 중요한 작용인 '허虛' 개념을 대장간의 풀무橐籥로 비유하여 설명하고 있다.

天地不仁 천지불인	하늘과 땅은 편애하지 않아서
以萬物爲芻狗 이 만 물 위 추 구	만물을 짚으로 만든 개처럼 여긴다.
聖人不仁 성 인 불 인	성인도 편애하지 않으니
以百姓爲芻狗 이 백 성 위 추 구	사람들을 짚으로 만든 개처럼 여긴다.
天地之間 천 지 지 간	온 우주가
其猶橐籥乎 기 유 탁 약 호	풀무의 바람통과 같아서
虛而不屈 허 이 불 굴	비어 있어서 다함이 없고
動而愈出 동 이 유 출	움직일수록 더욱더 나온다.
多言數窮 다 언 삭 궁	말이 많으면 자주 막히니
不如守中 불 여 수 중	차라리 비어 있음을 지키는 것만 못하다.

첫 구절을 살펴보면, '天地不仁천지불인이라', 우주의 도道는 '불인不仁하

다'는 말은 어질지 않다는 것이 아니라 '치우친 사랑을 하지 않는다'로 읽어야 한다. 여기에서 '인仁'은 자비심이나 어떤 것에 대한 무조건적인 사랑을 의미하는 것이 아니라, 사사로운 정이나 편애를 의미한다. '도道는 편애를 하지 않는다'라는 말은 인간의 입장에서는 매정할 정도로 엄숙하고 공평한 대자연의 법칙을 일컬음이다. 전쟁이 나면 힘없는 노인들이나 여성, 무고한 어린아이들이 먼저 죽는다. 착한 사람도 암에 걸려 일찍 죽기도 하고, 용감하게 의義를 행하는 독립투사도 아까운 젊은 나이에 고문당하다 죽임을 당하기도 한다. 그때마다 우리는 '하늘도 무심하시지' 하고 한탄한다. 그렇다. 정말 하늘의 도道는 무심無心한 것이다. 이 무심이 바로 불인不仁이다. 전 우주의 자식들을 관장하는 도道 입장에서는 수많은 별 중에 지구만 더 사랑하지 않으며, 수많은 생명체 중에 인간만 더 사랑할 이유가 없는 것이다. 절대적으로 무사無私 공평公平하기 때문이다. 그래서 만물을 '추구芻狗'처럼 여긴다는 것이다. 여기에서 '추구芻狗'란 중국에서 제물로 쓰는 '짚으로 만든 개'를 의미하는데, 제사 때 한 번 쓰고 버리는 물건이다. 우주 만물을 냉정하게 보일 정도로 일말의 사사로운 정 없이 한결같이 공평하게 대하니, 사私에 사로잡혀 자기만 사랑해주기를 원하는 인간의 눈에는 지푸라기 개처럼 하찮게 여기는 것으로 보인다.

도道를 따르는 성인聖人도 당연히 모든 사람을 치우친 사랑 없이 공평무사하게 대한다. 그래서 자칫 무정無情한 사람처럼 보인다. 사람들은 다 자기편에서 자신만 더 사랑해주기를 원하기 때문이다.

이어서, '天地之間천지지간이 其猶橐籥乎기유탁약호라', 온 우주가 대장간에서 불을 가열할 때 사용하는 풀무의 바람통橐籥과 같다. 도道는 풀무처럼 속이 텅 비어 있어서 다함이 없고, 풀무 막대기가 움직일 때마다 바람이 나오는 것처럼, 운행할수록 많은 것을 생산해낸다.

마지막 구절, '多言數窮다언삭궁이라', 말이 많으면 자주 막힌다. 다언多言에 대한 경계는 도덕경뿐만 아니라 거의 모든 경전에서 나오는 교훈이다. 여기서 다언多言은 단순히 말이 많은 것만을 의미하지 않고, 사사로운 어떤 의도를 가지고 하는 말을 지칭한다. 작위적인 의도로 말을 하게 되면 내 의도대로 계속 덧붙이거나 꾸며야 하니 말이 자꾸 많아질 수밖에 없고, 그러다 보면 말이 꼬이게 되기 쉽고, 상대방과의 소통도 막히게 된다.

그래서 '不如守中불여수중이라', 차라리 비어 있음을 지키는 것만 못하다. 여기서 '중中'은 풀무의 가운데를 의미하니, 텅 비어 있음을 뜻한다. 앞 구절 '허虛'의 의미와 같다. 《중용中庸》에서도 이 중中의 의미를 다음과 같이 심오하게 밝히고 있다.

喜怒哀樂之未發 희 로 애 락 지 미 발	기쁨·성냄·슬픔·즐거움이 아직 드러나지 않았을 적에
謂之中 위 지 중	이를 일컬어 중中이라고 하고,
發而皆中節 발 이 개 중 절	드러나되 모자라거나 넘치지 않고 모두 절도에 맞는 것을
謂之和 위 지 화	화和라고 한다.
中也者天下之大本也 중 야 자 천 하 지 대 본 야	중中이란 천하의 근본이고,
和也者天下之達道也 화 야 자 천 하 지 달 도 야	화和란 천하에 통달하는 길이다.
致中和 치 중 화	마침내 중화中和에 이르면

天地位焉
천 지 위 언
하늘과 대지가 제자리를 잡고

萬物育焉
만 물 육 언
만물이 무럭무럭 잘 자라게 된다.

여기서 '중화中和'를 노자의 언어로 바꾸면 중中은 도道에 해당하고, 화和는 덕德에 해당한다. 희로애락의 감정이 겉으로 드러나지 않은 상태인 평정심을 지키는 것이 '수중守中'의 기본이다. 더 나아가 수중守中은 천하의 근본을 지키는 것이므로 도를 지키는 것이고, 하느님과 부처님의 말씀을 모시는 것이다. 그러니 진리는 불립문자 不立文字라, 무슨 다언多言이 필요하겠는가?

일상 속 수행을 권하는 핵심 화두 話頭

다언삭궁 불여수중 多言數窮 不如守中

말이 많으면 자주 막히니, 차라리 중中, 비어 있음을 지키는 것만 못하다. 사람이 당하는 대부분의 화禍가 말에서 나온다. 상처를 주거나 받는 것이 거의 다 말이다. 말을 조심하기 전에 말이 나오는 원천인 그 마음을 다스려라. 본래의 청정한 마음을 잃지 않도록 잘 지켜라. 그러면 앞으로 당할 수 있는 상당수의 재앙을 피할 수 있으리라.

천지의 뿌리, 음陰,여성성에 관하여
(제6장)

제6장에서는 도道를 음陰과 여성, 계곡에 비유하여 설명하고 있다. 그래서 혹자는 노자를 인류 최초, 최고의 페미니스트라고도 한다. 세계의 3대 종교가 모두 척박한 사막에서 발생했다. 풍광 좋은 절에는 큰 스님이 안 나온다는 말이 있는데, 환경이 안 좋고 힘들수록 신神을 더 찾거나 구도求道의 길을 가게 되는 경우가 많아서 그런 것이 아닌가 싶다.

아무튼, 모래밭에서 피어난 꽃인 3대 종교는 기독교, 이슬람, 유대교인데, 이 종교에서 공통으로 사용하는 '하느님 아버지'라는 말에서도 알 수 있듯이 모두 남성적인 신의 모습이 더 강하다. 아버지는 절제, 규율, 한계 등을 강조하는 반면 어머니는 포용, 사랑, 이해, 자율 등의 성격이 더 강하다. 사막과 같은 척박한 환경에서는 자연을 개척하면서 강인하게 살아남아야 하는 아버지의 성격이 더 필요했는지 모른다. 물론 절대자인 신은 성性을 초월한 존재이지만 인간과 가까운 상징으로 표현하고자 아버지라는 상징을 써왔는데, 이 영향으로 전쟁, 생태계 파괴 등 그 부작용이 많아졌다는 의견이 제기되고 있다. 북미를 대표하는 생태여성주의 신학자 샐리 맥페이그Sallie McFague, 벤쿠버신학대학 교수는 그의 저서 《신의 모형들 Models of God》에서 하느님을 아버지라 보는 대신 어머니로 생각할 때 얻어지는 이점이 훨씬 많다고 말하고 있다.

중국에서도 상대적으로 산지가 많은 북중국 태생의 공자는 예禮와 같이 규율과 절제를 더 중시한 반면, 비옥한 토지가 많은 남중국 태생의 노자는 양陽의 기운인 봉우리보다는 음陰의 기운인 계곡, 여성, 모성이 우주 만물의 뿌리라고 말하고 있다. 바로 제6장에서 그 이야기가 나온다.

谷神不死 곡 신 불 사	골짜기의 신은 신비하게 죽지 않는데,
是謂玄牝 시 위 현 빈	이를 현빈(玄牝·현묘한 암컷)이라 한다.
玄牝之門 현 빈 지 문	현묘한 암컷의 문을
是謂天地根 시 위 천 지 근	천지의 뿌리라고 한다.
綿綿若存 면 면 약 존	끊임없이 이어져 항상 존재하는 것 같으니
用之不勤 용 지 불 근	아무리 써도 힘들지 않다.

제6장 첫 구절부터 살펴보면, '谷神不死곡신불사라', 골짜기의 신은 신비하게 죽지 않는다. 여기서 곡신谷神은 도道, 하느님을 계곡에 비유한 것이다. 계곡陰의 기운, 空, 우주은 텅 비어 있어서 만물을 담을 수 있고, 봉우리陽의 기운, 色, 만상를 드러나게 한다. 그러고도 시작과 끝이 없이無始無終 죽지 않고 영원하다不生不滅.

이를 현빈玄牝, 현묘한 암컷이라 한다. 여기서 현빈은 신묘한 여성성을 말하는데, 즉 도道의 포용성, 수동적 적극성, 창조성, 생산성, 자율성, 개방성 등을 의미한다.

이러한 여성의 문을 천지의 뿌리根本라 한다. 우주 만물이 도道에서 나왔고, 세상 만물이 어머니에게서 나왔으니, '玄牝之門현빈지문'은 온 천지의 근원이 되겠다.

이어서, '綿綿若存면면약존'이라, 목화로 실을 지을 때처럼 끊임없이 이어져 항상 존재하는 것 같다. 도道는 눈에 보이지 않고 정靜적인 것 같지만 사실은 끊임없이 흐르고 움직여서 뭔가를 창조해내고 있다. 한낮에 그냥 환한 것 같지만 햇빛이 끊임없이 내려와서 환한 것이고, 그 환한 햇빛을 받고 씨앗이 발아하여 만물이 무럭무럭 커가는 것이다.

그런 도道의 기운은 끊임없이 항상 존재하는 것 같은데, '用之不勤용지불근'이라, 아무리 써도 힘들지 않다. 만사를 억지로 하지 않고, 무위無爲로 행하니 힘들지 않은 것이다. 온 세상을 빠진 데 없이 구석구석 환히 비추는 햇빛이 과연 힘들다 할 것인가? 천지 만물에 젖을 물려 먹여 살리는 비가 힘들다 할 것인가? 온 곳을 사면팔방으로 돌아다니는 바람이 힘들다 할 것인가? 천명天命에 따라 행하면 힘들 까닭이 없다. 그리하여 우리 인간도 순리에 따라 자기 깜냥껏 만사를 처리하면 용지불근用之不勤 할 수 있다는 것이다.

일상 속 수행을 권하는 핵심 화두 話頭

면면약존 용지불근 綿綿若存 用之不勤

끊임없이 이어져 항상 존재하는 것 같으니, 아무리 써도 힘들지 않다. 아무리 일을 해도 힘들지 않다니, 이 얼마나 부러운 경지란 말인가? 억지로 욕심을 부려 뭔가를 도모하려 하지 말고, 계곡처럼 주위를 포용하고 천명天命을 수용하면서 순리대로만 행한다면 힘들 까닭이 없다는 것이다. 그래서 끊이지 않는 목화실이 사람의 몸을 감싸는 따뜻한 옷감이 되는 것처럼 오래도록 세상에 도움이 되는 많은 일들을 할 수 있다는 것이다.

a word of Tao Te Ching engraved in my heart **내 마음에 새겨보는 도덕경**

도의 성품, 물의 순리 작용
(제8장)

이어 제8장은 도덕경 전체 장에서 가장 유명한 구절들이 많이 나온다. 도道를 물의 속성으로 비유한 '상선약수 上善若水'가 나오는 장이다.

上善若水 상 선 약 수	가장 훌륭한 것은 물과 같다.
水善利萬物而不爭 수 선 리 만 물 이 부 쟁	물은 만물을 이롭게 하면서도 다투지 않고
處衆人之所惡 처 중 인 지 소 오	모든 사람이 싫어하는 낮은 곳에 머무른다.
故, 幾於道 고, 기 어 도	그러므로 도道에 가깝다.
居善地 거 선 지	머무르는 데는 땅이 좋고
心善淵 심 선 연	마음은 깊어야 좋으며
與善仁 여 선 인	더불어 사는 것은 어질어야 좋고
言善信 언 선 신	말은 믿음직스러워야 좋으며
正善治 정 선 치	정치는 바르게 다스려져야 좋고
事善能 사 선 능	일은 잘할 줄 아는 게 좋으며
動善時 동 선 시	움직임은 때를 맞추어야 좋다.
夫唯不爭 부 유 부 쟁	무릇, 물은 오직 다투지 않으니
故, 無尤 고, 무 우	그러므로 허물이나 탈이 없다.

첫 구절부터 살펴보면 '上善若水상선약수라,' 가장 훌륭한 것은 물과 같다. 노자가 말하는 바람직한 삶의 태도를 한마디로 요약하라면 '물처럼 살라'는 것이다. 노자에게 있어서 물은 도道의 객관적 상관물이다.

물은 만물을 이롭게 하면서도 다투지 않고, 뭇사람들이 싫어하는 가장 낮은 자리에 처한다. 물은 모든 생명을 살리는 역할을 한다. 보통 남을 이롭게 하려면 자기는 손해를 보기 때문에 갈등이나 다툼이 일어나는데, 물은 다투지 않는다. 그리고 남을 위해 산다는 것은 낮고 수고로운 자리에 있어야 하는데, 물은 그 자리를 마다하지 않는다는 것이다.

왜 그것이 가능한가? 물은 아상我相이 없기 때문이다. 에고ego가 없기에 자기 모습을 고집하지 않는다. 추우면 딱딱하게 얼고, 따뜻하면 부드럽게 액체로 풀리고, 뜨거우면 자기 몸을 기화시켜 공중으로 날리기도 하며, 네모난 그릇에 담기면 네모꼴이 되고, 둥그런 그릇에 담기면 원형으로 변모하기도 한다.

사람이 일생을 살아가면서 에고를 여의고, 남을 위해 자신을 변모시키는 경험을 하게 되는 큰 계기가 보통 출산과 육아를 경험하면서이다. 유년기, 청년기에는 자기 자신만 위해서 살다가 아이를 낳고 키우면서 처음으로 자신의 많은 것시간, 비용, 에너지, 정성, 사랑 등을 타인자식에게 온전히 내주게 되는데, 그 과정이 쉽지 않아 부부싸움도 하게 되고 산후 우울증 등을 겪기도 한다. 인간사에서 가장 낮은 자리가 부모의 자리다. 보통 인간은 그 낮고 궂은 일을 자식 이외에는 확장하지 않는데하물며 자기 부모에게도, 물은 모든 대상에게 차별하지 않고 그렇게 한다. 물은 새싹이나 꽃만 피우게 하는 게 아니라 더러운 걸레도 마다하지 않고 받아들여 깨끗이 빨아주고, 죄인의 몸도 정결하게 씻어준다. 아상我相이 없기에 따로 주객主客이 없다. 그래서 새싹이나 꽃도 '나' 자신이고, 걸레나 죄인도 확장된 '나'이기에 가능한 것이다. 그러니 애초에 다툼이 불가능한 것이다. 어떻게 내 손과 내 발이 서로 싸울 수 있단 말인가.

이어 물의 속성을 들어서 여러 가지 모양으로 설명하고 있는데, 우선 '居善地거선지라,' 머무르는 데는 땅이 좋다는 것이다. 물이 머무르는 곳이 결국 낮은 땅인데, 사람도 그곳에 깃드는 것이 좋다는 것이다. 그런데 사람들은 온갖 잡스러운 것이 섞여 있는 낮은 땅보다는 높은 곳을 지향한다. 고결한 것이 좋아 보이지만, 높을수록 위태롭다는 것을 잘 모른다. 예수님께서 "나는 의인이 아니라 죄인을 위해서 왔다"라고 하셨는데, 의인이 있는 자리가 높은 곳이라면, 죄인이 있는 자리가 바로 낮은 땅이다. 그 땅이 바로 화광동진和光同塵의 먼지 구덩이 세계다. 세상의 모든 물은 구름이 되어 잠시 하늘 높이 올라갔다가도 낮아지고 낮아져서 결국 땅으로 바다로 흐른다. 그래서 사람도 평소 낮은 자리에 거居하는 것이 안정적이고 이롭다.

다음은 '心善淵심선연이라', 마음은 호수와 바다처럼 깊은 것이 좋다. 여기에서 마음은 세상의 이목이나 오감五感에 흔들리지 않는 마음을 말한다. 얕은 물은 약한 바람에도 파도가 잦지만, 깊은 바닷속은 늘 고요하고 잔잔하다. 그래서 사람의 마음도 깊은 바다와 같아야 한다는 것이다.

부처님의 지혜를 금강석에 비유한 《금강경金剛經》은 부처님이 사위국舍衛國에서 수보리 등을 위해 설법한 가르침이며, 일체법에서의 무상無常과 무아無我를 주요 내용으로 한다. 금강경에 보면 다음과 같은 구절이 나온다. "범소유상凡所有相은 개시허망皆是虛妄이라, 무릇 형상이 있는 것은 모두가 다 허망하다. 약견제상비상若見諸相非相이면 즉견여래卽見如來라, 만약 모든 형상色을 형상이 아닌 것空으로 보면, 곧 여래를 보리라." 여기에서 모든 색色에 흔들리지 않고 그 속에서 공空을 볼 줄 아는 마음이 심선연心善淵의 마음이다.

금강경에는 중국 선종의 역사를 연 육조 혜능이 큰 깨달음을 얻었던 '게偈'도 전해지는데, 혜능 스님은 "불응주색생심不應住色生心, 응당 색에 머물러서 마음을 내지 말며, 불응주성향미촉법생심不應住聲香味觸法生心이라, 응당 소리·냄새·맛·감촉·법에 머물러서 마음을 내지 말 것이니라. 응무소주이생기심應無所住而生其心이라, 응당 머문 바 없이 그 마음을 낼지니라"라는 대목을 듣고 크게 발심하여 수행을 시작하셨다고 한다. 이 아무것에도 머물지 않는 마음이 바로 심선연心善淵의 마음이다.

혜능선사 慧能禪師, 638-713 : 당나라 시대의 선승, 선종禪宗의 제6조이자 남종선南宗禪의 시조. 혜능이 설한 설법을 중심으로 편찬된 《육조단경六祖壇經》이 후세에 전해지면서 중국의 선종이 융성하게 되었다.

이어 '與善仁여선인이라', 더불어 사는 것은 어질어야 좋다. 여기서 '인仁'은 물이 만물을 살리는 것처럼 상대방을 아끼고 보듬어 주는 것을 말한다.

'言善信언선신이라', 말은 빈말 없이 성실해서 믿음직스러워야 좋다. 누가 보든 안 보든 밤낮으로 끊임없이 흐르는 물처럼 성실한 게 어디 있으랴.

'正善治정선치'라, 정치는 자연의 질서에 맞게 바르게 다스려져야 좋고, '事善能사선능'이라, 일은 허욕을 버리고 순리대로 잘할 줄 아는 게 좋다.

'動善時동선시'라, 움직이는 것은 '때天時'를 잘 맞춰야 한다. 아무리 좋은 일도 때에 맞지 않으면 소용이 없다. 병아리가 알에서 깨어나기 위해서는 어미 닭이 밖에서 쪼고 병아리가 안에서 쪼듯이 때에 딱 맞게 서로 도와야 일이 순조롭게 완성된다는 '줄탁동시啐啄同時'가 바로 그 예이다. 《맹자孟子》에 '물망 물조장勿忘 勿助長'이라는 구절이 나오는데 '마음으로 잊지도 말고, 억지로 자라나게 도와주지도 말라'는 말이다. 어느 송宋나라 사람이 자기 논의 모가 이웃집 모에 비해 잘 자라지 않는 것을 보고 논바닥에 심어진 모를 조금씩 뽑아 올려주었다. '조장助長'한 것이다. 그리고 집으로 돌아와 가족에게 그것을 자랑했다. 아들이 논으로 달려가 보니 모는 다 물 위에 떠서 죽어 있었다. 모가 빨리 자라도록 돕는 것에서 경험을 얻은 농부는 이제 모를 그냥 방치하였다. 물을 제때 대주지 않자 이번에는 모두 말라 죽었다. 조장助長의 비극을 보았기에 이제 그냥 내버려 둔다면 이것이 '망忘'이다. 망도 조장과 동일한 오류를 범하는 셈이다. '줄탁동시啐啄同時'와 '물망 물조장勿忘 勿助長'처럼 모든 일은 다 자연의 때가 있고, 그 천시天時에 따라 움직여야 병아리가 건강하게 태어나고 모가 쑥쑥 잘 자라듯 사람도 그럴 수가 있는 것이다.

한편 헨리 데이비드 소로우 Henry David Thoreau 는 그의 저서 《월든》에서 "왜 우리는 성공하려고 그처럼 필사적으로 서두르며, 그처럼 무모하게 일을 추진하는 것일까? 어떤 사람이 자기의 또래들과 보조를 맞추지 않는다면, 그것은 아마 그가 그들과는 다른 고수鼓手의 북소리를 듣고 있기 때문일 것이다. 그 사람으로 하여금 자신이 듣는 음악에 맞추어 걸어가도록 내버려 두라. 그 북소리의 박자가 어떻든, 또 그 소리가 얼마나 먼 곳에서 들리든 말이다. 그가 꼭 사과나무나 떡갈나무와 같은 속도로 성숙해야 한다는 법칙은 없다. 그가 남과 보조를 맞추기 위해 자신의 봄을 여름으로 바꾸어야 한다는 말인가?"라고 했는데 뭇사람들이 다 같이 뛰어가는 세상의 속도에 따르지 말고 자기만의 고유한 리듬을 지켜나가는 것이 행복하다고 했다.

헨리 데이비드 소로우 Henry David Thoreau, 1817~1862 : 하버드 대학을 졸업하고 부와 명성을 얻을 수 있었으나, 자기 생을 자율적으로 실험하기 위해 월든 호숫가의 숲속에 들어가 통나무집을 짓고 자급자족하면서 저서 《월든》을 비롯하여 현대 물질문명의 비판과 삶을 통찰하는 주옥같은 문장들을 남긴다.

무조건 천시天時만 따른다면 맹자가 말한 '망忘'에 빠지고, 천시를 무시하고 자기 속도만 중시한다면 '조장助長'에 빠질 수 있다. 천시天時를 알고 자신의 고유한 박자까지 알아서, 천시의 리듬에 자신의 박자를 녹아낸다면 금상첨화錦上添花이리라.

마지막 구절 '夫唯不爭부유부쟁이니 故無尤고무우라', 무릇, 물은 오직 다투지 않으니 그러므로 허물이나 탈이 없다. 여기서 '우尤'는 허물, 나무람, 뒤탈을 뜻한다. 물은 남보다 앞서려고 다투지 않으니, 허물이 남을 일도 없고 탈이 일어나지도 않는다는 것이다. 그러니 물처럼만 살면 만사가 물 흐르듯 순조롭게 잘 풀린다.

일상 속 수행을 권하는 핵심 화두 話頭

상선약수 上善若水

가장 훌륭한 것은 물과 같다. 물의 다양한 속성, 즉 아집이 없는 유연성, 가장 낮은 곳에 처하는 하심下心, 주야로 끊임없이 흐르는 성실성, 때를 아는 시의성 등을 본받으면 바로 도道에 가깝다.

응무소주이생기심 應無所住而生其心

마땅히 머문 바 없이 그 마음을 내어라. 일상을 살다 보면 마음에 걸리는 것들이 많다. 그만큼 마음에 맺힌 것들이 많게 된다. 거울은 사물을 모두 받아들이고 비추되, 사물이 떠나면 자취가 남지 않는다. 우리는 다 받아들이지도 않으면서, 까다롭게 선택적으로 받아들인 것조차 그것이 떠나면 마음에 잔상이 남는다. 거울처럼 수용하되 머무는 바 없이 그 마음을 내어라!

도의 성품, 물의 순리 작용 (제8장)

도의 주요 작용, 무용 無用에 관하여
(제11장)

제11장에서는 도道의 중요한 개념인 '무無'와 '공空'의 작용作用에 대해 여러 예시를 들어 설명하고 있다.

三十輻共一轂 삼 십 복 공 일 곡	서른 개의 바큇살이 하나의 바퀴통에 모이는데
當其無有車之用 당 기 무 유 거 지 용	바로 그 가운데가 비어 있어서 수레의 쓸모가 생겨난다.
埏埴以爲器 선 식 이 위 기	진흙을 이겨서 그릇을 만드는데
當其無有器之用 당 기 무 유 기 지 용	바로 그 가운데가 비어 있어서 그릇의 쓸모가 생겨난다.
鑿戶牖以爲室 착 호 유 이 위 실	문과 창을 뚫어 방을 만드는데
當其無有室之用 당 기 무 유 실 지 용	바로 그 가운데가 비어 있어서 방의 쓸모가 생겨난다.
故, 有之以爲利 고 유 지 이 위 리	그러므로 있음은 이로움의 바탕이 되고
無之以爲用 무 지 이 위 용	없음은 쓸모의 바탕이 된다.

이 장에서 예시로 들고 있는 바퀴통轂, 수레車, 그릇器, 방室은 모두 그 가운데가 없으므로無, 쓸모의 있음有이 생긴다. 무無가 유有의 어머니가 되고, 공空이 색色의 바탕이 된다. 동양화와 서양화의 가장 큰 차이는

여백餘白의 유무有無다. 서양화가 채움의 미학이라면, 동양화는 비움의 미학이다. 동양화에서의 여백은 단순히 빈 공간의 조연이 아니라, 선禪이나 정情처럼 작품의 주제가 되고 주연이 된다. 문학작품에서도 시詩나 명문名文은 흔히 행간行間을 읽어야 한다고 말한다. 행과 행 사이의 빈 사유 공간, 그것이 독서의 쓸모를 만든다.

더 나아가 사람이 뭔가로 가득 차 있다는 것은 에고ego와 아상我相으로 가득 차 있어서 누구도 수용하기 힘들다는 의미이고, 사람이 텅 빈 방처럼 비어 있다는 것은 아상我相을 여의어서 그 자리에 도道와 하느님, 부처님이 자리하고 있다는 의미로도 읽을 수 있다.

그러니 이렇게 사물이 비어 있어서 쓸모가 있는 것처럼 너희들도 과감히 비워라! 그러나 현실은 비우지 않고 에고로 가득 찬 고집 센 사람들이 이끌어가는 경우가 많다. 아집이 강하고 자기주장이 센 사람일수록 지적인 토대가 좁다. 무식하면 용감한 것이다. '유무상생有無相生'이라는 대립면의 긴장을 품은 사람은 진리를 함부로 확신하지 않기 때문에 과감하지도, 확신하지도, 광신하지도 않는다. 뭔가 머뭇거리는 사람처럼 보인다. 마치 살얼음을 밟고 강을 건너는 사람과 같다.

'故有之以爲利고유지이위리 요 無之以爲用무지이위용이라', 그러므로 있음은 이로움의 바탕이 되고 없음은 쓸모의 바탕이 된다. 도덕경을 잘못 해석하면 유有나 색色, 용用을 부정하는 것으로 오독誤讀할 수 있는데, 이 구절을 보면 알 수 있듯이 그렇지 않다. 있음有의 세계도 없음無의 세계와 같이 긍정하지만, 세상이 그 있음만 강조하다 보니 상대적으로 없음을 더 강조하는 것이고, 다만 선후관계를 따지자면 무無라는 어머니 아래서 유有라는 자식이 생겼다고 보는 것이다. 빅뱅우주론에서 초기우주의 탄

생을 봐도 그렇다.

있음은 이로움의 바탕이 되고, 없음은 쓸모의 어머니가 된다는 말은 참 절묘한 표현이다. 바퀴, 수레, 그릇, 방 같은 물질세계는 사물의 다양성, 특수성을 지니며, 이로움의 도구가 되는 반면, 그 모든 물질세계의 공통점인 빈 공간, 즉 무無는 사물의 보편적 특성을 지니며 모든 쓸모의 바탕이 되는 것이다. 사람도 마찬가지다. 모든 다양한 개별적인 사람들은 유有가 되고, 그 군상群像들의 공통적인 본질은 앞에서도 말했듯이 도道요, 하느님이요, 부처님인 것이다. 유무有無가 서로 말미암아 생기고 有無相生, 공즉시색空卽是色 색즉시공色卽是空이니, 이 둘은 이이불이異而不二라, 서로 다르지만 둘은 아니다. 색의 세계인 나와 공의 세계인 하느님도 둘이 아닌데, 같은 색계色界의 사람들끼리는 말해 무엇하랴. 그래서 '만물일화萬物一華라, 세상 만물이 다 한 송이 꽃이다'라고 했던 것이다.

일상 속 수행을 권하는 핵심 화두 話頭

유무상생 有無相生

있음과 없음은 서로 말미암아 생겨난다. 유有는 이로움의 바탕이 되고, 그 쓸모 있음의 바탕은 무無가 된다. 당장 이득을 위해 눈에 보이는 것만 취하려 하지 말라. 빙산의 수면 아래에 숨어 있는 거대한 얼음산처럼, 보이지 않는 무無가 그 있음을 떠받치고 있는 것이다. 그러니 보이는 것만으로 함부로 확신하지 말라. 그 너머 숨어있는 빈 공간을 항상 의식하라. 그릇 안의 공간처럼 그것이 큰 쓸모의 어머니가 된다.

도와 덕의 역설적 작용
(제41장)

유명한 사자성어 '대기만성大器晚成'의 출처가 있는 제41장에서는, 도道와 덕德의 역설적 작용, 모순의 통일성에 대해서 포괄적으로 설명하면서, 그렇게 모순처럼 보이기 때문에 보통 사람의 눈에는 잘 보이지 않는다고 말하고 있다.

上士聞道 상 사 문 도	뛰어난 사람은 도道를 듣게 되면
勤而行之 근 이 행 지	열심히 그대로 행하려 하고,
中士聞道 중 사 문 도	중간 정도의 사람은 도道를 들으면
若存若亡 약 존 약 망	그런가 믿기도 하고 아닌가 의심하기도 하며,
下士聞道 하 사 문 도	낮은 수준의 사람은 도道를 들으면
大笑之 대 소 지	크게 웃는다.
不笑 불 소	만약 낮은 수준의 사람이 웃지 않는 것은
不足以爲道 부 족 이 위 도	도道로 여기기에 부족한 것이다.
故, 建言有之 고, 건 언 유 지	그러므로 옛 성현들이 말씀하시기를,
明道若昧 명 도 약 매	"도道에 밝은 이는 어두운 것처럼 보이고
進道若退 진 도 약 퇴	도道에 나아가는 이는 물러서는 것처럼 보이며

夷道若纇 이 도 약 뢰	도道를 평평하게 행하는 이는 울퉁불퉁해 보이고
上德若谷 상 덕 약 곡	높은 덕德은 계곡같이 텅 비어 보이며
太白若辱 태 백 약 욕	아주 깨끗한 것은 더러운 것 같이 보이고
廣德若不足 광 덕 약 부 족	아주 넓은 덕德은 무언가 부족해 보이며
建德若偸 건 덕 약 투	굳건한 덕德은 건성건성 한 것처럼 보이고
質直若渝 질 진 약 유	참된 덕德은 변하는 것같이 보이며
大方無隅 대 방 무 우	큰 모서리는 모서리가 없고
大器晚成 대 기 만 성	큰 그릇은 더디 이루어지며
大音希聲 대 음 희 성	큰 소리는 잘 들리지 않고
大象無形 대 상 무 형	큰 모양에는 형체가 없다"라고 하였다.
道隱無名 도 은 무 명	도道는 숨어 있어서 이름이 없다.
夫唯道 부 유 도	그렇지만 무릇 도道는
善貸且成 선 대 차 성	만물에게 베풀어주고 또 이루어지게 한다.

이 장에는 우리나라 군대 계급인 상사 上士·중사 中士·하사 下士가 나오는데, 원래는 중국 주周나라 관직의 등급이었다고 한다. 여기서는 도道를 인식하는 정도나 사람의 수준을 나타내고 있다.

첫 구절부터 살펴보면, '上士聞道 상사문도 勤而行之 근이행지라', 뛰어난 사람은 도道를 듣게 되면 망설이지 않고 들은 대로 힘써 행하려 한다. 여기서 상사 上士는 공자가 말한 '생이지지 生而知之'에 해당하는 자로 아예 애초부터 뛰어난 재질을 지니고 태어나서 빨리 깨달음을 얻은 사람을 말한다.

'中士聞道 중사문도 若存若亡 약존약망이라', 중간 정도의 보통 사람은 도를 들으면 그런가 믿기도 하고 아닌가 의심하기도 하며 망설임에 머문다. 겉으로는 '좋은 말씀이야' 하면서 공감하지만, 속으로는 부인하거나 실천이 따르지 못함을 말한다. 여기서 중사中士는 공자가 말한 곤이지지困而知之에 해당하는 자로 큰 곤란을 겪어서야 배움에 임하는 보통 사람을 가리킨다.

'下士聞道하사문도 大笑之대소지라', 낮은 수준의 못난 사람은 도를 들으면 헛소리라고 크게 비웃는다. 여기서 하사下士란 공자가 말하는 '곤이불학困而不學'에 해당하는 자로 곤란한 지경에 이르러서도 배우지 않는 아둔한 사람을 말한다. 이렇게 사람을 상·중·하 3단계로 나눈 것은, 마음의 성찰이나 깨달음의 정도가 그 단계에 이른 사람들을 분류한 것이라 생각할 수 있는데, 다른 한편으로는 상황에 따라 한 사람이 상사가 되기도 하고, 중사나 하사가 되기도 함을 고려할 필요가 있겠다.

이어서 '不笑불소면 不足以爲道부족이위도라', 만약 낮은 수준의 못난 사람이 헛소리라고 비웃지 않는 것은 도道로 여기기에 부족하다. 세상의 참 이치道는 모순의 통일에 있는데, 일반적인 상식으로는 한 가지 사물이 서로 반대되는 두 가지 특성을 동시에 지니고 있다는 사실을 받아들이기 쉽지 않다. 보통 사람들은 일상적인 상대적 관계에서 이분법적 사고가 내재되어 있어서 서로 다른 양극단이 하나에 통일되어 있다는 것을 이해할 수 없기에, 도道를 들으면 말도 안 되는 소리라 비웃는 것이다. 그래서 성서 시편에도 '어리석은 자의 심중에는 하느님이 없다'라고 한 것이다.

다음으로 '故建言有之고건언유지 明道若昧명도약매라', 그러므로 옛 성현들이 말씀하시기를, 도道에 밝은 이는 어두운 것처럼 보인다. 도道를 밝게 깨우친 자는 본인이 깨달았다는 사실을 자랑하거나 떠벌리지 않고, 구태여 의식하지 않기에 마치 어두운 것처럼 보인다는 것이다. 불가에서도 수행자가 자신이 깨달음을 얻었다는 생각이 들면, 그 사람은 아직 아상我相의 경계에 있는 사람이므로 진정으로 깨달음을 얻은 것이 아니라 한다. 깨달음은 모든 경계가 없어진 상태이므로 깨우침의 단계에 들어갔다는 의식 자체도 있을 수 없기 때문이다.

이어 '進道若退진도약퇴'라, 도道에 나아가는 이는 물러서는 것처럼 보인다. 도를 행하는 자는 근원인 하느님에게로 다시 돌아가므로 마치 물러서는 것처럼 보인다는 것이다.

'夷道若纇이도약뢰'라, 도를 평평하게 행하는 이는 울퉁불퉁해 보인다. 길이 평평하다는 것은 편한 것을 말하고, 길이 울퉁불퉁하다는 것은 불편하다는 말이다. 겉으로는 도를 편안하게 행하는 것으로 보이지만, 실은 조심하며 어렵게 그 길을 가고 있는 것이란 뜻이다.

'上德若谷상덕약곡'이라, 높은 덕은 계곡같이 텅 비어 보인다. 계곡은 '텅 빈 충만'을 상징한다. 그 비어 있음으로써 만물 받아들이고 깃들게 한다. 또 나를 비워야 그 자리에 하느님이 찰 수 있다. 제7장에서도 '非以其無私邪비이기무사야 故能成其私고능성기사'라, 사私가 없기 때문에 능히 더 큰 사私, 즉 참 '나'인 도道를 이룰 수 있다고 했다.

'太白若辱태백약욕'이라, 아주 깨끗한 것은 더러운 것 같이 보인다. 인류의 스승 소크라테스는 무지를 깨우치라며 순결하게 진리를 설파하고 다녔지만, 청년들을 선동하고 질서를 어지럽힌다는 죄명으로 사형을 당했고, 예수님도 누구보다 고결하게 사랑을 실천했지만, 이단 입장에서 하느님을 사칭했다는 오욕을 뒤집어쓰고 십자가에 못 박혀 순교하셨다.

'廣德若不足광덕약부족이고', 아주 넓은 덕은 무언가 부족해 보이고, '建德若偸건덕약투라', 굳건한 덕은 건성건성 하는 것처럼 보인다. 넓고 굳건한 덕은 어째서 부족해 보이고, 건성건성 하는 것처럼 보일까? 도와 덕은 경계가 없으니 사소한 격식이나 예절 따위에 크게 구애받지 않고 행동하므로, 촘촘한 세속의 눈으로 보면 뭔가 부족해 보이고 어설프며, 건성건성 하는 것처럼 보이는 것이다.

'質眞若渝질진약유라', 참된 본질은 변하는 것같이 보인다. 변함없는 참된 본질도 상황 논리에 따라 입장이 변하는 세속의 눈으로 보면 자기 상황에 따라 변하는 것처럼 보인다는 것이다.

'大方無隅대방무우하고', 큰 모서리는 모서리가 없고, '大器晚成대기만성이라', 큰 그릇은 더디 이루어진다. 도道의 세계인 대우주의 크기는 워낙 커서 모서리가 있을 수 없다. 큰 그릇은 앞의 대방大方과 마찬가지로 도道와 대우주의 다른 말로 볼 수도 있고, 일상적 진리로도 적용할 수 있다.

'大音希聲대음희성하고', 큰 소리는 잘 들리지 않고, '大象無形대상무형이라', 큰 모양에는 형체가 없다. 지구가 자전, 공전하는 거대한 소리를 우리는 듣지 못하고, 우주의 허공처럼 큰 모양은 형체를 알 수가 없다.

여기서 큰 모서리, 큰 그릇, 큰 소리, 큰 모양은 모두 도道를 상징한다고 볼 수 있는데, 너무 커서 모서리가 없고 더디 이루어지며, 잘 들리지 않고 형체도 볼 수가 없다.

그리하여 '道隱無名도은무명이라', 도道는 숨어 있는 것 같고 이름도 붙이기 어렵다.

그렇지만 '夫唯道부유도 善貸且成선대차성이라', 무릇 도道는 우주 만물에 다 베풀어주고 또 이루어지게 한다. 너무 커서 보이지 않고 들리지 않으며 잡히지도 않아 뭐라 이름을 붙일 수도 없는 것이, 뒤에 숨어서 모든 사랑을 베풀어 우주 만물을 생성하고 운행하게 한다는 것이다.

일상 속 수행을 권하는 핵심 화두 話頭

대방무우 大方無隅 대상무형 大象無形

큰 모서리는 모서리가 없고, 큰 모양에는 형체가 없다. 우주와 같이 너무 큰 모서리는 모서리가 어디 있는지 알 수가 없고, 광대무변한 우주의 허공처럼 너무 큰 모양은 형체를 다 알 수가 없다. 내 마음의 모서리와 형상의 경계를 다 없애버려라. 인간의 마음은 한번 옹졸하게 먹으면 바늘 하나 꽂을 자리 없을 정도로 좁아지고, 그 마음 한번 크게 먹으면 온 우주를 다 품을 만큼 넓어지기도 한다.

유도有道와 무도無道의 원인, 결과
(제46장)

제46장에서는 도道가 없으면 세상은 전쟁터가 되는데, 이 무도無道가 생기는 원인은 만족을 모르는 것과 욕심 때문이라고 말한다.

天下有道 천 하 유 도	세상이 도道를 따르면
却走馬以糞 각 주 마 이 분	달리는 말이 그 거름으로 땅을 비옥하게 하고,
天下無道 천 하 무 도	세상이 도道를 저버리면
戎馬生於郊 융 마 생 어 교	전쟁에 끌려간 말이 성 밖에서 새끼를 치게 된다.
禍莫大於不知足 화 막 대 어 부 지 족	화禍는 만족할 줄 모르는 것보다 더 큰 것이 없고
咎莫大於欲得 구 막 대 어 욕 득	허물은 욕심을 내어 얻고자 하는 것보다 더 큰 것이 없다.
故, 知足之足 고 　 지 족 지 족	그러므로 넉넉함을 넉넉함으로 알면
常足矣 상 족 의	언제나 넉넉하다.

이 장의 해석을 그리 어렵지 않다. 세상 사람들이 도道에 따라 살아가게 되면, 다툴 일이 없이 평화로워 세상에 전쟁이 없어지게 된다. 그래서 첫 구절에서처럼, 전쟁터에서 달리던 말의 똥이나 거름이 땅을 비옥

하게 한다. 군마軍馬가 전쟁이 없으니 농사짓는 데 쓰여 생산에 보탬이 된다는 것이다.

반면에, 세상 사람들이 도道를 저버리고 살아가면 전쟁이 자주 일어나서, 군마가 싸움터 외곽에서 새끼를 낳고 또 그 새끼를 낳는 일이 반복된다. 그만큼 전쟁이 끊임없이 일어나므로 농사를 지을 수 없어, 백성들의 삶은 도탄에 빠지게 된다는 것이다. 지금 우크라이나 전쟁으로 밀 농사를 지을 수 없어서, 우크라이나 국민은 말할 것도 없고 전 세계 시민들이 경제난에 힘들어하고 있는 것을 보면 딱 이 구절하고 상통한다.

다음으로 이 장의 중심 구절이 나온다. '禍莫大於不知足화막대어부지족하고 咎莫大於欲得구막대어욕득이라', 화禍는 만족할 줄 모르는 것보다 더 큰 것이 없고, 허물은 욕심을 내어 얻고자 하는 것보다 더 큰 것이 없다. 만족할 줄 모르기에 더 욕심을 내서 남의 것을 차지하려고 전쟁을 일으키게 되고, 그러면서 모두에게 화禍를 입히고 역사적으로도 큰 허물咎을 남기게 된다는 것이다. 세계사를 보면 수많은 전쟁이 다 그렇게 일어났고, 결국 큰 화禍와 허물을 남겼다. 이 모든 것이 도道를 저버렸기 때문에 생긴 결과들이다.

잘 알려진 맹자孟子와 양혜왕梁惠王의 일화도 이런 예를 잘 보여주고 있다. 맹자가 양梁나라의 혜왕惠王을 찾아갔는데, 왕은 뛰어난 학자가 찾아왔으니 맹자를 보고 이렇게 묻는다. "선생께서 불원천리不遠千里하고 찾아오셨으니 역시 우리나라에 무슨 이익利을 주시려는 것이겠지요?" 이에 맹자가 답하기를, "왕께서는 어찌하여 하필이면 이利 대하여 말씀하십니까? 인의仁義가 중요하지 않습니까? 왕께서 어떻게 하면 내 나라를 이롭게 할까 하시면, 사대부는 어떻게 하면 내 집을 이롭게 할까 하고, 선비나 서인은 어떻게 하면 내 한 몸을 이롭게 할까 하여, 위아래가 서로 사사로운 이익만 추구하게 되니 나라가 위태로워집니다. 만승萬乘의 나라에서 그 임금을 죽이는 자는 반드시 천승千乘의 집안이고, 천승千乘의 나라에서 그 임금을 죽이는 자는 반드시 백승百乘의 집안입니다. 만승 중에서 천승을 가지고 있고, 천승 중에서 백승을 가지고 있으면 결코 적다고 할 수 없건만, 의義를 뒤로 하고 이익을 앞세우면, 마저 빼앗지 않고는 만족할 수가 없습니다."

맹자는 지금의 내 것과 남보다 더 가지겠다는 욕심, 현 처지에 만족할 줄 모르는 마음이 싸움과 전쟁의 원인임을 지적한 것이다.

'故고'로, '知足之足지족지족하면 常足矣상족의라', 넉넉함을 넉넉함으로 알면 언제나 넉넉하다. 도道의 경지에 다다른 자는 우주 만물과 하나가 된 자이니 일체 만물이 다 자기 것인데 무슨 욕심이 더 있겠는가. 이미 넉넉하거늘, 그 넉넉함을 넉넉함으로 알면 언제나 부족함이 없으리라. 예수님이나 부처님은 깨닫고 나서는 평생 자기 집을 소유하지 않고 동가숙서가식東家宿西家食하거나 풍찬노숙風餐露宿하면서 진리를 설파하러 다녔다. 몸소 '청빈淸貧의 풍요'를 실천하면서 '부자들의 가난'을 안타까워하였다.

이 장의 요지는 만족할 줄 모르는 욕심이 전쟁을 일으켜서, 농사를 지어야 할 말이 군마軍馬가 되어 전쟁터에서 새끼를 치고, 백성들의 삶은 도탄에 빠지게 되는데, 모두 도道를 저버려서 그렇다는 것이다.

욕심이 전쟁을 낳는다고 했는데, 현대 문명사회에서는 전쟁 못지않게 무한 욕망의 결과로 인한 환경파괴의 폐해가 너무 심각하다. 전 지구

촌이 매년 기상이변으로 몸살을 앓고 있으며, 이미 기후변화 위기가 절정에 달해 있다. 또한 전 지구적으로 식량의 구조적 불평등도 심해서 부자나라에서는 너무 많이 먹어서 각종 성인병으로 죽어가고, 반면에 가난한 나라에서는 못 먹어서 영양실조로 죽어간다. 이 풍요의 시대에도 지금 지구촌에는 5초에 한 명씩 기아로 죽어간다고 한다. 1년에 약 630만 명, 하루에 17,000여 명이 굶주림으로 죽어가고 있다. 반면, 우리나라에서 먹다 남겨서 버린 음식쓰레기의 처리비용만 1년에 약 9천억 원이 소요된다고 한다. 하루에 26억 원이다. 이 26억 원을 1일 기아 사망자 17,000명으로 나누면 기아 사망자 1명당 하루에 약 15만 원씩 지원이 가능한 금액이 나온다. 우리나라 음식쓰레기 처리비용만으로도 전 세계 기아 사망자 모두를 구하고 5배가 남는 금액이다.

한국만으로도 이럴진대 전 세계 각국의 음식쓰레기를 줄인다면, 그 비용만으로도 많은 가치 있는 일을 할 수 있을 것이다. 기아 문제는 식량의 생산량 부족의 문제가 아니다. 인간의 잘못된 욕망과 구조적 불평등에서 기인한 문제다.

그리하여 노자는 이 장에서 이 모든 것이 욕심과 부지족 不知足이라는 부도 不道에서 생겼으니, 대도 大道의 넉넉함을 알고 일상에서 그것과 하나가 되는 실천을 계속해나간다면, 영원히 부족함 없이 모두 넉넉할 수 있다고 말한 것이다.

일상 속 수행을 권하는 핵심 화두 話頭

화막대어부지족 禍莫大於不知足 **구막대어욕득** 咎莫大於欲得

화禍는 만족할 줄 모르는 것보다 더 큰 것이 없고, 허물은 욕심을 내어 얻고자 하는 것보다 더 큰 것이 없다. 욕구는 억제하면 스트레스가 되고, 과하게 충족하고자 하면 과보가 생기며 더 큰 욕구가 생겨서 끝이 없다. 둘 다 욕구에 휘둘리는 것이다. 양자를 버리고, 다만 알아차려라. 억지로 참거나 따라가지 말고, '내게 지금 이런 욕구가 일어나고 있구나' 하고 알아차리면 된다. 수행자는 쾌락의 길로 가지 않고 고행의 길로도 가지 않는다. 제3의 길, 다만 자신의 욕구를 알아차리는 중도의 길을 걸어가는 자이다.

a word of Tao Te Ching engraved in my heart **내 마음에 새겨보는 도덕경**

유도有道와 무도無道의 원인, 결과 (제46장)

도의 실재와 올바른 다스림
(제37장)

서두에서도 언급했듯이 보편적으로 도덕경 상편에 해당하는 제1장~37장을 도경道經이라 하고, 하편에 해당하는 제38장~81장을 덕경德經이라 분류한다. 그렇지만 일부 판본에서는 상편과 하편이 바뀌서도 나오는 만큼 도덕경 전편에서 도道의 체體와 용用이 혼재되어 있다고 보는 것이 타당하다.

여하튼 전통적인 분류법에서 도경道經의 마지막 장에 해당하는 제37장은 바로 앞에서 풀이한 제16장의 주제와 이어지면서, 여태까지 다룬 도道의 실재常를 한번 정리한 장이라 할 수 있다.

道常無爲 도 상 무 위	도道의 실재實在는 억지로 하는 일이 없으면서
而無不爲 이 무 불 위	안 하는 일이 없다.
侯王若能守之 후 왕 약 능 수 지	왕이 만약 이를 지키면
萬物將自化 만 물 장 자 화	만물이 장차 스스로 변화할 것이다.
化而欲作 화 이 욕 작	인위로 변화시키고자 하는 욕망이 생기면
吾將鎭之以無名之樸 오 장 진 지 이 무 명 지 박	나는 이름 없는 통나무 같은 도道로써 다스린다.
無名之樸 무 명 지 박	이름 없는 통나무는

夫亦將無欲 부 역 장 무 욕	아무런 욕심이 없다.
不欲以靜 불 욕 이 정	고요하여 욕심이 없으면
天下將自定 천 하 장 자 정	온 세상이 스스로 바르게 될 것이다.

    첫 구절, '道常無爲도상무위하여 而無不爲이무불위'라, 도道의 실재實在는 억지로 하는 일이 없으면서 안 하는 일이 없다. 도道의 핵심 작용을 설명하고 있는 '무위無爲 무불위無不爲'는 무위로써 하면 안 이루어지는 게 없으며, 바로 무위로 하기에 모든 일이 이루어진다는 것이다. 아울러 도道나 하느님은 겉으로는 아무것도 안 하는 것처럼 보이지만, 실은 보이지 않는 곳에서 모든 일을 하고 있다는 것이다. 봄이 되면 온 누리에 돋는 새싹을 보라. 온갖 나뭇가지에 움트는 새순을 보라. 억지로 하는 일이 없는데도 어느 것 하나 빠트림 없이 안 하는 게 없다.

    여기서 핵심어인 '무위無爲'는 앞 장에서도 설명했듯이 아무것도 안 하는 것이 아니라, 인위人爲나 작위作爲로써 뭔가를 무리하게 시도하지 않고, 천도天道의 순리順理에 따라 행하는 것, 하느님 아버지와 부처님의 깨우침대로 행하는 것을 말한다. 그래서 《요한복음》에서 예수님은 "나는 내 뜻을 이루려고 하늘에서 내려온 것이 아니라, 나를 보내신 분의 뜻을 이루려고 왔다"라고 하시며, 마음에 갈등이 생길 때마다 "내 뜻대로 마시고 아버지 뜻대로 하소서" 하고 기도한 것이다. 내 뜻은 인위人爲이고, 하느님 아버지의 뜻은 무위無爲인 것이다. 사람이 하느님의 뜻에 따라 천도天道대로 행하면 '무불위無不爲라', 이루어지지 않는 것이 없다.

무위無爲의 경지를 잘 보여주는 경허선사鏡虛禪師의 한시漢詩가 있다.

無事猶成事 무사유성사	일 없음을 일 삼아
掩關白日眠 엄관백일면	빗장 걸고 대낮에 잠을 자는데
幽禽知我獨 유금지아독	깊은 산속 새들도 나 홀로 있는 줄 알고서
影影過窓前 영영과창전	창 앞을 어른어른 날면서 그림자를 비추네.

1~2연은 만사를 무위無爲로 하니 더 바랄 게 없고, 그러니 남들이 욕망을 채우느라 분주한 대낮에도 부질없는 일 하지 않고 쉬면서 정진한다는 뜻이다. 3~4연은 그런 무위無爲 무사無事의 경지에 다다르니 아상我相이 소멸하면서 새 같은 금수禽獸, 나아가 만물과의 경계 또한 자연스럽게 사라지고 하나가 되는 경지를 그린 것으로 보인다. 여기서 창窓의 회의문자를 나눠보면 '空+心=빈 마음'이 되는데 이 시의 정서와도 상통하여 음미하는 재미가 있다.

경허선사 鏡虛禪師, 1846~1912 : 법호는 경허鏡虛. 법명은 성우惺牛. 조선 말 개항기 선禪의 일상화로 근대 한국불교를 중흥시킨 대선사. 저서《경허집鏡虛集》

다음으로 '侯王若能守之후왕약능수지면 萬物將自化만물장자화라', 만약 왕이 이를 지키면 만물이 장차 스스로 변화할 것이다. 여기서 왕은 세상의 지도자를 의미하기도 하고 보통의 사람을 말하기도 한다. 세상의 지도자가 이를 깨닫고 행하면 무도하던 백성들이 덕을 행하는 것으로 스스로 변화할 것이고, 개인이 진정으로 깨달으면 그 사람을 둘러싸고 있는 주변인들도 자연스럽게 감화될 것이다. 인류역사상 그러한 지도자의 예를 찾기는 쉽지 않다. 고대의 요堯·순舜임금이나 현대사에서 인도의 성자 간디 정도가 해당이 되지 않을까 싶다.

이어서 '化而欲作화이욕작'이면 吾將鎭之以無名之樸오장진지이무명지박이라', 인위로 변화시키고자 하는 욕망이 생기면, 나는 이름 없는 통나무 같은 도道로써 다스린다. '無名之樸무명지박은 夫亦將無欲부역장무욕이라', 이름 없는 통나무는 아무런 욕심이 없다. 우리가 세상을 살다 보면 상대적 관계에 놓이게 되고, 또 그 안에서 욕심이 생겨 뭔가를 억지로 무리하게 도모하고자 할 때도 있는데, 나는 그때마다 통나무 같은 도道로써 그런 인위의 마음을 다스린다는 것이다. '박樸'은 아무런 인위를 가하지 않은 통나무를 뜻하는데, 이미 앞 장에서 도道의 객관적 상관물로서 비유했었다. 통나무가 바로 도道요, 하느님이요, 부처님이 깨달은 '니르바나 Nirvana, 열반, 해탈'이기 때문에, 나는 욕심이나 유혹이 생길 때마다 우주 만물의 근원인 통나무로 다시 돌아가 마음을 살핀다는 것이다.

인도 힌두교의 3대 성전 중의 하나인 《바가바드기타 Bhagavadgītā》에 이와 유사한 구절이 나온다. "자기 마음을 누르지 못하는 사람은 해탈이나 열반의 실체를 추측할 수 없다. 이 무지한 상태에서 어떻게 마음의 평화와 행복을 누릴 수 있겠는가? 욕망을 누르기란 너무 어렵다. 똑똑한

이가 아무리 잘 알고 힘써도 마음은 쉽게 욕망에 끌려가기 때문이다. 쾌락의 느낌을 가져다주는 감각의 대상은 이 감각의 대상을 엄격히 다루는 사람 앞에서는 모두 사라진다. 그러나 그 욕망은 사라지지 않는다. 지극히 높은 이의 실재를 체험하게 될 때 비로소 그 욕망도 사라진다."

여기서 높은 이의 실재를 체험하는 것은, 바로 만물의 근원인 도道,통나무로 돌아가 본 마음을 살핀다는 것이다.

끝으로, '不欲以靜불욕이정이면 天下將自定천하장자정이라', 고요하여 욕심이 없으면 온 세상이 스스로 바르게 될 것이다. 이 마지막 구절은 첫 구절 '무위無爲 무불위無不爲'를 풀어 쓴 것이라 볼 수 있다. 무위無爲로 하면 안 되는 게 없으므로, 세상의 지도자와 각 개인이 고요히 자신을 비워 인위人爲의 마음을 여의면, 세상은 자연스럽게 스스로 바르게 돌아간다는 것이다.

일상 속 수행을 권하는 핵심 화두 話頭

도상무위 이무불위 道常無爲 而無不爲

도道의 실재實在는 억지로 하는 일이 없으면서, 안 하는 일이 없다. 도道는 항상 매사에 무위無爲로 행하니 이루지 못하는 일이 없다는 뜻이다. 이 구절은 평소 읊조리기 쉽게 '무위 무불위無爲 無不爲'로 축약할 수 있다. 무위가 먼저다. 그러면 자연스럽게 무불위는 따라오게 되어 있다. 억지로 도모하지 말라. 억지로 도모한다는 것은 천명天命과 순리에 역행한다는 뜻이다. 작은 개체에 불과한 인간이 어찌 거대한 하늘의 이치를 이겨낼 수 있겠는가. 몸 상하고 마음 상하고, 결국 무불위無不爲가 아니고 불위不爲할 뿐이다.

a word of Tao Te Ching engraved in my heart **내 마음에 새겨보는 도덕경**

도의 실재와 올바른 다스림 (제37장)

도는 왜 알기 어려운가?
(제70장)

제70장에서는 여태껏 노자가 도道에 대해서 말했는데, 그 도道는 알기 쉽고 행하기도 어렵지 않다. 그런데도 사람들은 도道를 알지 못하고 실행하지도 못한다며, 그 이유를 설명하고 있다.

吾言甚易知 오 언 심 이 지	나의 말은 매우 알기 쉽고
甚易行 심 이 행	매우 행하기 쉬우나,
天下莫能知 천 하 막 능 지	세상 사람들은 잘 알지 못하고
莫能行 막 능 행	잘 행하지도 못한다.
言有宗 언 유 종	말에는 근본이 있고
事有君 사 유 군	사물에는 중심이 있는데,
夫唯無知 부 유 무 지	다만 그것을 알지 못하여
是以不我知 시 이 불 아 지	이로써 나를 알지 못하는 것이다.
知我者希 지 아 자 희	나를 아는 자 드물고
則我者貴 칙 아 자 귀	나를 본받는 자 귀하다.
是以聖人 시 이 성 인	이로써 성인은
被褐懷玉 피 갈 회 옥	거친 칡 베옷 속에 옥을 품고 있다.

첫 구절부터 보면, '吾言甚易知오언심이지하고 甚易行심이행이라', 나의 말은 매우 알기 쉽고 매우 행하기 쉬우나, '天下莫能知천하막능지하고 莫能行막능행이라', 세상 사람들은 잘 알지 못하고 잘 행하지도 못한다. '세상의 모든 진리는 진부한 말 속에 있다'라는 말이 있다. 그만큼 단순하고 이미 많이 들은 이야기여서, 잘 새겨듣지 않고 실행하지도 않는다는 말이다. 원래 진리는 어린아이의 말과 그림처럼 단순하고 명쾌하며 쉽다. 복잡하고 어려운 것은 진리에서 거리가 멀다. 그런데 왜 사람들은 알아듣지 못하고, 행하지도 못하는 걸까?

그 이유로, '言有宗언유종하고 事有君사유군이라', 말에는 근본이 있고 사물에는 중심이 있는데, '夫唯無知부유무지하여 是以不我知시이불아지라', 다만 그것을 알지 못하여 이로써 나를 알지 못하는 것이라 하였다. 여기서 '종宗'과 '군君', 즉 근본과 중심을 알지 못하기 때문이란 말은 무슨 뜻인가? 진리의 말을 들었을 때, 그 말의 뿌리가 되는 뜻을 못 보고, 곁가지에만 매달리니 참뜻을 알지 못한다는 말이다. 달을 봐야 하는데 달을 가리키는 손가락만 보는 것이다. 망언득지忘言得志하라, 말을 버리고 그 참뜻을 얻어라. 그래서 성철스님은 일찍이 수행자들에게 책을 읽지 말라고 했는데, 문자에 얽매이지 말라는 뜻이었으리라. 말의 근본이자 사물의 중심인 도道를 못 읽고, 겉 문자에만 매달리면 아무리 책을 읽어도 헛수고이다.

이어서, '知我者希지아자희하고 則我者貴칙아자귀라', 나를 아는 자 드물고, 나를 본받는 자 귀하다. 즉 본말전도本末顚倒된 세상에서 도道를 아는 자 드물고, 도道를 본받는 자 역시 희귀하다는 뜻이다. 여기서 '則'자는

'법칙' 또는 '본보기로 삼는다'는 뜻을 나타낼 때는 '칙'으로 읽고, '곧' 또는 '즉시'의 뜻을 나타낼 때는 '즉'으로 읽는데, 본받는 의미로 보아 '칙'으로 읽는 것이 타당해 보인다. 그래서 앞 장에서 도道는 '하사下士가 들으면 크게 웃고, 하사下士가 웃지 않으면 도道가 아니다'라고 했다. 예수님도 《마태복음》에서 "예루살렘아! 예루살렘아! 너는 예언자들을 죽이고 너에게 보낸 이들을 돌로 치는구나. 암탉이 병아리를 날개 아래 모으듯이 내가 몇 번이나 내 자녀를 모으려 했던가. 그러나 너는 응하지 않았다"라며 한탄하였다.

마지막 구절, '是以聖人시이성인은 被褐懷玉피갈회옥이라', 이로써 성인은 누더기 같은 칡 베옷을 입고 있지만, 그 속에 옥玉을 품고 있는 사람이다. 뿌리와 가지가 뒤바뀐 세상에서 진리를 말하는 사람은 세상에서 대접받지 못하고 비웃음과 무시, 심지어 박해까지 받으니, 겉은 비록 거친 칡 줄기로 만든 남루한 옷을 입고 있어도, 그 속에는 세상 사람들이 보지 못하는 '진리의 옥玉'을 품고 있다는 것이다. 그렇지만 세상은 정반대로 겉은 빛나는 금이나 옥으로 화려하게 꾸며놓고, 속은 누더기를 품고 있는 외화내빈外華內貧의 경우가 허다하다. 세속화된 교회와 성당, 사찰도 예외가 아니니 2,500년 전 노자의 일침이 따갑고 아프다.

일상 속 수행을 권하는 핵심 화두 話頭

언유종 사유군 言有宗 事有君

말에는 근본이 있고, 사물에는 중심이 있다. 이 구절의 키워드는 종宗과 군君이다. 말의 '근본'과 사물, 또는 일의 '주인'을 바르게 볼 줄 알아야 하고, 알게 됐다면 잃지 말아야 한다. 이 근본과 주인은 크게 보면 도道와 하느님의 말씀과 원리를 말한다. 일상 속 어떤 말과 사물과 일에서 숨어 있는 도道와 하느님의 말씀과 이치를 찾아보라. 다시 이 근본과 주인을 작은 범주로 보면, 중심과 언저리, 알갱이와 겉치레, 논리적 인과관계와 왜곡 등을 분별해낼 수 있는 안목을 말한다. 챗 GPT시대에 정보의 홍수 속에서 살고있는 현대인들에게 꼭 필요한 화두라 할 수 있겠다. 이 첨예화된 지식정보화시대에 '언유종 사유군 言有宗 事有君'의 화두를 놓친다면, 베를린예술대 한병철 교수의 표현대로 자칫 현대인들은 스마트폰 속 '정보가축' '소비가축'이 될 수도 있다)

a word of Tao Te Ching engraved in my heart 내 마음에 새겨보는 도덕경

도는 왜 알기 어려운가? (제70장)

천명 天命과 하늘의 그물
(제73장)

제1~2부 도론道論의 마지막 장인 제73장에서는 천지 만물을 운행하는 하늘의 도道를 인간의 경험과 지혜로는 알기 어렵지만, 그 넓은 그물망으로 삼라만상 어느 하나도 빠트리지 않고 돌봐주니, 하늘의 이치에 따라 순리대로 풀어나가면 모든 일이 자연스럽게 해결된다고 말하고 있다.

勇於敢則殺
용 어 감 즉 살
감행하는 데 용감하면 죽게 되고

勇於不敢則活
용 어 불 감 즉 활
감행하지 않는 데 용감하면 살게 된다.

此兩者
차 양 자
이 둘은

或利或害
혹 리 혹 해
혹은 이롭고 혹은 해로운데

天之所惡
천 지 소 오
하늘이 싫어하는 바를,

孰知其故
숙 지 기 고
그 이유를 누가 알겠는가?

是以聖人
시 이 성 인
이로써 성인聖人도

猶難之
유 난 지
오히려 그것을 어렵게 여긴다.

天之道
천 지 도
하늘의 도道는

不爭而善勝
부 쟁 이 선 승
다투지 않고도 잘 이기고

不言而善應
불 언 이 선 응
말하지 않아도 잘 응답하며,

不召而自來 불소이자래	부르지 않아도 스스로 오고
繟然而善謀 천연이선모	느슨한 것 같아도 잘 도모한다.
天網恢恢 천망회회	하늘의 그물은 넓고도 넓어
疎而不失 소이부실	성기어도 빠트리는 것이 없다.

첫 구절부터 살펴보면, '勇於敢則殺용어감즉살하고 勇於不敢則活용어불감즉활이라', 무슨 일을 감행하는 데 용감하면 죽게 되고, 감행하지 않는 데 용감하면 살게 된다. 즉 상황이 안되는 데도 억지로 무리하게 추진하게 되면 반드시 실패하거나 몸이 상하게 되고, 반대로 상황이 안 좋다고 생각될 때 과감하게 그만두면 모두를 살릴 수 있다는 것이다. 무리하게 추진하는 것도 힘든 일이지만, 그것 못지않게 잘 포기하는 것도 큰 용기와 결단이 필요하다.

이어서 '此兩者차양자는 或利或害혹리혹해라', 이 둘은 혹은 이롭고 혹은 해롭다. 앞 구절에서 억지로 추진하는 것이 죽는 길이요, 그 반대로 하면 사는 길이라고 했으면서, 왜 이 둘 다, 혹은 이로울 수도 있고 혹은 해로울 수도 있다고 했을까? 세상일을 보면 반드시 어느 것이 더 이롭고 해로운지 알 수가 없기 때문이다. 무리하지 않고 추진하는 일이 실패하기도 하고, 선한 사람이 불치병에 걸려 일찍 죽기도 하며, 악한 사람이 돈을 더 많이 벌고 더 오래 사는 경우도 많다.

왜 그런가? 그다음 구절을 보면, '天之所惡천지소오를 孰知其故숙지기고리오?', 하늘이 미워하거나 싫어하는 바를, 그 이유를 누가 알겠는가? 하늘의 깊은 뜻은 감히 인간의 지혜와 경험으로 헤아릴 수 없다는 것이다.

앞 장에서도 '천지 天地는 불인 不仁하여, 즉 하늘은 사사로운 정이 없어서, 만물을 지푸라기로 만든 개처럼 여긴다'라고 했었다. 그러니 누가 하늘의 뜻을 판단할 수 있겠는가?

'是以聖人 시이성인은 猶難之 유난지라', 이로써 성인도, 오히려 그것을 어렵게 여긴다. 깨달음을 얻은 성인마저도 하늘의 뜻을 이해하거나 헤아리는 것을 어렵게 생각한다는 것이다. 그럼, 성인조차 어려워하는 하늘의 도 道는 어떠한가?

다음 구절, '天之道 천지도는 不爭而善勝 부쟁이선승이라', 하늘의 도 道는 다투지 않고도 잘 이긴다. 절대적 세계인 하늘은 전체가 하나이므로 나와 너라는 상대적 개념이 있을 수 없다. 그러니 싸운다는 상대적 행위도 없는 것이다. 싸우지 않으니 모두가 이기는 것이다.

'不言而善應 불언이선응하고 不召而自來 불소이자래하며', 말하지 않아도 잘 응답하고, 부르지 않아도 스스로 오며, '繟然而善謀 천연이선모라', 느슨한 것 같아도 잘 도모한다. 여기서 '응답하고', '스스로 오고', '잘 도모한다'라는 것은 꽁꽁 얼었던 동토 凍土에도 때가 되면 어김없이 봄이 와서 새싹이 돋고 꽃이 피는 것처럼, 하늘의 도 道는 말하지 않으면서도 만물의 요구에 응하고, 오라고 하지 않아도 저절로 오고, 인간의 기준으로는 느릿느릿하고 엉성한 것 같아도 단 한 치의 오차도 없이 우주 만물을 운행한다는 것이다.

마지막 구절, '天網恢恢 천망회회하여 疎而不失 소이부실이라', 하늘의 그물은 넓고도 넓어, 듬성듬성 성긴 것 같아도 빠트리는 것이 하나도 없다. 여기서 '천망 天網'은 고대 인도 신화에 나오는 '인드라 Indra의 그물'을 연상시킨다. '인드라의 그물'은 '인다라망 因陀羅網'이라고도 하는데, 불법을 지키는 팔부신중 八部神衆 가운데 으뜸인 제석천 帝釋天이 거주하는 수미산의 궁전 위에 걸린 거대한 그물로, 그물코 하나하나에 달린 구슬들이 서로의 모습을 비추고 있으며, 어떤 구슬 하나라도 소리를 내면 그물에 달린 다른 구슬 모두에 그 울림이 연달아 퍼지듯이 세상의 모든 것들이 서로 연결되어 있다는 상징체이다.

이 우주는 '인드라 그물'처럼 인因이라는 가로 실과 연緣이라는 세로 실로 아주 촘촘하게 엮어진 거대한 그물과 같다. 삼라만상이 흩어져 무질서하게 제각각 움직이는 것처럼 보이지만, 보이지 않는 그물로 촘촘하게 연결되어 있는 것처럼, 단 하나도 흐트러지는 것 없이 상호 간에 밀접한 인연 관계로 조화롭게 짜여 작용하고 있다. 이 세상에는 어느 것 하나 불필요한 것이 없고, 어느 하나 제 홀로 움직이는 것이 없다. 모두가 하늘의 그물 안에서 서로서로 연결되어 상호작용을 한다. 가을날 잘 익은 밤알이 소슬바람에 툭 떨어지는 것도 이 우주의 전체 움직임에 연관되어 우주 파동의 그물 일부가 움직이고 있는 것이다.

그래서 하늘의 그물은 듬성듬성 성긴 것 같아도 빠트리는 게 하나도 없다. 반면에 인간의 그물은 아무리 촘촘하게 만들어도 결국에는 다 놓치게 되어 있다. 그러니 만사 이롭고 해로움을 따지는 유한한 인간의 그물에 의지하지 말고, 무한한 하늘의 그물에 맡기면, 느리고 엉성한 것 같아도 때가 익으면 모든 것이 저절로 이루어진다는 것이다.

일상 속 수행을 권하는 핵심 화두 話頭

천지도 부쟁이선승 天之道 不爭而善勝

하늘의 도道는 다투지 않고도 잘 이긴다. 칼을 잘 쓰거나 병법을 잘 아는 것도 고수지만, 무림의 최고수는 싸우지 않고 이기는 자이다. 국가 간의 전쟁뿐만 아니라 직장 상사와 부하직원, 동료, 부부, 연인, 갱년기 부모와 사춘기 자녀 등의 관계에서도 싸우지 않고 이기는 자가 최고수다. 어떻게 싸우지 않고 이길 수 있는가? 도道의 원리로 크게 보면, 나와 남이 둘이 아닌 '자타불이自他不二', 서로 다르긴 하지만 둘은 아닌 '불일불이不一不二'의 이치에 따라 상대방을 분리해서 보지 않고, 한 뿌리 안의 서로 다양한 모습의 나뭇가지로 바라보는 방법이다. 서로 가지 모양의 다름도 인정하고 한 뿌리에서 나온 것도 알아차리면 싸우지 않고도 모두 함께 이길 수 있다.

a word of Tao Te Ching engraved in my heart 내 마음에 새겨보는 도덕경

여기까지 도道란 무엇인지 다방면으로 살펴봤다. 도道란 모든 우주만물이 생겨나는 자리이고, 존재하는 방식이며, 운행하는 근본 원리이다. 도道가 인간이 나아가야 할 이정표요 길이라면, 덕德은 그 길을 바르게 가는 방법과 바르게 가는 자의 모습이라 할 수 있다.

상대적 세계이면서 오감의 세계인 현상계에 이끌리지 않고 현상계를 바르게 다스리며 가기 위해서 우리가 도道의 진면목을 알아봤다면, 다음으로는 그 길을 바르게 가는 방법은 구체적으로 어떠한 것인지, 어떻게 해야 중도에 길을 잃지 않고 영구히 올바르게 갈 수 있는지, 그리고 그렇게 바르게 가는 자의 모습은 어떠한지 덕德의 모습을 살펴보기로 하자.

도경道經은 '도道의 본체론本體論'과 '도道의 작용론作用論'으로 구분했고, 덕경德經은 주제별로 다시 재분류하여 총 3부로 세분하였다. 제1부는 '덕德의 본체론本體論', 제2부는 덕을 실천하는 자의 모습을 다룬 '성인론聖人論', 제3부는 어떻게 하면 덕으로 조직과 단체를 잘 이끌 수 있는가를 다룬 '지도자론指導者論'으로 재편성했다.

德經

덕의 본체론
덕德이란 무엇이고 어떻게 실천해야 하는가?

전술前述했듯이 덕德이란 사람이나 사물을 통해 발휘되는 도道의 작용을 말한다. 즉, 도는 덕의 몸體이라 할 수 있고, 덕은 도의 쓰임用으로 볼 수 있다.

공자도 덕德을 지닌 자를 군자君子라 칭하며, '덕불고필유린德不孤必有隣'이라, 덕德 있는 자는 반드시 이웃이 있어 뭇사람들이 따른다고 했다. 인의예지신仁義禮智信을 잘 지키는 사람을 어찌 좋아하지 않을 수 있단 말인가?

유가의 근본이념을 명확하고도 일관된 체계로 정립한 유교 경전의 하나가 바로 '대학大學'인데, 대학 제1장에서도 '덕德'이 첫 번째 키워드로 등장한다. '대학지도 재명명덕 재친민 재지어지선大學之道 在明明德 在親民 在止於至善이라'. 대학의 도는 밝은 덕을 밝히는 데 있고, 백성을 새롭게 하는 데 있으며, 지극한 선에 머무르는 데 있다. 대인大人이 가야 할 길은 공명정대한 덕을 자신의 마음에 밝히는 것이고, 이후로 세상에 나가 백성들을 새롭게 만드는 것이며, 지극한 선에 머무르는 것은 사사로움에 머물지 않고 주위에 평안을 끼치는 선한 행동을 하는 것이다. 이 세 가지 '명명덕明明德, 신민新民, 지어지선止於至善'을 대학의 '삼강령三綱領'이라 부르는데, 큰 배움大學의 첫 번째 목표가 바로 '크고 밝은 덕德'을 밝히는 데 있다고 언급하고 있다.

여기에서 유가의 덕은 노장의 덕과는 다소 차이가 있다. 앞에서 밝혔듯이 공자의 도와 노자의 도가 다르기 때문에 그 도를 따르는 덕 또한 차이가 있을 수밖에 없는 것이다. 유가의 덕德이 사람이 지켜야 할 다섯 가지 도리인 인의예지신仁義禮智信을 갖추는 것이라면, 노장의 덕德은 우주 만물이 운행되는 근본 원리를 순리대로 따르는 것이라 할 수 있다.

그렇다면 노자는 덕德을 어떻게 말하고 있는지 좀 더 상세히 살펴보자.

도와 덕의 관계
(제21, 51장)

우선 제21장에서 '공덕지용 유도시종 孔德之容 唯道是從'이라 하여, '큰 덕德을 지닌 사람의 모습을 보면 오직 도道만을 따르고 있다'라고 했다. 곧 도道를 따르고 도를 지키는 것이 덕德인 것이다. 제51장에서 이러한 도道와 덕德의 관계를 잘 설명하고 있다.

道生之 도 생 지	도道는 모든 것을 낳고
德畜之 덕 축 지	덕德이 그것들을 길러주니,
物形之 물 형 지	만물이 형체를 지니게 되고
勢成之 세 성 지	기운이 모든 것을 이루어준다.
是以萬物 시 이 만 물	그러기에 만물은
莫不尊道而貴德 막 부 존 도 이 귀 덕	도道를 숭상하고 덕德을 귀하게 여기지 않을 수 없다.
道之尊 도 지 존	도道를 숭상하고
德之貴 덕 지 귀	덕德을 귀하게 여기는 것은
夫莫之命 부 막 지 명	누군가의 명령 때문이 아니고
而常自然 이 상 자 연	저절로 그렇게 되는 것이다.
故, 道生之 고, 도 생 지	그러므로 도道는 모든 것을 낳고

德畜之 덕 축 지	덕德이 그것들을 길러주며
長之育之 장 지 육 지	자라게 하고 양육하며
亭之毒之 정 지 독 지	체體를 실하게 하고 성숙하게 해주며
養之覆之 양 지 복 지	먹여주고 덮어준다.
生而不有 생 이 불 유	낳았으되 소유하려 하지 않고
爲而不恃 위 이 불 시	모든 것을 행하였으되 기대하지 않으며,
長而不宰 장 이 부 재	길렀으되 지배하려 하지 않으니
是謂玄德 시 위 현 덕	이를 일컬어 현묘한 덕德이라 한다.

이 장에서는 도道에 의해 만물이 생겨나고, 덕德이 그 모든 것들을 길러주고 있다고 말하고 있다. 도道가 만물 존재의 근원이라면, 덕德은 그 만물 속에 내재해서 움직이는 창조적인 작용이면서 동시에 역동적인 힘이라 할 수 있다. 만물은 도道에 의해 생겨났지만, 도道의 덕德으로 자라난다. 존재 근원으로서의 도道가 만물 속에서 막힘없이 움직일 때, 우리는 그 덕德으로 삶을 건강하고 자유스럽고 평안하게 살아갈 힘을 얻게 되는 것이다.

'도道는 모든 것을 낳았으되 소유하려 하지 않는다'라는 구절과 '덕德이 만물을 길렀으되 지배하려 하지 않는다'라는 말은 부모가 자식을 대하는 마음에 관한 또 다른 메시지로도 들린다.

덕德은 '爲而不恃위이불시라', 모든 것을 행하였으되 기대하지 않는다는 말은 내가 베푼 것에 대해 상대로부터 아무런 대가를 바라지 않는다는 말이다. 어머니인 도道, 그리고 그 어머니의 사랑인 덕德과 그 자식인 만물 사이에는 한 터럭의 소유관계도 있을 수 없기 때문이다. 함께 존재하는 한 몸인데 누가 누구를 소유하겠는가? 나무뿌리가 나뭇가지를 소유한다고 할 수 있겠는가? 바다가 파도를 소유한다고 하겠는가? 이는 내가 내 눈을 소유한다고 하지 않는 것과 같은 이치이다. 결국, 이런 관계를 확장하면 우주와 내가 한 몸이다. 그런데 우리는 상대를 내 이득을 위해 이용하는 관계로 보는 분절적 사고에 빠져 있다. 소유주는 고용인을 이용하고, 의사는 환자를 이용하고, 선생은 학생을 이용하고, 상인은 소비자를 이용하여 자기의 이득을 취한다. 아울러 인간이 자연환경을 대하는 태도도 마찬가지다. 그래서 현재와 같은 환경위기와 인간소외, 노동소외, 과도한 경쟁, 뿌리 깊은 상호불신이 생길 수밖에 없는 것이다. 반대로 관점을 바꾸어, 자연환경 덕분에 인간이 숨 쉴 수 있고, 고용인이나 소비자 덕분에 소유주와 상인이 살아갈 수가 있고, 환자 덕분에 의사가, 학생 덕분에 선생이 존재한다고 보면, 근본적인 문제를 해결할 수 있다.

도道가 덕德을 베풀어서 하는 일은 '낳고, 기르고, 자라게 하고, 덮어묻어주는' 일이다. 일체 만물은 '태어나서, 성장하고, 죽어 묻히고, 다시 태어나고…' 이런 주기를 반복하는데, 바로 도道와 덕德이 만물의 생성生成과 소멸消滅, 재생再生의 모든 과정을 돌봐주는 것이다. 그 위대한 일을 하면서도 아무런 대가나 의식이나 목적이 없이 자연히 무위無爲로써 그렇게 하는 것이다. '是謂玄德시위현덕이라', 이를 일컬어 실로 '현묘한 덕德'이라 한다.

높고 훌륭한 덕 上德과 수준이 낮은 덕 下德
(제38장)

이어 노자는 제38장에서 덕德을 자세히 설명하기 위해서 '높고 훌륭한 덕上德'과 '수준이 낮은 덕下德'으로 구분하고, 도道와 덕德과 인仁·의義·예禮의 관계에 대해 말하고 있다.

上德不德 상 덕 부 덕	덕德이 높은 사람은 덕을 마음에 두지 않는데
是以有德 시 이 유 덕	그래서 덕이 있는 것이다.
下德不失德 하 덕 불 실 덕	덕德이 낮은 사람은 덕을 잃지 않으려 하는데
是以無德 시 이 무 덕	그래서 덕이 없는 것이다.
上德無爲 상 덕 무 위	큰 덕德을 지닌 사람은 무위無爲로써 일을 하는데
而無以爲 이 무 이 위	억지로 일할 까닭이 없기 때문이다.
下德爲之 하 덕 위 지	낮은 덕德을 지닌 사람은 인위人爲로써 일을 하는데
而有以爲 이 유 이 위	억지로 일을 하기 때문이다.
上仁爲之而無以爲 상 인 위 지 이 무 이 위	높은 인仁은 무위無爲로써 하는 것이고
上義爲之而有以爲 상 의 위 지 이 유 이 위	높은 의義는 인위人爲로써 하는 것이며
上禮爲之而莫之應 상 례 위 지 이 막 지 응	높은 예禮는 예를 갖췄는데 합당한 대응을 못 받으면,
則攘臂而扔之 즉 양 비 이 잉 지	소매를 걷어붙이고 예를 갖추라고 강요한다.

故, 失道而後德 고 실도이후덕	그래서 도_道를 잃은 뒤에야 덕_德을 말하고
失德而後仁 실덕이후인	덕_德을 잃고 나서야 인_仁을 말하며,
失仁而後義 실인이후의	인_仁을 잃은 뒤에야 의_義를 말하고
失義而後禮 실의이후례	의_義를 잃고 나서야 예_禮를 말한다.
夫禮者 부례자	무릇 예_禮라는 것은
忠信之薄 충신지박	충심과 믿음이 두텁지 못하여
而亂之首也 이란지수야	혼란의 시작_{원인}이 된다.
前識者 전식자	먼저 안다고 말하는 사람은,
道之華 도지화	사실은 도_道의 꽃_{겉치레}을 아는 데에 불과하여
而愚之始也 이우지시야	어리석음의 시작이다.
是以大丈夫處其厚 시이대장부처기후	그래서 대장부는 도_道의 두터움에 처하되
不居其薄 불거기박	도_道의 얕음에 머물지 않으며
處其實 처기실	열매_{道의 근원}에 처하되
不居其華 불거기화	꽃_{겉치레}에 머물지 않는다.
故, 去彼取此 고 거피취차	그러므로 저것_{얄팍한 겉치레}을 버리고 이것_{두터운 근원}을 취한다.

첫 구절부터 보면, 높은 덕_{上德}을 지닌 사람과 낮은 덕_{下德}을 지닌 사람을 예로 들어 설명하고 있다. 덕_德이라는 것이 사람을 통하여 드러나는 것이기 때문에 그 사람의 수양 정도에 따라 차이가 생겨날 수밖에 없는 것이다.

상덕_{上德}이란 도_道에 합치되는 완전히 무위_{無爲}하고 무욕_{無欲}한 것으

로서, 그러한 덕德을 지닌 사람은 자기의 덕德을 의식하지 않는다. 자기가 행하는 덕德 있는 훌륭한 행동이 덕德인 줄도 모르고, 무의식적으로 하는 행동이기에 전혀 신경 쓰지 않는다. 그래서 하는 일 없이 많은 일을 한다. 반면에 하덕下德은 인위적으로 작정하고 덕德을 쌓아가기에, 좋은 일을 했을 때도 남이 알아주기를 바라며, 알아주지 않을 때는 화가 난다. 그래서 늘 바쁘게 많은 일을 하는데 막상 되는 일이 없다. 한마디로 상덕上德은 무위無爲 또는 무욕無欲으로 해서 높은 덕德이고, 하덕下德은 유위有爲 또는 인위人爲로 해서 낮은 덕下德이다.

더 나아가 인仁까지는 무위의 경지라 말하고, 인위人爲의 하덕下德에 속하는 범주로 의義와 예禮의 경지에 이른 사람을 예로 들고 있다. 공자가 중시한 덕목을 비판하고 있는 것이다. 높은 인을 지닌 사람은 자기의 어진 베풂을 의식하지 않고 무위로 하기에 어진 것이므로 여기까지는 상덕上德에 해당한다. 그다음 의義와 예禮는 하덕에下德 속한다. 높은 의義는 자신의 의로운 행동을 의식하여 행하기에 인위적인 것이며, 높은 예禮는 상대방이 합당한 대응을 해주지 않으면 소매를 걷어붙이고 싸우려 한다. 인仁 다음의 의義와 예禮를 점층법으로 비판하고 있다. 특히 예禮는 아무리 상례上禮라도 서로 주고받는 것을 중시하는 인위人爲의 한계를 벗어나지 못하므로 별 볼 일 없다는 것이다. 그렇게 서로 주고받는 것은 늘 대등할 수 없는 상대적인 것이기에 혼란의 원인이 된다.

그래서 도道를 잃은 뒤에야 덕德을 말하고, 덕德을 잃은 뒤에야 인仁을 말하며, 인仁을 잃은 뒤에야 의義를 말하고, 의義를 잃은 뒤에야 예禮를 말한다. 보통 예禮라는 것은 자신의 모든 것을 바치거나忠 굳건한 믿음信이 두텁지 못하기 때문에 사회 혼란의 시작이 된다는 것이다.

다음 구절의 '前識者전식자는', 즉 먼저 안다고 말하는 사람은 이른바 세상에서 얘기하는 똑똑한 사람, 이해타산이 밝은 사람을 가리킨다. 이러한 사람은 도道의 꽃을 아는 것에 불과하여 사회 혼란의 주범이 된다. 도道의 '꽃'이란 뿌리의 반대말로, 겉으로 드러내기를 좋아하는 속성으로 읽을 수 있다. 도道의 근원根源을 모르고 현상의 겉치레만 안다는 것이다. 그러한 사람이 세상에서 똑똑하다고 숭상받으며 세상의 지도자가 되는데, 그런 사람이 주도하는 세상이 어찌 안정될 수 있겠는가? 본말전도本末顚倒의 어리석음이 계속될 수밖에 없다는 것이다.

그러므로 대장부깨달은 사람는 道의 두터움뿌리에 처하되 그 얕음꽃에 머물지 않으며, 저것義와 禮을 버리고 이것道와 德, 仁을 취한다. 눈에 보이는 현상現象을 버리고, 보이지 않는 근원根源을 잡는다는 것이다.

일상 속 수행을 권하는 핵심 화두 話頭

처기실 불거기화 處其實 不居其華

열매에 처하되 꽃에 머물지 않는다. 현명한 자는 도道의 근원에 머물되, 겉치레로 내세우는 일을 하지 않는다는 것이다. 자연 생태계에서도 나뭇잎이 무성하거나 꽃이 너무 화려한 식물은 대체로 열매가 부실한 것을 볼 수 있다. 에너지를 엉뚱한 데로 썼기 때문이다. 그래서 가지치기를 하는 것이다. 꽃치장, 수식, 자랑의 화려함에 도취하면, 실속 있는 열매근본, 취지, 목적에 집중할 수 없다. 자꾸 겉치레에 쏠리는 생각과 마음에 수시로 가지치기가 필요하다.

a word of Tao Te Ching engraved in my heart **내 마음에 새겨보는 도덕경**

변함없는 덕 常德 을 잘 지키는 방법
(제28장)

이어 제28장에서는 한쪽에 치우치지 않고 양극의 조화로움을 지키는 것이 '변함없는 덕 常德'을 지키는 것이라 설명하고 있다.

知其雄 지 기 웅	수컷의 강함을 알면서
守其雌 수 기 자	암컷의 부드러움을 지키면
爲天下谿 위 천 하 계	천하의 시냇물이 될 수 있고,
爲天下谿 위 천 하 계	천하의 시냇물이 되면
常德不離 상 덕 불 리	변함없는 덕德과 떨어지지 않아
復歸於嬰兒 복 귀 어 영 아	갓난아기의 상태로 돌아가게 된다.
知其白 지 기 백	희고 밝음을 알면서
守其黑 수 기 흑	검고 어두움을 지키면
爲天下式 위 천 하 식	천하의 법도가 될 수 있고,
爲天下式 위 천 하 식	천하의 법도가 되면
常德不忒 상 덕 불 특	변함없는 덕에 어긋나지 않아
復歸於無極 복 귀 어 무 극	무극無極의 상태로 돌아가게 된다.
知其榮 지 기 영	영광을 알면서

守其辱 수기욕	오욕汚辱을 지키면
爲天下谷 위천하곡	천하의 골짜기가 될 수 있고,
爲天下谷 위천하곡	천하의 골짜기가 되면
常德乃足 상덕내족	변함없는 덕德이 충분하게 되어
復歸於樸 복귀어박	다듬지 않은 통나무 상태로 돌아가게 된다.
樸散則爲器 박산즉위기	통나무를 쪼개면 그릇이 되는데
聖人用之 성인용지	성인聖人은 이 통나무를 활용하여
則爲官長 즉위관장	우두머리 지도자가 된다.
故, 大制不割 고, 대제불할	그러므로 큰 만듦은 쪼개지 않는다.

첫 구절부터 보면, '知其雄지기웅 守其雌수기자면 爲天下谿위천하계라', 수컷의 강함을 알면서 암컷의 부드러움을 지키면, 천하의 시냇물이 될 수 있다. 수컷의 양성, 공격성, 강함을 알면서도 암컷의 음성, 포용성, 부드러움을 지니면 천하 만물이 편히 깃드는 시냇물 같은 존재가 될 수 있다는 것이다. 시냇물은 사람뿐만 아니라 하늘의 새나 들판의 동물들도 쉽게 다가가서 목을 축이고, 목욕도 하는 곳인데 편안하면서도 꼭 필요한 곳이다.

이어 '爲天下谿위천하계면 常德不離상덕불리하여 復歸於嬰兒복귀어영아라', 천하의 시냇물이 되면, 변함없는 덕德과 떨어지지 않아 갓난아기의 상태로 돌아가게 된다. 수컷의 강함을 알고 암컷의 부드러움을 지키면 만물이 편히 깃드는 시냇물이 되고, 시내가 되면 그것이 변함없이 한결같은 덕德과 하나가 되어 다시 근원갓난아이으로 돌아간다는 것이다. 상덕常德을 지닌 모습을 바다의 근원인 시냇물과 인생의 시원인 갓난아이로 빗대어 비유하고 있다.

다음으로 '知其白지기백하고 守其黑수기흑이면 爲天下式위천하식이라', 희고 밝음을 알면서도 검고 어두움을 지키면, 천하의 법도가 될 수 있다. 누구나 희고 밝고 깨끗한 것이 좋은 줄 알지만, 검고 어둡고 더러운 자리를 지킬 줄 알면 천하의 본보기법도가 될 수 있다는 것이다.

이어 '爲天下式위천하식이면 常德不忒상덕불특하여 復歸於無極복귀어무극이라', 천하의 본보기가 되면, 한결같은 덕에 어긋나지 않아 무극無極의 상태로 돌아가게 된다. 앞 구절과 비슷한 의미를 반복하여 강조하고 있다. '무극無極'은 음양陰陽이 분화되기 전 상태인 태극太極 이전의 근원을 말한다.

다음으로, '知其榮지기영 守其辱수기욕하면 爲天下谷위천하곡이라', 영광을 알면서 오욕汚辱을 지키면 천하의 골짜기가 될 수 있다. 누구나 영화로움이 좋다는 것을 알지만, 스스로 욕먹는 자리를 지킬 줄 알면 천하 만물이 모여드는 골짜기가 될 수 있다는 것이다. 예수님은 반역죄인으로 몰려 십자가를 지고 돌아가셨고, 석가모니는 영화로운 왕자의 자리에서 스스로 내려와 밥을 빌어먹는 탁발승이 되었으며, 소크라테스, 간디, 하이데거, 톨스토이, 사마천, 이순신, 최제우, 최시형 등 동서고금의 성현과 위인들은 모두 수기욕守其辱의 화신들이다. 그래서 많은 어려운 사람들이 그 품에 모여들고, 또 그들을 살려내는 천하의 골짜기가 된 것이다.

이어 '爲天下谷위천하곡이면 常德乃足상덕내족하여 復歸於樸복귀어박이라', 천하의 골짜기가 되면, 한결같은 덕德이 충분하게 되어 다듬지 않은 통나무 상태로 돌아가게 된다. 여기서 '박樸'은 다듬어지지 않은 원목 상태의 통나무를 말하는데, 속뜻은 천연 그대로의 근원을 의미한다.

자웅雌雄, 흑백黑白, 영욕榮辱은 양극을 상징하는데, 이 극단을 가리지 않고 한 데 포용하는 것이 상덕常德의 모습이며, 그 모습을 갓난아이嬰兒, 무극無極, 통나무樸로 비유하고 있다. 세상은 자雌보다는 웅雄을, 흑黑보다는 백白을, 욕辱보다는 영榮을 더 가치 있게 여기므로, 노자는 양극단의 조화를 추구하면서도 암컷의 부드러움과 어둡고 더러운 자리, 욕됨을 견디는 자리에 더 가치를 두고 있다. 예수님이 부잣집 아랫목이 아니라 가난한 집 말구유 안으로 오신 것이나 석가모니가 화려한 궁전을 나와 풍찬노숙風餐露宿하는 행려승자가 되신 것도 같은 이유이다.

물론 앞장에서도 밝혔듯이 양극단은 서로 말미암아 존재하는, 서로 다르지만 둘이 아니어서 근원에서는 '큰 하나大一'를 이룬다. 이 양극의 조화, 또는 모순의 통일이 모든 종교의 궁극적인 목표라 할 수 있다. 그래서 유가의 상징인 '태극太極' 무늬나, 수직선과 수평선을 교차시킨 기독교의 '십자가' 문양, 상향의 삼각형과 하향의 삼각형을 교차시킨 유대교의 '다윗을 별' 등에서 양극의 조화와 모순의 통일을 상징하고 있는 것이다.

일상 속 수행을 권하는 핵심 화두 話頭

수기욕 守其辱

욕됨을 지켜라! 깨끗하고 영광된 자리가 좋은 것을 알지만, 더럽고 욕된 자리를 받아들이고 지켜내라. 살다 보면 종종 모욕을 당할 때가 있다. 특히 세상 논리와 반대가 되는 옳은 일을 할 때 더 그러하다. 억울하지만 그 모욕을 견디는 내적인 힘을 키워야 한다. 자존감과 회복탄력성이 높은 사람은 구차하게 자신을 증명하려고 애쓰지 않는다. 타인의 평판이나 인정에 휘둘리지 않는다. 모욕을 당했을 때, 그것을 끌어안고 화를 더 키우는 사람이 있는가 하면 대수롭지 않게 툴툴 털어버리는 사람도 있다. 《서경》에 '하늘이 내린 재앙은 피할 수 있지만 스스로 불러들인 재앙은 피할 수 없다'는 구절이 이를 두고 한 말이다. 어느 인디언 부족의 설화도 비슷한 진리를 전하고 있다. 한 인디언 할아버지가 손자에게 자신의 감정을 말했다. "얘야, 마치 내 가슴속에서 두 마리의 늑대가 싸우고 있는 것 같구나. 한 마리는 복수심으로 가득 차 있고, 화가 나 있고, 폭력적인 놈이고, 다른 한 마리는 사랑과 동정의 마음을 갖고 있단다." 손자가 물었다. "어떤 늑대가 할아버지 가슴속에서 이기게 될까요?" 할아버지가 대답했다. "내가 먹이를 주는 놈이지."

대제불할 大制不割

큰 만듦은 쪼개지 않는다. 우람한 통나무 같은 마음을 잘 유지하라. 지나치게 쪼개고 분석하고 평가하는 마음의 습관을 버려라. 아이들도 마찬가지다. 무한한 가능성을 가진 통나무로 키워야지 어려서부터 모두 잘게 쪼개서 나무젓가락으로 만들지 마라.

변함없는 덕상德常을 잘 지키는 방법 (제28장)

큰 덕德은 서툰 것 같고
(제45장)

제45장은 유명한 '대교약졸 大巧若拙 대변약눌 大辯若訥' 구절이 있는 장인데, 도道의 위대한 덕德은 세상 사람들이 보기에는 모자란 듯 보이지만, 그 청정한 덕德이 천하를 바르게 돌아가게 한다는 것이다.

大成若缺 대 성 약 결	크게 이루어진 것은 모자란 듯 보여도
其用不弊 기 용 불 폐	그 쓰임은 끝남이 없고,
大盈若沖 대 영 약 충	크게 찬 것은 비어 있는 것처럼 보여도
其用不窮 기 용 불 궁	그 쓰임은 다함이 없다.
大直若屈 대 직 약 굴	크게 곧은 것은 구부러진 것 같고
大巧若拙 대 교 약 졸	크게 정교로운 것은 서툰 것 같으며,
大辯若訥 대 변 약 눌	크게 말 잘하는 것은 더듬거리는 것 같다.
躁勝寒 조 승 한	움직임으로써 추위를 이기고
靜勝熱 정 승 열	고요히 지냄으로써 더위를 이기니,
淸靜爲天下正 청 정 위 천 하 정	맑고 고요함이 세상을 바르게 한다.

첫 구절부터 보면, '大成若缺대성약결 其用不弊기용불폐하고, 大盈若沖대영약충 其用不窮기용불궁이라', 크게 이루어진 것은 모자란 듯 보여도 그 쓰임은 끝남이 없고, 크게 찬 것은 비어있는 것처럼 보여도 그 쓰임은 다함이 없다. 대성大成과 대영大盈, 즉 아주 큰 이룸과 큰 참은 세상 사람들의 감각으로 보기에는 마치 모자란 듯 비어있는 듯 보이는데, 그 쓰임은 다함이 없이 무궁무진無窮無盡하다는 것이다.

다음 구절, '大直若屈대직약굴하고, 大巧若拙대교약졸하며, 大辯若訥대변약눌이라', 크게 곧은 것은 구부러진 것 같고, 크게 정교로운 것은 서툰 것 같으며, 크게 말 잘하는 것은 더듬거리는 것 같다. 대직大直·대교大巧·대변大辯도 아주 크기 때문에 세상 사람들의 눈에는 잘 보이지 않거나 보여도 정반대로 보인다는 것이다.

대직大直, 즉 '큰 올곧음'이 구부려져 보인다는 예를 대표적으로 보이신 분이 예수님이다. 예수님은 올곧게 하느님의 말씀을 전하였지만, 그 당시 제사장들 눈에는 그 올곧음이 세상을 혼탁하게 만드는 굽음으로 보였던 것이다. 조선 후기 동학東學의 올곧은 만민평등사상도 당시 위정자들 입장에서는 신분제의 안정성을 뒤흔드는 불순한 굽음으로 보였을 것이다.

대교大巧, 즉 '큰 기교'가 서툰 것 같이 보인다는 예는, 아주 뛰어난 예술가들의 작품을 보면 알 수 있다. 피카소 Pablo Picasso, 1881~1973의 그림은 유치원생이 그린 것같이 단순하고 서툴러 보이지만, 화폭이라는 평면성의 한계와 더 나아가 인간 시각의 한계를 표현하고, 이를 극복하고자 한 위대한 작품으로 평가된다. 추사 김정희金正喜, 1786~1856의 서예도 초창기 작품은 전형적인 중국 명필가의 필법을 따랐지만, 후반부로 갈수록 단순해지고 서툰 것 같은 필법으로 바뀐다. 한국 현대화의 대가인 박수근朴壽根, 1914~1965이나 이중섭李仲燮, 1916~1956의 그림도 그렇다. 대가들의 작품은 왜 가장 원숙한 말년에는 모두 아이들 작품처럼 단순해질까? 어느 분야든 끝까지 밀고 가보면 순일한 도道의 실재를 볼 수 있는데, 뛰어난 대가들은 그것을 깨쳤기 때문에 자연스럽게 작품으로 투영된 것이리라.

이어서 '대변大辯은 약눌若訥이라', 즉 '크게 말 잘함'은 어눌한 것처럼 보인다는 예는 마하트마 간디Gandhi, Mohandas Karamchand, 1869~1948를 들 수 있다. 간디는 어려서부터 말을 좀 더듬는 버릇이 있었고, 또 성인이 되어 능변으로 먹고사는 변호사가 됐는데도 말을 잘하지 못하여 중간에 그만 사직해야 했다. 그렇지만 그 눌변가가 수억 인도 국민의 가슴을 울리는 명연설로 식민지 해방운동을 이끄는 데 성공한다. 20세기에 아시아와 아프리카 식민지에서는 수많은 독립운동이 전개되었는데 유독 간디가 주도한 인도의 독립운동이 인류사적으로 큰 평가를 받는 이유는 뭘까? 우선 지배국 영국에 대한 증오와 저항이라는 1차원적 투쟁을 넘어, 비폭력 저항인 "사티아그라하 투쟁Satyagraha란 '진리의 파지把持'란 뜻"이라는 인류사적 정신운동으로 승화시켰기 때문이다. 또 다른 하나는 반외세 투쟁에만 머무르지 않고, 신분 차별 극복을 위한 내부 투쟁을 병행했기 때문이었다. 수천 년 동안 내려온 힌두교의 신분제도인 카스트제도를 극복하기 위한 운동이었다. 간디는 힌두교 카스트제도에서 최상위 계급인 브라만 혈통이었다. 자신의 권리와 누릴 수 있는 계급을 포기하고, 가장 천한 불가촉천민과 하나가 되려고 했다. 불가촉천민을 대변한 힌두교도 간디는 결국 외세가 아니라 신분제를 금과옥조로 여기던 한 힌두교도에게 암살당했지만, 그 위대한 정신을 기려 '마하트마 mahatma, 위대한 정신'로 경칭되는 등 전 세계적으로 커다란 영향을 미쳤다.

인도 야무나 공원에 있는 '마하트마 간디의 추모 공원'에는 간디가 말한 '7가지 악덕'이 새겨져 있다. "Politics without principle 철학 없는 정치, Commerce without morality 도덕 없는 경제, Wealth without work 노동 없는 부富, Knowledge without character 인격 없는 교육, Science without humanity 인간성 없는 과학, Pleasure without conscience 윤리 없는 쾌락, Worship without sacrifice 헌신 없는 종교." 각 구절마다 현대 우리 사회에 전하는 울림이 무척 크다.

다시 본 구절로 돌아가 보자. 간디가 대중 연설을 한다고 알려지면 그 어눌한 연설을 듣기 위해 수십만 수백만 민중들이 밤새워 자리를 지켰다고 한다. 그 눌변 안에 가슴을 울리는 진리가 숨어 있기 때문이었으리라. '눌訥'자의 해자를 보면 말言이 안內에 있는 모양이다. 말은 잘 익은 술처럼 안에서 오래도록 잘 발효되어야 좋은 향기와 맛이 난다. 너무 빨리 밖으로 나오면 설익어서 풋내가 나거나 탈을 일으키는 것이다.

마지막 세 구절을 보면, '躁勝寒 조승한하고 靜勝熱 정승열이니 淸靜爲天下正 청정위천하정이라', 움직임으로써 추위를 이기고 고요히 지냄으로써 더위를 이기니, 맑고 고요함이 세상을 바르게 한다. 이 세 구절은 뜻풀이가 쉽지 않아 세간의 해석 또한 분분하다. 표면적인 해석으로는 추울 때 많이 움직여서 몸을 덥혀 추위를 이기고, 더울 때는 몸을 움직이지 않고 고요히 유지하여 더위를 이긴다는 뜻이다. 그렇지만 뒤 구절을 해석하기 위해서는 더 깊고 근원적인 뜻과 연결해야 바른 풀이가 된다. 추위를 외적인 상황으로 보고, 외적인 난관은 열심히 움직여서 극복해야 성과를 낼 수 있는데, 그 쌓는 과정에서 경쟁이 과다해지면 과열이 되니, 그 열은 고요히 내면을 성찰함으로써 식힌다는 뜻으로 보는 것이 뒤 구절과의 연결이 자연스럽다.

그리하여 淸靜爲天下正청정위천하정이라', 그 맑고 큰 고요함이 세상을 바르게 돌아가게 한다는 것이다. '청정淸靜'은 다름 아닌 도道의 위대한 덕德이라 할 수 있다.

노자는 이 '청정淸靜'하고 '그윽하고 신비한 덕玄德'을 갖춘 사람을 '성인聖人'이라 하였다. 다음 장에서 성인聖人은 구체적으로 어떻게 덕을 행하는지, 나아가 우리도 성인처럼 아무 걸림이 없는 자유인이 되기 위해서 어떻게 해야 하는지 살펴보도록 하자.

일상 속 수행을 권하는 핵심 화두 話頭

대교약졸 대변약눌 大巧若拙 大辯若訥

크게 정교로운 것은 서툰 것 같으며, 크게 말 잘하는 것은 더듬거리는 것 같다. 대놓고 멋 부린 것은 멋스럽지 않고 오히려 인위적으로 느껴져 부담스럽다. 멋내지 않은 듯 자연스러운 것이 가장 멋지게 다가온다. 대가들은 작위적인 멋을 뛰어넘어 바로 본질로 간다. 그래서 서툰 것 같고 자연스럽다. 울림이 큰 말은 눌변이다. 잔 말재주로 혀에 참기름 바른 듯 하는 달변보다, 모든 변수를 다 고려하고 안에서 충분히 숙성시킨 다음 조심스럽게 하는 말이 큰 울림을 준다. 눌변 訥辯, 말을 내 안에서 충분히 익혀라!

큰 덕德은 서툰 것 같고 (제45장)

a word of Tao Te Ching engraved in my heart 내 마음에 새겨보는 도덕경

성인론
성인聖人은 어떤 사람이며, 어떻게 될 수 있는가?

문밖을 나가지 않고도 다 알게 되고
(제47장)

성인聖人은 도덕경 81장 중에 총 31회나 등장할 정도로 노자 이론의 핵심 근거가 되고 있다. 성인은 완전한 도道를 터득한 이상적인 인격자이며, 완전한 덕德을 행하는 사람을 말한다. 성인聖人에서 '성聖'자의 어원을 보면, 아래 '壬까치발 정'은 땅바닥土 위에서 까치발을 드는, 즉 발뒤꿈치를 드는 모습을 표현한 것이고, 그 위에 귀耳와 입口이 하늘을 향해 있다. 그러니까 성인은 하늘의 소리天命를 잘 듣기耳 위해서 까치발壬을 들고 서 있는 사람이면서, 그 듣고 체득한 바를 세상에 잘 전달口하는 사람이기도 하다.

그러면 좀 더 구체적으로 성인은 어떤 경지의 사람인지 알아보기 위해 제47장과 제2장을 살펴보자. 먼저 제47장을 보면,

不出戶 불출호	문밖을 나가지 않고도
知天下 지천하	천하를 다 알고,
不窺牖 불규유	창을 내다보지 않고도
見天道 견천도	하늘의 도道를 볼 수 있으니,
其出彌遠 기출미원	멀리 나가면 나갈수록

其知彌少 기 지 미 소	아는 바가 더 적어진다.
是以聖人 시 이 성 인	그래서 성인은
不行而知 불 행 이 지	나가지 않고서도 알게 되고,
不見而名 불 견 이 명	보지 않고도 밝게 식별하며
不爲而成 불 위 이 성	作爲로 하지 않고도 모든걸 이룬다.

첫 구절 '不出戶 知天下불출호 지천하'는 깨달은 자의 경지를 대변하는 아주 유명한 구절이다. 도道를 밖에서 구할수록 더 멀어진다는 얘기다. 나와 도道가 별개의 것이 아닌데 자꾸 남에게서, 밖에서 도를 찾으려고 멀리 떠돌아다닐수록 더 아는 바가 적어진다. 하루하루 평범한 일상 속에, 내 안에 도가 있다. 일상이 곧 천도天道요, 불도佛道다. 이것을 잘 표현한 게송偈頌이 중국 양梁나라 말의 고승 부대사傅大士의 선시禪詩다.

夜夜抱佛眠 야 야 포 불 면	밤마다 부처를 안고 잠들며
朝朝還共起 조 조 환 공 기	아침이 돌아오면 함께 일어나네.
欲知佛去處 욕 지 불 거 처	부처가 어디 계신지 알고자 하거든
語默動靜止 어 묵 동 정 지	말을 하거나 하지 않거나, 움직이거나 멈추거나 바로 그 자리를 보라.

부처를 찾아 서역 만 리를 헤매지 말라. 바로 네 안에 불성佛性이 있

다. 하루는 제자가 예수님께 하느님을 보여달라 하자, "내 안에 아버지가 있고, 아버지 안에 내가 있다"라고 한 것처럼, 도道는 우리 안에 있는 것이다. 미국 저명한 정신분석학자 에리히 프롬 Erich Pinchas Fromm, 1900~1980도 최근에 세계 각국이 경쟁적으로 우주선 발사와 같이 우주 공간에만 쏟는 관심을 우리의 내부 공간에 기울이고, 우주 공간을 탐색하는 우주인이 아니라 '내부 공간內面을 탐구하는 우주인 inner space astronaut'이 더 중요함을 역설한 바 있다.

《화엄경華嚴經》의 가르침을 7언 30구의 시詩로 요약한 의상대사의 〈법성게法性偈〉 가운데 '일미진중함시방一微塵中含十方'이란 구절이 있다. 시방十方이란 동서남북의 사방四方과 그 사이에 낀 사유四維에, 상하上下의 두 방향을 합한 열 방향을 의미한다. 즉, 시방이란 모든 방향의 공간이다. 따라서 '일미진중함시방一微塵中含十方'이란 "먼지 하나에 온 우주가 담겨 있다"라는 뜻이다. 이렇게 작은 티끌 속에 시방의 공간이 담길 수 있는 이유는, 이 세상 만물의 모습이 시방에 편재遍在하기 때문이다. 어떤 사물도 우주 없이 존재할 수 없기 때문이다.

참된 앎이란 일체 현상이 나와 무관하지 않고, 자신이 도道와 하느님, 부처님과 하나임을 자각했을 때 비로소 오는 것인데, 자꾸 밖에서 앎을 구하니 일체를 대상화하기에, 구하면 구할수록 도道와는 멀어지는 것이다. 《임제록臨濟錄》에 나와 있는 '수처작주 입처개진隨處作主 立處皆眞'이라는 '게偈'도 같은 의미로 읽을 수 있다. 어느 곳에 있든 주인이 되어라, 그러면 네가 선 곳마다 참의 자리가 되리라.

이 모든 것을 깨닫게 된 자가 성인聖人이다. 그래서 성인은 멀리 나가지 않고도 모든 것을 알게 되고, 보지 않고도 훤히 식별하게 되며, 일부러 하지 않고도 모든 것을 이루게 된다.

일상 속 수행을 권하는 핵심 화두 話頭

불출호 지천하 不出戶 知天下

문밖을 나가지 않고도 천하를 다 안다. 먼 밖에서 지혜를 구하려고 떠돌아다니지 말라. 네 안에서 구하라, 네 안에 문제의 모든 원인과 해답이 다 있다.

수처작주 입처개진 隨處作主 立處皆眞

어느 곳에 있든 주인이 되어라, 그러면 네가 선 곳마다 참의 자리가 되리라. 사회학자 알랭 에랭베르 Alain Ehrenberg는 "우울증은 자기 자신이 되지 못한 후기 근대적 인간의 좌절에 대한 병리학적 표현이다"라고 말하며, 현대인들이 겪는 집단 우울증의 원인을 분석했다. 먼저 자신의 진정한 주인이 되어야 나아가 모든 곳에서 주인이 될 수 있다. 어느 직장, 어느 단체, 어느 자리를 가든 주인처럼 Ownership 행하는 사람이 있다. 누가 시키지 않아도 땅에 떨어진 것이 있으면 줍고, 부서진 곳이 있으면 알아서 고친다. 재산세를 내지 않아도 그곳의 주인은 그 사람이다. 세상의 진짜 주인, 가장 큰 부자로 사는 사람이다.

상대적 관계가 하나임을 아는 자
(제2장)

이렇듯 성인_{聖人}은 노자의 도덕론을 구체적이고 이상적으로 실천하는 사람이다. 제2장에서 성인의 모습을 더 자세히 그리고 있다.

天下皆知美之爲美 천하개지미지위미	세상 모두가 아는 아름다움을 아름답다고 하는데
斯惡已 사악이	바로 그것이 더러움이요,
皆知善之爲善 개지선지위선	모두 아는 선善을 선善이라고 하는데
斯不善已 사불선이	바로 그것이 선善하지 아니함이다.
故, 有無相生 고, 유무상생	그러므로 있음과 없음은 서로 말미암아 생기고
難易相成 난이상성	어려움과 쉬움도 서로 말미암아 이루어지며,
長短相較 장단상교	길고 짧음도 서로 말미암아 견주어지고
高下相傾 고하상경	높고 낮음도 서로 말미암아 치우침이 생기며,
音聲相和 음성상화	내는 소리와 들리는 소리도 서로 말미암아 조화를 이루고
前後相隨 전후상수	앞과 뒤도 서로 말미암아 따르는 것이다.
是以聖人 시이성인	그래서 성인聖人은
處無爲之事 처무위지사	모든 일을 무위無爲로 하고
行不言之敎 행불언지교	말 없는 가르침을 행하며,

萬物作焉而不辭 만 물 작 언 이 불 사	만물을 이루어 내되 가려서 버리지 않고
生而不有 생 이 불 유	낳아도 소유하지 않으며,
爲而不恃 위 이 불 시	자기가 한 것을 뽐내지 않고
功成而不居 공 성 이 불 거	공功을 이루어도 그 자리에 머물지 않는다.
夫唯不居 부 유 불 거	그 공에 머물지 않기에
是以不去 시 이 불 거	그 공이 사라지지 않는다.

 이 장에서는 성인聖人을 말하기 전에 먼저 세상의 이치를 모순어법으로 제시하고 있다.

 세상 사람들이 아름다움과 더러움을 분별하여 말하는데 바로 그 분별이 더러움이고, 착함과 못됨을 말하는데 그 분별과 한쪽의 선택이 못됨이라는 것이다.

 짧은 것이 있으니 긴 것이 존재할 수 있고, 뒤서는 것이 있으니 앞서는 것이 있는 것처럼 모든 것은 상대적으로 어우러져 있고, 그 상대적인 것이 서로를 존재하게 하므로 둘이 개별적으로 분리된 것이 아니라는 것이다.

 그런데 세상 사람들은 불가에서 말하는 분별지分別智에 갇혀서 미美·선善·유有·장長·고高·전前과 같이 눈에 띄는 것만 좋아한다. 그것을 존재하게 만든 이면은 간과하거나 무시함으로써 다양성은 파괴되고, 한 줄 서기 경쟁이 과도하게 되어 100명 중 99명은 불행하고, 1등을 한 1명은 교만해지거나 언제 자리를 뺏길지 몰라 불안해하는 것이다. 이 구조에서는 누구도 행복할 수 없다.

그러니 분별지分別智를 여의어라, 그러면 상대적인 것들이 모두 하나임을 보게 되리라. 장長과 단短, 고高와 저低, 전前과 후後가 서로 다른 두 개가 아니라 하나의 다른 모양임을 알게 될 것이다. 분별지를 여의면 서로 대립된 것들의 자기동일화가 이루어지고, 상호 모순된 것들의 통일이 이루어지는데, 그러면 사물과 현상을 보는 눈이 새롭게 달라질 수밖에 없다. 서로가 서로를 떠받쳐주는 관계였음을 새롭게 알게 되면, 더는 상대와 경쟁할 필요가 없을뿐더러 오히려 고마운 존재임을 깨닫게 된다.

또한 분별한다는 것은, 저것은 선하고 저것은 악하다는 식으로, 어떤 것을 고정된 시각으로 본다는 의미이다. 세상에 고정되고 영원불변한 것이 어디 있단 말인가? 늘 선善이라 생각했던 것이 어느 순간 악惡이 되고, 소설 '난장이가 쏘아 올린 작은 공'에서 늘 피해자였던 난쟁이 아들이 마지막 순간에 살인을 저지르는 가해자가 되기도 하는 것처럼 세상일은 안과 밖이 따로 없는 뫼비우스의 띠처럼 모순 통일이 무한 반복된다. 그것을 모르고 한쪽을 계속 선이라 고집하면서 다른 쪽을 모두 악으로 몰아버리면, 바로 그것이 또 다른 악이 된다는 것이다.

그래서 예수님도 "아버지께서는 선한 자나 악한 자나 가리지 않고 햇빛과 비를 내려 주신다"라고 하시며 "나는 의인이 아니라 죄인을 위해 왔다"라고 하신 것이다. 그러니 분별지를 여의고 그만 이원론적 세계관에서 탈피하라. 양쪽이 상호 대립된 것처럼 보이지만, 그 모순이 하나로 통일되어 있으므로, 모든 관계를 전일적全一的 관계로 보라.

이 분별지를 여읜 눈이 바로 불가에서는 부처님의 눈이요, 성경에서 하느님 아버지의 눈이며, 이 장에서는 깨달은 자인 성인聖人의 눈인 것이다.

그래서 성인은 무위無爲로써 모든 일을 행한다. 도덕경의 핵심어 중의 하나가 바로 '무위無爲'인데, 이 무위의 뜻은 다른 말로 순천順天의 의미를 지닌다. 하늘에 따른다는 것은 일체의 근원인 도道와 하느님, 부처님과 합일合一한다는 의미며, 일말의 작위作爲나 사욕私慾, 의도意圖가 없는 행위를 말한다.

성경의 '내 뜻대로 마시고 아버지 뜻대로 하소서'에서 아버지의 뜻에 따르는 것이요, 사욕이 없기에 겉옷을 벗어달라 하면 속옷까지 줄 수 있고, 왼쪽 뺨을 때리면 오른쪽 뺨까지 내주는 것이다. 아버지의 자리에서, 부처님 안에서 보면, 때리는 자와 맞는 자가 둘이 아니기 때문이다. 이이불이異而不二의 전일적全一的 관계에서 보면, 다 벗어주고 나서 가져가는 것도 또 다른 나다. 이 경지에 이르면 모든 행위가 내가 한 것이 아니라 아버지가 한 것이며 부처님 뜻대로 한 것이 된다. 그래서 사도 바울은 "이제부터는 내 안에서 내가 사는 게 아니라 그리스도가 사신다"라고 한 것이다. 행하는 주체는 있는데 자신이 행한다는 마음이 없는 경지다. 구한말 동학에도 '심고心告'라는 게 있었다. 무슨 일을 하기 전에 마음 속 한울님에게 그 일을 해도 되는지 먼저 고告하고 나서 한다는 것이다. 히말라야 8,000m급 16좌 완등에 세계 최초로 성공한 엄홍길 대장도 자신이 히말라야를 등정한다고 말하지 않는다. 산신이 허락하신다면 잠시 머물다 올 뿐이라는 것이다.

초기 불경 중의 하나인 《상윳타니카야 Sayuttanikāya》에서는 무위無爲와 열반涅槃을 같은 의미로 설하고 있다. "비구들이여, 무엇이 무위인가? 탐욕의 소멸貪盡, 성냄의 소멸瞋盡, 어리석음의 소멸痴盡, 바로 이것이 무위이다. 벗이여, 무릇 탐욕의 소멸, 성냄의 소멸 어리석음의 소멸, 바로 이것이 열반이다."

그래서 성인은 몸소 행동으로 보여줌으로써 말 없는 가르침을 하고, 세상의 많은 것을 이루어 내지만 그중에서 어떤 것을 사사로이 선택하거나 버리지 않으며, 낳거나 만들었어도 자기 것으로 소유하지 않고, 자기가 이룬 업적을 과시하지 않으며, 큰 공功을 이루었어도 그 자리에 머물지 않는다. 그 공에 머물지 않음으로써 공도 사라지지 않고 자신도 해가 없는 것이다.

《마태복음》에 '마음이 가난한 자에게 복이 있다'라고 했는데, 여기서 마음은 바로 인위와 작위, 사욕, 의도를 가리킨다고 볼 수 있다. 마음이 부유한 사람은 이런 것이 많아 하늘의 명을 거역하는 삶을 사는 경우가 많다. 순천順天이나 순명順命하지 않고 항명抗命을 하는 것인데, 우주 만물 중에 바로 인간만이 항명한다. 길가의 풀 한 포기도, 풀잎 위의 벌레들도 모두 하늘의 명대로 살아가는데, 인간만이 거역하여 자연을 파괴하고 전쟁을 하며 살아간다.

반대로 '마음이 가난한 것'은 바로 무위無爲의 마음을 의미하는 것이다. '가장 작은 자에게 하느님이 함께 하신다'라는 말과도 일맥상통한다. 만사를 무위로써, 욕심이 가난한 마음으로 처리하니, 많은 공을 이루고도 그것에 머물지 않을 수 있고, 머물지 않으니 영원히 사라지지 않는 것이다. 아상我相을 여의면, 내가 행했다는 의식이 없기에 아까운 마음 없이 기꺼이 그리할 수 있는 것이다. 그리하는 것도 일부러 그러는 것이 아니라 무위로 저절로 그렇게 되는 것이다.

물론 일상에서 아상我相을 여읜다는 것이 말처럼 쉬운 일이 아니다. 태곳적부터 이어져 내려오는 '진Gene, 생물학적 유전자'이나 '밈Meme, 개체의 기억에 저장되거나 다른 개체의 기억으로 복제, 전승될 수 있는 문화 요소, 문화적 유전자'에 의해 우리의 무의식과 의식 안에 쌓여있는 태산보다 거대한 이 업장業障, 카르마의 때를 어찌 단번에 씻어 낼 수 있겠는가? 도道와 덕德, 그 길을 가고 있는 성인聖人의 모습을 이정표로 세우고 무위無爲로써 매일 매 순간 마음의 때를 벗겨내는 수밖에 달리 방법이 없다.

일상 속 수행을 권하는 핵심 화두話頭

처무위지사 행불언지교 處無爲之事 行不言之敎

모든 일을 무위無爲로 하고, 말 없는 가르침을 행한다. 매사 억지로 행하지 말고 순리에 따라 행하고, 말로 가르치려 말고 몸으로 가르쳐라. 자녀의 독서 습관이 중요하다는 것은 누구나 알지만, 말로만 책 좀 들여다보라고 잔소리하고, 정작 자신은 스마트폰만 들여다보는 경우가 많다. 부모가 평소 책을 가까이하면 아이들은 자연스레 따라 하게 되어있다. 말로 하면 잔소리가 되고, 몸으로 하면 가르침이 된다.

성인이 드러내는 덕德의 모습
(제15장)

이어 제15장에서는 도道를 터득한 사람, 즉 성인聖人이 드러내는 덕德이란 어떤 모습인가를 표현하고 있다.

古之善爲士者 고 지 선 위 사 자	예부터 도道를 터득한 사람은
微妙玄通 미 묘 현 통	미묘하고 현통하여
深不可識 심 불 가 식	그 깊이를 알 수 없다.
夫唯不可識 부 유 불 가 식	무릇 그 깊이를 알 수 없으므로
故强爲之容 고 강 위 지 용	드러난 모습을 가지고 억지로 그려보라 한다면,
豫兮若冬涉川 예 혜 약 동 섭 천	신중하여 겨울에 내를 건너는 것 같고
猶兮若畏四隣 유 혜 약 외 사 린	삼가서 사방을 두려워하는 것 같으며
儼兮其若客 엄 혜 기 약 객	의젓하여 손님과 같고
渙兮若氷之將釋 환 혜 약 빙 지 장 석	부드러워 얼음이 녹으려는 것 같으며
敦兮其若樸 돈 혜 기 약 박	투박하여 통나무 같고
曠兮其若谷 광 혜 기 약 곡	품이 넓어 계곡 같으며
混兮其若濁 혼 혜 기 약 탁	어두워서 흐릿함과 같다.
孰能濁以靜之徐淸 숙 능 탁 이 정 지 서 청	누가 혼탁함을 고요히 하여 점점 맑게 할 수 있는가?

孰能安以動之徐生	누가 가만히 있는 것을 움직여 점점 생겨나게 할 수
숙능안이동지서생	있는가?
保此道者 보차도자	이 도道를 지닌 이는
不欲盈 불욕영	채워지기를 원하지 않는다.
夫唯不盈 부유불영	채워지길 원치 않기 때문에
故, 能蔽不新成 고 능폐불신성	그래서 낡지 않고 영원히 새로울 수 있다.

첫 구절 '古之善爲士者고지선위사자'부터 그 아래 다섯 행까지는 해석에 큰 어려움이 없다. 다만 첫 행에서 위爲와 사士자 사이에 도道자가 생략되었음을 알아야 뜻풀이에 무리가 없을 것이다. 혹자는 '士'를 '道'로 치환하여 해석하기도 한다. 예부터 도道를 터득한 사람은 미묘하고 현통하여, 그 깊이를 알 수 없다. 무릇 그 깊이를 알 수 없으므로, 드러난 모습을 가지고 억지로 그려보려고 한다.

'豫兮若冬涉川예혜약동섭천이라', 신중하여 겨울에 냇물의 살얼음판 위를 건너는 것 같고, '猶兮若畏四隣유혜약외사린이라', 늘 삼가고 조심하는 모습이 마치 누가 보면 사방 이웃을 두려워하는 것 같으며, '儼兮其若客엄혜기약객이라', 점잖고 의젓하여 마치 손님처럼 보이고, '渙兮若氷之將釋환혜약방지장석이라', 한없이 부드러워 봄날에 얼음이 녹으려는 것 같으며, '敦兮其若樸돈혜기약박이라', 겉마음이 투박하여 마치 통나무 같고, '曠兮其若谷광혜기약곡이라', 속마음의 품이 넓어서 모든 것을 품어내는 골짜기 같으며, '混兮其若濁혼혜기약탁이라', 잘 안 보이고 어두워서 마치 흐릿함과 같다.

'孰能濁以靜之徐淸숙능탁이정지서청이라', 과연 누가 세속의 혼탁함과 어울리면서 그것에 물들지 않고, 그 혼탁함을 고요히 하여 천천히 맑게 정화할 수 있겠는가? 이어 '孰能安以動之徐生숙능안이동지서생이라', 누가 가만히 있는 것을 움직여 점점 생겨나게 할 수 있겠는가? 이 두 구절은 비슷한 뜻을 지니고 있는데, 마치 연꽃이 더러운 진흙이나 흙탕물을 받아들이고 한데 어울리면서도, 그 더러움에 물들지 않고 물을 정화해 가면서 환한 꽃을 피워내는 모습을 연상시킨다. 즉, '누가 연꽃처럼 살 수 있겠느냐'라고 묻고 있는 것이다. 바로 예수님이 의인義人이 아니라 죄인罪人을 위해 왔다고 하시며, 세상의 혼탁함과 어울리면서 세속의 더러움을 서서히 정화하셨듯이, 도道를 실천하는 성인聖人은 화광동진和光同塵하며, 요란스럽지 않고 고요히靜 자기 주위를 점점 천천히 맑게徐淸 한다는 것이다.

그리하여 '保此道者보차도자는 不欲盈불욕영이라', 이 도道를 지닌 이는 채워지기를 원하지 않는다. 인간은 본능적으로 부족함이나 모자람을 채우려는 욕구가 있다. 욕구단계설로 유명한 심리학자 매슬로 Abraham Harold Maslow, 1908~1970는 이런 심리 상태를 '결함 심리 deficiency cognition'라고 했다. 그런데 도를 지닌 자는 더 채우려 하지 않고, '있는 그대로being cognition'의 길을 가는 자이다.

'夫唯不盈부유불영'이어서, 무릇 채워지길 원치 않아서, '故能蔽不新成고능폐불신성이라', 낡지 않고 영원히 새로울 수 있다. '궁즉변窮即變'이므로, 꽉 찬 것이 극단에 이르면 반드시 변하게 되는 게 자연의 이치다. 도를 깨친 자는 늘 가득 채우지 않으므로, 낡거나 극단에 이르지 않으니, 늘 새로울 수 있다는 것이다. '能蔽不新成능폐불신성'은 해석이 분분하다. 그도 그럴 것이 자연스러운 뜻에 맞춰 한자를 재배열하면 '能不蔽而新成능불페이신성'이 맞기 때문이다. 그래서 원문 그대로 해석해서 '능히 낡아서 새로움을 이루지 않는다'라고 뜻풀이를 하는 경우도 있다. 자연의 순리대로 낡아지고 해져서, 후자대로 '일부러 새로운 것을 만들지 않는다'라고 해석해도 뜻이 안 통하는 것은 아니지만, 앞 문장과의 호응을 고려해보면, 전자로 해석하는 것이 더 자연스럽다고 본다.

'더 이상 채우려 하지 말고 있는 그대로 두어라'라는 메시지가 담긴 이 장을 읽을 때마다 떠오르는 팝송이 하나 있다. 바로 비틀즈 The Beatles 의 〈렛잇비 Let It Be〉이다. 가사를 천천히 음미하며 흥얼거려보면, 이 노래는 그대로 한 편의 시詩이자 게송偈頌이며, 성가聖歌다.

When I find myself in times of trouble
내가 힘든 시간 속에 있다고 여겨질 때에

Mother Mary comes to me
성모 마리아께서는 내게 다가와

Speaking words of wisdom, let it be
지혜로운 말씀을 전해주시길, 그대로 두어라

And in my hour of darkness
그리고 내 어둠의 시간 속에서

She is standing right in front of me
그녀는 밝게 내 앞에 서 계시며

Speaking words of wisdom, let it be
지혜로운 말씀을 전해주시길, 그대로 두어라

Let it be, let it be
그대로 두어라, 그대로 두어라

Let it be, let it be
그대로 두어라, 그대로 두어라

Whisper words of wisdom, let it be
지혜로운 말씀을 전해주시길, 그대로 두어라

And when the broken hearted people
상처 입은 사람들도

Living in the world agree
세상을 살아가면서 모두 동의하네

There will be an answer, let it be
그곳에 답이 있을 것이다, 그대로 두어라

For though they may be parted
헤어지더라도

There is still a chance that they will see
여전히 볼 수 있는 기회가 있으니

There will be an answer, let it be
그곳에 답이 있을 것이다, 그대로 두어라

Let it be, let it be
그대로 두어라, 그대로 두어라

성인이 드러내는 덕德의 모습 (제15장)

Let it be, let it be
그대로 두어라, 그대로 두어라

There will be an answer, let it be
그곳에 답이 있을 것이다, 그대로 두어라

… 중략 …

And when the night is cloudy
구름 덮힌 밤에도

There is still a light that shines on me
나를 여전히 밝혀줄 불빛은 있어

Shine until tomorrow, let it be
다음날까지도 비춰줄 것이니, 그대로 두어라

I wake up to the sound of music
음악 소리에 잠을 깨보니

Mother Mary comes to me
마리아께서 내게 다가와

Speaking words of wisdom, let it be
지혜로운 말씀을 전해주시길, 그대로 두어라

Let it be, let it be
그대로 두어라, 그대로 두어라

Let it be, let it be
그대로 두어라, 그대로 두어라

There will be an answer, let it be
그곳에 답이 있을 것이다, 그대로 두어라

일상 속 수행을 권하는 핵심 화두 話頭

예혜약동섭천 豫兮若冬涉川

신중하여 겨울에 내를 건너는 것 같다. 우주 만물과 인간 세상의 모든 일이 단선적인 것이 아니라, 상대적 관계인 유무 有無 가 서로 말미암아 생성되고 사라진다는 이치를 깨친 자는 함부로 단정하지 않는다. 매사 신중할 수밖에 없다. 겨울 강 살얼음판을 내딛는 발걸음처럼 조심하고 또 조심하면 무슨 일을 해도 재앙과 허물을 남기지 않으리라.

성인이 드러내는 덕德의 모습 (제15장)

숙능탁이정지서청 孰能濁以靜之徐淸

누가 혼탁함을 고요히 하여 점점 맑게 할 수 있는가? 모든 존재는 그 존재 자체로 주위에 영향을 미친다. 내 존재가 주위를 흐리는 역할을 하는가, 아니면 점점 맑게 하는가? 누구든 자신이 속해 있는 조직에 나쁜 영향을 끼치고 있다고 생각하진 않을 것이다. 그렇지만 자신도 모르게 부정적인 역할을 하고 있는 경우가 있다. 피해의식을 확산하거나, 왜곡 과장해서 험담을 옮기기도 하는 것이다. 그렇지만 늘 평정심을 지키며 맑은 마음을 지키는 사람이 있다. 그 있음 자체로 주위를 맑게 하는 사람, 누가 그럴 수 있겠는가?

a word of Tao Te Ching engraved in my heart **내 마음에 새겨보는 도덕경**

사욕私慾이 없어서 영원히 존재한다
(제7장)

제7장에서는 사私가 없어서 천지가 영원한 것처럼, 성인聖人도 사욕이 없어서 뒤에 서 있어도 저절로 앞으로 추대받고, 영원히 사라지지 않는다고 말하고 있다.

天長地久 천 장 지 구	천지는 오래 간다. 영원하다
天地所以能長且久者 천 지 소 이 능 장 차 구 자	천지가 오래 갈 수 있는 까닭은
以其不自生 이 기 부 자 생	그 생生을 자기의 것으로 삼지 않기 때문이다.
故, 能長生 고 능 장 생	그러므로 오래도록 살 수 있다.
是以聖人 시 이 성 인	그래서 성인聖人은
後其身而身先 후 기 신 이 신 선	몸을 뒤에 두어도 자신이 앞서고
外其身而身存 외 기 신 이 신 존	그 몸을 밖에 둠으로써 영원히 존재한다.
非以其無私邪 비 이 기 무 사 야	그럴 수 있는 것은 사私, 小我가 없기 때문 아닐까?
故, 能成其私 고 능 성 기 사	그러므로 능히 사私, 大我를 이룰 수 있는 것이다

첫 구절에 나오는 '天長地久천장지구'라는 문구를 볼 때마다 90년대 홍

콩 누아르 영화의 정점을 찍었던 유덕화·오천련 주연의 영화 〈天長地久〉가 먼저 떠오른다. 물론 그 영화를 볼 당시에는 영화 제목이 도덕경의 한 구절에서 온 지도 몰랐고, 사람의 목숨은 유한하지만, 천지가 영원한 것처럼 사랑도 영원하다는 주제를 담고 있는지도 몰랐다.

이 영화의 주제 영원한 사랑처럼 천지가 영원히 장구長久할 수 있는 까닭은 생生에 집착하거나 사욕으로 생을 도모하지 않기 때문이다. 만물을 낳았으되 소유하지 않기 때문生而不有이다.

그래서 성인은 자신의 몸을 뒤로 두어도 자연스럽게 앞으로 추대가 되는데, 실은 그 몸을 밖에 둠으로써 사라지지 않고 영원히 존재할 수 있는 것이다. 작위作爲로 뒤에 서고자 하는 것이 아니라 일부러 앞서고자 하는 마음이 없기에 자연스럽게 뒤에 서는 것인데도, 군계일학群鷄一鶴이라, 학이 맨 뒤에 있다고 어찌 눈에 띄지 않겠는가?

또한 성인은 그 몸을 밖外에 둔다고 했는데, 여기서 '밖外'이 의미하는 바는 구약성서 창세기에 나오는 바벨탑을 쌓는 사람들처럼 세상 사람들이 욕망에 따라 움직이는 자리의 '밖外'이라는 뜻이다. 《마태복음》에서 예수님은 "누구든지 자기를 높이는 자는 낮아지고, 자기를 낮추는 자는 높아지리라"라고 했다. 높은 산골짜기에서 졸졸 흐르던 계곡물이 낮아지고 낮아져 시내가 되고 강물이 되고 결국 가장 낮은 물의 왕, 바다가 되는 것과 같은 이치다. 여기서 자기를 낮추는 자가 바로 자기 몸을 세상 사람들의 욕망 밖에 두는 자이다.

세상 사람들의 욕망이라는 것도 가만히 들여다보면 진실로 자신의 욕망인 경우가 드물다. 다른 사람들의 욕망을 따라가는 욕망이 대부분이다. 그래서 철학자 자크 라캉 Jacques Lacan은 "인간은 타인의 욕망을 욕망한다"라고 한 것이다. 일상에서 사람들은 다른 사람이 내게 원하도록 만든 것을, 자신이 본래부터 원했던 욕망으로 착각하며 산다. 과연 지금 내가 하고 있는 일은 누구의 욕망으로 행해지는 것일까? 나의 욕망일까? 아니면 나 자신도 스스로 합일合一시키지 못한 무의식이라는 또 다른 주체일까? 내 무의식 안에는 오랜 조상들로부터 전해져 내려오는 욕망을 비롯하여 시공간을 초월한 수많은 타인의 욕망이 숨어 있다.

자크 라캉 Jacques Lacan, 1901~1981 : 철학자, 정신분석학자, 의사. 프로이트 사상을 계승하여, 정신분석학을 구조주의 언어학으로 재해석한 라캉은, 인간의 다양한 욕망이나 무의식이 언어를 통해 구조화되어 있다고 주장했다.

성인聖人이 그렇게 자신을 타인의 욕망 밖에 둘 수 있는 것은 사私가 없기 때문이 아닐까? 그러므로 능히 사私를 이룰 수 있는 것이다. 앞의 사私와 뒤의 사私는 정 반대 개념이다. 앞의 사私는 에고ego, self-conscious self, 아상我相, 소아小我, small self를 의미한다면, 뒤의 사私는 진아眞我, 대아大我, large self를 뜻한다. 전자가 상대적인 사私라면 후자는 절대적인 사私인 것이다. 무사無私로써 성기사成其私한다, 즉 소아를 버림으로써 대아를 이룬다. 예수님께서 '내 뜻대로 마옵시고 아버지 뜻대로 하소서' 할 때, 내 뜻이 소아고, 아버지 뜻이 대아다. 철저한 자기 부정이 완전한 자기 긍정을 이룬다. 도덕경은 이런 진리를 담은 모순어법이 많아, 한편으론 시적

詩的이면서도 또한 곰곰이 생각해보고 곱씹어봐야 그 참맛을 느낄 수 있다. 어디 도덕경뿐이랴, 위대한 진리를 담은 경전들은 하나같이 모순어법을 많이 사용한다. 진리 자체가 '모순의 통일'이기 때문이리라. "죽기 전에 죽으면, 죽어도 죽지 않는다 If you die before you die, you will not die when you die"라는 명언도 같은 맥락이다. 육신이 죽기 전에 먼저 죽으면 小我를 여의면, 육신이 죽어도 죽지 않는다. 大我는 영원히 산다.

이러한 이치를 통달하면 공자가 일찍이 말한 군자가 도달할 수 있는 최고 단계, '내 마음 내키는 대로 행동을 해도 법도에 어긋나는 일이 없다'라는 경지에 도달할 수 있으리라. 물론 공자가 말한 법도와 노자의 도는 차이가 있지만, 둘 다 세속의 욕망을 여의어야 도달할 수 있는 경지를 말하는 것에는 대동소이 大同小異하다.

일상 속 수행을 권하는 핵심 화두 話頭

기부자생 고능장생 其不自生 故能長生

그 생生을 자기의 것으로 삼지 않기 때문에 오래도록 살 수 있다. 우주가 영원한 까닭은 자기 것으로 삼는 것이 없기 때문이라는 것이다. 우주는 영원하지만 우리는 그 영원한 시간 속에 눈 깜박할 시간보다 짧게 머물다 간다. 그 짧은 찰나의 시간을 소중히 하라. 소중한 추억 말고는 아무것도 네 것이 아니다. 그러니 부질없는 것을 가지려고 귀중한 추억을 쌓을 시간을 낭비하지 마라. 그것을 아는 자는 장생長生하는 것이다.

성인이 하지 말아야 할 것들
(제9장)

제9장에서는 도道를 실천하는 성인聖人이라면 하지 말아야 할 것들을 예로 들어 도道를 말하고 있는데, 현대 물질 만능주의 세상에 대한 경고로도 들린다.

持而盈之 지 이 영 지	많이 갖고서도 더 채우려 하거나 자랑하는 것은
不如其已 불 여 기 이	그만두는 것만 못하다.
揣而銳之 췌 이 예 지	날카로운 것을 더 날카롭게 갈면주장하면
不可長保 불 가 장 보	오래 가지 못한다.
金玉滿堂 금 옥 만 당	금과 옥이 집안에 가득하다면
莫之能守 막 지 능 수	지켜낼 수가 없다.
富貴而驕 부 귀 이 교	재산이 많고 지위가 높아도 교만하면
自遺其咎 자 유 기 구	스스로 그 허물을 남기게 된다.
功遂身退 공 수 신 퇴	공功을 이루고 이름을 얻었거든 물러나는 것이
天之道 천 지 도	하늘의 도道다.

첫 구절부터 해석해보면, '持而盈之지이영지는 不如其已불여기이라', 충분히 많이 갖고서도 더 채우려 하거나 많이 가진 것을 자랑하는 것은, 그만두는 것만 못하다. 여기서 가진 것을 의미하는 '지持'는 재물만 의미하는 것이 아니라, 많이 알거나 뛰어난 재능을 의미하기도 한다. '영盈'은 더 채우려 하거나, 이미 가득 채운 것을 자랑한다는 의미로 해석할 수 있다.

'揣而銳之췌이예지는 不可長保불가장보라', 날카로운 것을 더 날카롭게 갈거나 계속 주장하면, 오래 가지 못한다. 여기서 '췌揣'는 뭔가를 예리하게 재거나 따진다는 의미이고, '예銳'는 날카로운 것을 더 날카롭게 날을 세우려 하거나, 그 예리함을 더 집요하게 주장하는 것을 뜻한다. 벼를 베기 위해 숫돌에 낫을 갈 때 이미 예리하게 갈렸는데도 더 욕심내서 갈면, 오히려 날이 무뎌지고 상하게 된다.

'金玉滿堂금옥만당은 莫之能守막지능수라', 금과 옥이 집안에 가득하다면 지켜낼 수가 없다. 여기서 '만滿'은 이미 아주 많아서 차고 넘치는 것을 의미한다. 우리 속담에 '부불삼대富不三代'라고 부자는 3대를 가지 않는다는 말이 있다. 서양 속담에도 '셔츠 바람으로 시작해서부를 일궜는데, 3대 만에 도로 셔츠 바람으로 Shirtsleeves to shirtsleeves in three generations'라는 말이 있을 정도로, 동서고금을 막론하고 1대가 일군 재산이 3대까지 고스란히 지켜지는 건 쉽지 않다. 《부富의 대물림》의 저자 제임스 휴즈Hughes, James Jr에 따르면, 1대가 재산을 형성하고, 2대는 그걸 유지만 하다가 3대가 탕진한다고 했는데, 그만큼 가득한 재산을 지키기 어렵다는 말이다.

이렇듯 '富貴而驕부귀이교면 自遺其咎자유기구라', 재산이 많고 지위가 높아도 교만하면, 스스로 그 허물을 남기게 된다. 부유해지고 지위가 높아지면 겸손하기 힘들어서, 지위가 낮거나 가난한 사람을 업신여기기 때문에 허물이 된다는 것이다.

　　무소유를 주장했던 법정 스님이 이 책만은 꼭 소유하고 싶다던 책이 《월든Walden》인데, 저자 소로우는 《월든》에서 이렇게 말하고 있다. "대부분의 사람들은 주택이 무엇인지를 단 한 번도 생각해보지 않은 것 같다. 그들은 이웃 사람들이 소유하고 있는 정도의 집은 나도 가져야겠다고 생각한 나머지, 가난하게 살지 않아도 될 것을 평생 가난에 쪼들리며 살고 있다"라고 말하면서 "인간은 이제 자기가 쓰는 도구의 도구가 되어 버렸다"라고 한탄한다. 나아가 "대부분 사치품과 이른바 생활 편의품 중의 많은 것들은 꼭 필요한 물건들이 아닐 뿐만 아니라 인간 향상에는 방해가 되고 있다. 사치품과 편의품에 대한 얘기가 나왔으니 말인데, 가장 현명한 사람들은 항상 가난한 사람들보다도 더 간소하고 결핍된 생활을 해왔다. 중국, 인도, 페르시아, 그리스 옛 철학자들은 외관상으로는 그 누구보다 가난했으나, 내적으로는 누구보다 부유한 사람들이었다"라고 하면서 "우리가 '소박하고 현명하게'만 살아간다면 최소한으로 일하고도 나머지는 전부 내가 하고 싶은 일을 할 수 있다"라고 주장했는데, 실제로 '월든' 호숫가 숲에서 2년여 동안 자기가 했던 말을 몸소 증명해 보였다.

　　미니멀리스트로 잘 알려진 일본의 사사키 후미오ささきふみお는 그의 저서 《나는 단순하게 살기로 했다》에서 다음과 같이 말한다. "물건을 많이 버리고 나자 내 안의 가치관이 완전히 뒤바뀌었다. 자신에게 필요한 최소한의 물건만 소유하는 미니멀리스트, 즉 최소주의자의 삶은 단순히 방이 깨끗해져서 기분이 좋다든가 청소하기 편하다는 표면적인 장점뿐

만 아니라 훨씬 더 깊은 본질에 그 가치가 있다. 바로 내가 어떻게 살아갈지를 생각하는 것, 누구나 추구해 마지않는 행복을 되짚어보는 일이다."

다시 본 구절 '富貴而驕부귀이교~ '로 돌아오면, 이 구절과 뒤 구절은 앞 세 구절의 결구結句라고 볼 수 있다. '영盈'과 '예銳', '만滿'은 '교驕'로 수렴되고, 이 네 글자는 모두 극단을 말한다. 극단으로 가면 오래 가지 못하고, 지켜낼 수가 없으며, 결국 허물을 남기게 된다는 것이다. 《주역周易》〈계사전繫辭傳〉에 나오는 '궁즉변 변즉통 통즉구窮卽變 變卽通 通卽久라, 궁하면극단에 이르면 변하고, 변하면 통하고, 통하면 오래 간다'라고 한 의미와 상통한다. 현대 기후변화 위기도 극단에 다다르고 있는데, 천지불인天地不仁이라, 자연의 도道는 지구나 인간만 따로 편애하지 않기 때문에 어떤 변화로 다시 자연의 흐름을 통하게 할지 모른다. 이러한 자연의 섭리를 안다면 현실의 문제를 더이상 간과하면 안 될 것이다.

마지막 구절, '功遂身退공수신퇴거든 天之道천지도라', 이미 충분한 공功을 이루고 이름을 얻었거든, 물러나는 것이 하늘의 도道다. 화무십일홍花無十日紅이라, 화려한 꽃도 만개하면 언젠가는 지게 되어 있고, 달도 차면 기울듯이, 인간의 공명功名도 이와 다르지 않다. 그러니 이를 안다면, 자리에 연연하지 말고, 먼저 욕심을 거두어 물러나는 것이 하늘의 도리天道에 맞아서, 사회에 허물을 남기지 않고 자기 몸도 상하지 않게 된다는 것이다.

일상 속 수행을 권하는 핵심 화두 話頭

부귀이교 자유기구 富貴而驕 自遺其咎

재산이 많고 지위가 높아도 교만하면, 스스로 그 허물을 남기게 된다. 성경 누가복음에 '부자가 천국에 갈 확률은 낙타가 바늘구멍 통과할 확률보다 낮다'는 말이 있는데, 그만큼 재산이 많고 지위가 높아지면 겸손하기 힘들다는 말일 것이다. 자신이 이룬 부와 지위가 보이지 않는 수많은 사람들의 도움이 있었기에 가능했다는 사실을 자각한다면, 더이상 교만하지 않게 되고 허물을 남기지도 않을 것이다.

a word of Tao Te Ching engraved in my heart **내 마음에 새겨보는 도덕경**

성인이 하지 말아야 할 것들 (제9장)

도가 道家의 건강법
(제10장)

다음 제10장에서는 양생養生, 즉 어떻게 하면 몸과 마음이 건강한 성인聖 人이 될 수 있는가, 도가道家의 건강법에 관하여 말하고 있다.

載營魄抱一 재 영 백 포 일	혼魂.정신마음과 백魄.육체을 내 안에서 하나로 감싸고
能無離乎 능 무 리 호	서로 분리되지 않게 할 수 있겠는가?
專氣致柔 전 기 치 유	오로지 기운을 부드럽게 하면서
能嬰兒乎 능 영 아 호	갓난아이처럼 할 수 있겠는가?
滌除玄覽 척 제 현 람	마음의 거울을 깨끗이 닦아
能無疵乎 능 무 자 호	티 하나 없이 할 수 있겠는가?
愛民治國 애 민 치 국	백성을 사랑하고 나라를 다스리면서
能無爲呼 능 무 위 호	능히 무위로 할 수 있겠는가?
天門開闔 천 문 개 합	오관五官을 열고 닫으면서
能無雌乎 능 무 자 호	여성처럼 할 수 있겠는가?
明白四達 명 백 사 달	아는 바가 많아 사방을 밝고 환하게 볼 수 있되
能無知乎 능 무 지 호	능히 무지無知로 할 수 있겠는가?
生之畜之 생 지 축 지	낳고 기르되

生而不有 _{생 이 불 유}	낳아도 소유하지 않고
爲而不侍 _{위 이 불 시}	일을 하되 과시하지 않으며
長而不宰 _{장 이 부 재}	기르되 기른 것을 내 마음대로 부리지 않으니,
是謂玄德 _{시 위 현 덕}	이를 일컬어 현묘한 덕德이라고 한다.

첫 구절 '載營魄抱一재영백포일'에서 '백魄'은 '혼백魂魄'의 줄임말이라 볼 수 있는데, 혼魂은 정신의 넋을 뜻하고, 백魄은 육체의 넋을 뜻한다. 유교에서는 사람이 죽으면 인간의 혼백魂魄이 분리된다고 생각했다. 즉 인간이 죽은 다음, 혼魂은 인간의 몸을 빠져나와 하늘로 올라가 양의 기운인 신神이 되고, 백魄은 인간의 사후에도 몸속에 있는 존재로, 묘지에 묻힌 시체와 함께 흙이 되어 음의 기운인 귀鬼로 돌아간다고 여겼다. 고로 귀신鬼神은 혼과 백이 분리된 죽은 존재를 말하는데, 살아 있으면서도 혼백이 분리된 사람들이 많다. 바로 육체는 건강한데 정신이 아픈 사람, 정신은 건강한데 육체가 아픈 사람이 많다.

이러한 정신마음과 몸을 내 안에서 하나로 감싸서, 서로 분리되지 않게 할 수 있겠는가? 명상할 때 잡념을 떨치며 마음을 하나로 모아 호흡에 집중하는 것을 연상할 수 있다. 단전 호흡할 때 먼저 몸을 풀고 잡스러운 마음을 비운 다음, 코끝에 집중하면서 호흡을 배꼽 아래 단전까지 깊게 들여 쉬고 내쉬기를 반복하다 보면, 어느덧 무념무상無念無想의 경지에 다다르게 된다. 이때 머리가 맑아지는데 이를 천문天門이 열린다고 한다.

'專氣致柔전기치유하여 能嬰兒乎능영아호라', 이렇게 기운을 모아 호흡을 계속하다 보면 몸이 갓난아이처럼 부드러워지는 것을 느낀다. 사람의 전 생애에 걸쳐 숨 쉬는 과정을 살펴보면, 갓난아이 때는 가장 깊이 단전으로 숨을 쉬다가 청소년기에는 배로 숨을 쉬고, 중년에는 가슴으로, 장년에는 어깨로, 노인은 목으로, 호흡이 점점 올라가고 얕아지다가 죽을 때 숨이 넘어간다. 숨이 깊을 때는 몸이 부드럽고 유연하다가 숨이 얕아지면서 몸이 뻣뻣해지고 결국 나무토막처럼 굳어 죽음에 이르는 것이다. 나이 먹을수록 숨을 깊게 쉬기가 어려운데, 거꾸로 의도적으로 꾸준히 숨만 깊게 쉬어도 좋은 양생養生법이 된다. 실제로 단전호흡을 오래 수련한 사람들을 보면, 60~70대인데도 20대처럼 몸이 유연하고 안색이 맑은 것을 볼 수 있다.

'滌除玄覽척제현람하여 能無疵乎능무자호라', 신비한 거울을 깨끗이 닦아 티 하나 없이 할 수 있겠는가? 여기서 '현람玄覽'은 신비한 거울이라는 뜻인데, '마음의 거울'로 읽는 것이 앞뒤 문맥을 봤을 때 자연스럽다. 오관五官의 흔적이 남아 있는 마음을 명상과 호흡으로 티 없이 깨끗이 비워내서, 말끔한 거울이 사방을 환하게 비추듯 할 수 있겠느냐는 말이다.

'愛民治國애민치국하여 能無爲呼능무위호라', 백성을 사랑하고 나라를 다스리면서, 능히 사리사욕私利私慾 없이 하늘의 질서에 따라 무위無爲로 할 수 있겠는가?

'天門開闔천문개합하여 能無雌乎능무자호라', 모든 감각기관인 오관五官을 열고 닫으면서, 여성처럼 할 수 있겠는가? 여기서 '하늘의 문天門'을 열고 닫는다'는 것은 작게는 사람의 들숨과 날숨으로 해석할 수도 있고, 크게는 우주의 팽창과 수축 작용이라 볼 수도 있다. 어느 경우든 '깊은 호흡을 통해 오관으로 느껴지는 감정과 생각을, 들어오면 들어오는 대로 나가면 나가는 대로 내버려 두어, 음陰.여성의 절대적 수동성, 포용성처럼 할 수 있겠는가?'를 묻고 있다.

'明白四達명백사달하되 能無知乎능무지호라', 아는 바가 많아 사방을 밝고 환하게 볼 수 있되, 능히 무지無知로 할 수 있겠는가? 거울이 사방을 환하게 비추지만 자기가 비춘다는 사실을 모르듯이, 내가 아는 바가 많아 사방에 도움이 되지만, 그것이 내가 도움을 주고 있다는 사실을 모르게 무지無知로 할 수 있겠느냐는 말이다. 여기서 무지無知는 세속에서의 '앎과 모름을 초월한 앎無知의 知'을 의미하는데, 내 지식과 행위를 의식하지 않는 것이다. 그것도 일부러 모르는 것이 아니라 무위無爲로써 무지無知한 것이다.

마지막 결구結句에, 이렇게 낳고 기르되, 낳아도 소유하지 않고, 일하되 과시하지 않고, 기르되 기른 것을 내 마음대로 부리지 않으니, 是謂玄德시위현덕이라, 이를 일컬어 현묘한 덕德이라고 한다. 그리고 그 덕德을 실행하는 자를 성인聖人이라 하며, 이러한 성인의 덕을 일상에서 꾸준히 행하면 이것이 최고의 양생養生법이요, 모두 건강하게 살 수 있다는 것이다.

일상 속에서 수행할 수 있는 단전호흡법

호흡이란 부를 호呼, 마실 흡吸으로 숨을 '호~' 하면서 내쉬고 '흡!' 하면서 들이마시는 몸의 작용을 말한다. 호흡은 세상과 처음 만날 때 맨 처음 시작하고 삶을 마무리할 때 맨 나중에 끝을 맺는 행위여서 우리 인생의 시작과 끝점이라고 할 수 있다.

단전의 위치는 배꼽 아래 세 치약 5cm쯤에 존재한다. 붉은 단丹, 밭 전田으로 말 그대로 '기운의 밭'이란 뜻이다. 단전은 우리 몸의 진기眞氣를 발생하는 장치이며, 생명을 저장하고 분배하는 근원이다. 단전은 우리 몸 안의 육체 차원이 아닌 에너지 차원으로 존재하는 에너지 시스템이다.

평소 일상 속에서 긴장을 이완하고 집중력을 높이기 위해 올바른 단전호흡법을 알아보자.

① 편안한 가부좌 자세를 취하고, 허리는 긴장되지 않을 만큼 세워준다.

② 어깨는 긴장을 풀어 살며시 내리고, 손은 무릎 위에 편안하게 내려놓는다.

③ 눈을 감고 호흡에 들어가기 전 숨을 세 번 크게 들이마시고 내쉰다.

④ 눈을 편안히 감은 상태에서 자신의 몸으로 의식이 들어오도록 몸에 집중한다.

⑤ 마음속으로 머리부터 발끝까지 순차적으로 떠올리고, 그곳에 집중한다.

　　머리~ 얼굴~ 목~ 어깨~ 팔꿈치~ 손목~ 손~ 손끝~

　　가슴~ 명치~ 복부~ 단전~ 고관절~ 허벅지~ 무릎~ 장딴지~ 발목~ 발끝~

⑥ 머리에서 발끝까지 온몸의 느낌을 가만히 느낀다.

⑦ 숨이 들어오고 나가는 것에 가만히 마음을 집중하면서 자연스럽게 일어나고 있는 숨을 느낀다. 숨을 조절하려거나 깊게 쉬려고 하지 말고, 밀물과 썰물이 자연스럽게 들어오고 나가는 것처럼 내 안에서 일어나고 있는 숨을 느낀다.

⑧ 들고 나는 숨에 가만히 마음을 집중하면, 들숨과 날숨을 타고 몸 안의 기운이 느껴진다. 들어오는 숨에 내 몸이 팽창되고 나가는 숨에 내 몸이 이완된다.

⑨ 호흡을 타고 집중하다 보면 호흡이 점차 깊어지는 것을 느끼게 된다.

⑩ 깊어지는 느낌을 타면서 복부의 느낌과 아랫배 단전의 느낌에 가만히 집중하면, 호흡이

자연스럽게 아랫배로 들어오고 나가는 것을 느끼게 된다.

⑪ 숨을 깊게 들이마시고 길게 내쉰다.

갑자기 스트레스를 받거나 마음이 불안할 때, 호흡에 집중하고 심호흡이나 단전호흡을 해보시라. 이 과정을 몇 분만 반복해도 심장박동이 느려지고 몸이 자연스럽게 이완되는 것을 느낄 수 있다. 몸이 충분히 이완되면 뇌파가 낮아지고 알파파와 세타파가 나오는데, 이 상태가 20~30분만 지속돼도 2~3시간 정도의 피로 회복 효과를 기대할 수 있다.

a word of Tao Te Ching engraved in my heart 내 마음에 새겨보는 도덕경

감각적 욕망을 극복하는 방법
(제12장)

이어 제12장은 오관 五官에 사로잡히면 어떤 폐해가 있는지 설명하고, 성인 聖人은 어떻게 해서 그 감각적 욕망을 극복하는지 밝히고 있다.

五色令人目盲 오 색 영 인 목 맹	다섯 가지 색깔이 사람의 눈이 멀게 하고
五音令人耳聾 오 음 영 인 이 농	다섯 가지 소리가 사람의 귀를 먹게 하며
五味令人口爽 오 미 영 인 구 취	다섯 가지 맛이 사람의 입을 상하게 한다.
馳騁田獵 치 빙 전 렵	사냥질로 뛰어다니는 것은
令人心發狂 영 인 심 발 광	사람의 마음을 미치게 하고
難得之貨 난 득 지 화	얻기 어려운 재물은
令人行妨 영 인 행 방	사람의 행동을 빗나가게 한다.
是以聖人爲腹 시 이 성 인 위 복	그래서 성인 聖人은 배를 위하고
不爲目 불 위 목	눈을 위하지 않는다.
故, 去彼取此 고 거 피 취 차	그러므로 후자는 피하고 전자를 취한다.

첫 구절 '五色令人目盲 오색영인목맹'이라, 다섯 가지 색깔이 사람의 눈이

멀게 한다. 여기서 '오색五色'은 동양에서 원색으로 보는 다섯 가지 색깔, 즉 '청青·황黃·적赤·백白·흑黑'을 말한다. 옛 의학서에 청색-간肝, 적색-심心, 황색-비脾, 백색-폐肺, 흑색-신腎에 소속시키기도 함 여기에서 다섯은 상징적인 말일 뿐이고, 실은 시각의 대상이 되는 세상의 온갖 색을 의미한다.

'五音令人耳聾오음영인이농이라', 다섯 가지 소리가 사람의 귀를 먹게 한다. 여기서 '오음五音'은 중국 전통 음악에서 쓰는 다섯 음계로, '궁宮·상商·각角·치徵·우羽'를 말한다. 물론 여기에서도 다섯은 상징적인 말일 뿐이고, 속뜻은 청각의 대상이 되는 세상의 온갖 소리를 의미한다.

그 뒤에 나오는 '오미五味'는 다섯 가지 맛인 '신맛산酸·쓴맛고苦·단맛감甘·매운맛신辛·짠맛함鹹'을 말하며, 그 함의含意는 미각의 대상이 되는 세상의 온갖 맛을 의미한다.

오색五色, 오음五音, 오미五味는 모두 오감五感의 대상을 상징한다. 아름다운 색, 감미로운 음악, 달콤한 맛 등 감각기관으로 느껴지는 것들은 정확한 게 아니니, 감각의 유혹에 빠지거나 노예가 되지 말라는 것이다. 실제로 우리는 너무 밝거나 어두운 것을 보지 못하며, 너무 큰소리나 작은 소리와 같이 가청주파수를 넘는 소리도 듣지 못한다. 하여 이런 불완전한 감각기관으로부터 전해 오는 느낌을 맹신하는 것은 위험하다.

'馳騁田獵치빙전렵이 令人心發狂영인심발광이라', 사냥하느라 뛰어다니는 것은 사람의 마음을 미치게 한다. 앞 구절 한자가 좀 어려운데, 말 마馬 자 부수가 연속 나오는 '馳騁치빙'은 달리는 것을 말하고, '田獵전렵'은 사냥을 의미한다. 사냥은 인류 역사상 전통적으로 아주 오래된 스포츠이며 취미이자 오락인데, 더 확장하여 낚시, 골프, 당구, 바둑, 요즘 e-스포츠라 불리는 비디오 게임 등 우리가 탐닉하는 세상의 모든 취미를 상징한다고 봐야 한다. 그런 것들을 하지 말라는 게 아니라, 감각의 노예가 될 정도로 심하게 빠지면 사람 마음을 미치게 하므로, 적절하게 중용을 지키며 하라는 것이다.

'難得之貨난득지화는 令人行妨영인행방이라', 얻기 어려운 재물은 사람의 행동을 빗나가게 한다. 귀한 보물을 손에 넣기 위해서는 자신이 무리하게 행동하거나 남을 이용해야 하는데, 그 과정에서 자신의 몸과 마음도 상하고 남도 상하게 된다는 것이다.

앞 구절의 '馳騁田獵치빙전렵'과 '難得之貨난득지화'도 그것들이 주는 감각의 쾌락에 빠지는 것을 상징한다. 오감五感의 대상에 빠지면 그것에 집착하거나 탐닉하고 중독되어, 눈이 멀고 귀가 먹으며, 입이 상하게 되고 마음이 미쳐서 행동이 엇나가게 되어, 덕행德行에서 멀어진다는 것이다.

거듭 말하지만, 노자는 감각이 주는 색色의 세계를 부정하지 않는다. 우리가 세상을 살다 보면 어울려서 멋진 풍광을 찾아 여행도 떠나고, 콘서트장이나 갤러리를 찾아 명곡이나 명화를 감상하기도 하며, 맛집에 들러 맛있는 음식도 먹게 되는데, 그런 일상의 도락까지 부정하는 게 아니다. 다만, 시시때때로 변하는 감각적인 즐거움이나 난득지화難得之貨 같은 외면적 가치가 세상의 궁극적인 관심과 추구의 대상이 되면, 그 감각들의 근원이 되는 불변의 실재에 대한 가치 추구가 사라지게 되어, 종국에는 내 몸도 상하고 네 몸도 상하는, 모두에게 해로운 결과를 초래한다는 것이다.

'是以聖人爲腹시이성인위복하고 不爲目불위목라', 이 때문에 성인聖人은 배를 위하고, 눈을 위하지 않는다. 여기서 눈은 외부 감각의 세계를 상징하고, 배는 내면의 근원적인 실재를 상징한다. 밖으로 오감五感이 주는 쾌락의 대상에 빠지지 않고, 안으로 우주의 궁극적인 실재의 세계, 도道를 모시고 덕德을 행한다는 것이다.

한편 혹자는 배를 '일상日常'으로, 눈을 '이상理想'이나 '이념理念'으로 해석하기도 한다. 이 해석으로 봐도 눈보다는 배를 위하는 게 훨씬 힘들다. 작은 일상을 지속하는 게 힘들지 큰 이상이나 이념을 추구하기는 오히려 쉽다. 머나먼 아프리카 오지에 가서 일주일간 봉사활동 하는 것보다 한집에 있는 병든 부모를 매일 병시중 드는 것이 훨씬 힘들다. 그래서 큰 이상만을 추구하는 영웅은 대부분 작은 일상에서 무너지고, 눈보다 배를 위하는 성인은 일상에서 승리한다.

'故去彼取此 고거피취차라' 그러므로 성인은 후자눈,감각의 세계는 피하고 전자배,본질적 세계를 취한다. 이 장과 상통하는 《금강경金剛經》의 대표적인 '사구게四句偈'가 있다. '凡所有相 皆是虛妄 범소유상 개시허망이니, 若見諸相非相 卽見如來 약견제상비상 즉견여래라', 모든 형상 있는 것은 모두가 허망하니, 만약 모든 형상을 본래 형상이 아닌 것으로 보면, 곧 진실한 모습진리,부처님을 보게 된다는 의미다. 이어 '一切有爲法 如夢幻泡影 일체유위법 여몽환포영이니, 如露亦如電 應作如是觀 여로역여전 응작여시관이라' 일체 모든 것은 꿈과 같고 이슬과 같고 그림자와 같고 번개와 같으니 마땅히 이처럼 보아라. 이 세상에서 형상 있는 모든 것감각의 대상은 다 영원불멸하거나 실질적인 존재가 아니고, 결국은 물거품이나 안개처럼 허망하게 사라져 버리고 마는 것이다. 그래서 세상 만물이 영원한 존재가 아니고 일시적인 것일 뿐, 참 존재가 아님을 깨달아 모든 집착을 끊어버리면, 누구나 부처의 지혜와 광명을 얻게 된다는 말이다. 누구나 이 구절의 뜻을 알면 즉시 진리를 깨치게 된다는 것이다. 고로 눈을 버리고 곧 없어질 형상에 집착하지 말고, 배 내 안의 궁극적인 실재의 세계, 道를 보라.

일상 속 수행을 권하는 핵심 화두 話頭

성인위복 불위목 聖人爲腹 不爲目

성인聖人은 배를 위하고, 눈을 위하지 않는다. 깨달은 자는 실속 현실, 일상, 근원을 중시하고, 겉치레 이상, 이념, 오감의 세계를 멀리한다. 눈에 감각적으로 보이는 세계나 허망한 이상에 속지 말고, 현재의 일상과 뱃속의 근원을 깊이 들여다보라.

범소유상 개시허망 所有相 皆是虛妄 약견제상비상 즉견여래 若見諸相非相 卽見如來

위의 화두 聖人爲腹 不爲目에 집중하게 되면, 이 세계를 볼 수 있다. 모든 형상 있는 것은 모두가 허망하니, 만약 모든 형상을 본래 형상이 아닌 것으로 보면, 곧 진실한 모습 진리, 부처님을 보게 된다. 우리 눈에 보이는 모든 것들은 우주의 시간 속에서 이슬이나 연기같이 사라진다. 모든 형상이 있는 것을 곧 사라지는 존재로 볼 수 있으면, 더 이상 쓸데없는 생 生에 집착하지 않게 되어 진리의 세계를 알게 된다는 것이다.

인정욕구에서 해방되는 방법
(제13장)

이어 제13장에서는 자기 몸에 대한 인식과 인정욕구에서 해방되면 삶이 홀가분하다는 메시지를 전하고 있다.

寵辱若驚
총 욕 약 경
貴大患若身
귀 대 환 약 신
何謂寵辱若驚
하 위 총 욕 약 경

칭찬받거나 욕먹는 일에 흥분하니
큰 병을 제 몸처럼 귀하게 여기는 것이다.
어째서 칭찬받거나 욕먹는 일에 흥분한다고 말하는가 하면

寵爲上
총 위 상
辱爲下
욕 위 하
得之若驚
득 지 약 경
失之若驚
실 지 약 경
是謂寵辱若驚
시 위 총 욕 약 경

칭찬받으면 올라가고
욕을 먹으면 내려가는데,
얻어도 흥분하고
잃어도 흥분하니까
이를 일컬어 칭찬받고 욕먹는 일에 흥분한다고 하는 것이다.

何謂貴大患若身
하 위 귀 대 환 약 신

어째서 큰 병을 제 몸처럼 귀하게 여긴다고 말하는가 하면

吾所以有大患者
오 소 이 유 대 환 자

나에게 큰 병이 있는 까닭이

爲吾有身 위 오 유 신	나에게 몸이 있다고 생각하기 때문이다.
及吾無身 급 오 무 신	나에게 몸이 없다면
吾有何患 오 유 하 환	무슨 병이 있겠는가?
故, 貴以身爲天下 고 귀 이 신 위 천 하	그래서 제 몸을 귀하게 여기는 것처럼 천하를 귀하게 여기면
若可寄天下 약 가 기 천 하	가히 천하를 맡길 만하고,
愛以身爲天下 애 이 신 위 천 하	제 몸을 사랑하는 것처럼 천하를 사랑한다면
若可托天下 약 가 탁 천 하	가히 천하를 떠맡길 만하다.

첫 구절 '寵辱若驚총욕약경이니 貴大患若身귀대환약신이라,' 칭찬받거나 욕먹는 일에 흥분하니 큰 병을 제 몸처럼 귀하게 여기는 것이다. 여기서 '총寵'은 총애寵愛의 준말로 특별히 사랑받는다는 말인데, 칭찬으로 해석하는 것이 뒤의 욕辱과 대칭을 이뤄 자연스럽다. '경驚'은 말처럼 날뛴다는 의미인데, 칭찬받거나 욕먹었을 때 흥분한 모습을 표현한 것이다. 이렇게 칭찬과 욕에 흥분하는 이유는 큰 병다른 사람의 말에 휘둘리는 병을 제 몸으로 받아들이기 때문이라는 것이다.

공자는 일찍이 《논어論語》〈학이學而〉편에서 '人不知而不慍인부지이불온이면 不亦君子乎불역군자호아, 사람들이 나를 알아주지 않더라도 화내지 않으면 이 또한 군자가 아니겠는가'라고 하여 인정욕구에서 해방된 자를 군자로 표현했다.

또한, 부처님은 《법구경法句經》〈명철품明哲品〉에서 '譬如厚石 風不能移비여후석 풍불능이 智者意重 毁譽不傾지자의중 훼예불경이라, 큰 바위가 바람에 움직이지 않는 것처럼, 지혜로운 사람은 뜻이 굳세고 무거워 남의 비방이나 칭찬에 흔들리지 않는다'라고 하였다.

　다음 구절, '何謂寵辱若驚 하위총욕약경이라', 사람들이 어째서 칭찬받거나 욕먹는 일에 흥분한다고 말하는가 하면, 칭찬받으면 내가 올라가고, 욕먹으면 내려간다고 생각하기 때문이다. 타인의 사랑을 얻어도 흥분하고 잃어도 흥분하니, 그래서 칭찬과 욕으로 흥분한다고 말하는 것이다. 요즘 같은 무한경쟁 시대에는 이런 현상이 더 심하게 나타나는데, 남들보다 성적을 잘 받아 칭찬받으면 좋아서 잠을 못 자고, 성적이 안 좋거나 남으로부터 욕먹으면 화가 나서 잠을 못 자니 실로 큰 병 大患이 아닐 수 없다.

　다음 구절, '何謂貴大患若身 하위귀대환약신', 어째서 큰 병을 제 몸처럼 귀하게 여긴다고 말하는가 하면, 내게 큰 병이 있는 이유는 '爲吾有身 위오유신이라', 내가 몸을 가지고 있다고 생각하기 때문이다. 내게 몸이 없다면 무슨 병이 있겠는가? 몸이 없다면 남의 말에 흥분해서 잠 못 잘 이유가 없는 것이다.

　그런데 분명 우리 몸이 엄연히 물질로 존재하는데, 어찌 몸이 없다고 생각하란 말인가? 여기서 몸은 물질적인 몸뚱어리를 가리키는 게 아니다. 바로 '자아 自我, ego'를 의미하는 것이다. 자아 自我가 있어서 타인의 평판에 좋아하거나 화가 나서 흥분하는 것이다. 만약 우리가 유한하고 상대적인 자아 自我를 벗고, 무한하고 절대적인 무아 無我의 경지에 이를 수 있다면, 일부러 타인의 말에 휘둘리려고 해도 휘둘릴 수가 없다. 하지만 세속의 인간들은 그렇지 못하기에, 타인의 평판에 일희일비 一喜一悲하고

총욕약경寵辱若驚하는 큰 병大患을 앓고 있는 것이다.

나 '아我'자는 손 '수手'와 창 '과戈' 부部를 합한 회의會意문자이다. 손에 창을 들고 누군가를 찌르는 게 '나我'의 어원인데, 그 찔림의 대상이 궁극적으로는 바로 내가 된다. 내 안에 내가 많으면 나를 찌르고 남을 찌른다. 그 자리에 도道와 하느님이 들어올 자리가 없다. 시인과 촌장의 노래 〈가시나무〉의 가사가 이 부분을 절묘하게 표현하고 있다.

내 속엔 내가 너무도 많아 당신의 쉴 곳 없네

내 속에 헛된 바램들로 당신의 편할 곳 없네

내 속엔 내가 어쩔 수 없는 어둠, 당신의 쉴 자리를 뺏고

내 속엔 내가 이길 수 없는 슬픔, 무성한 가시나무 숲 같네

바람만 불면 그 메마른 가지, 서로 부대끼며 울어대고

쉴 곳을 찾아 지쳐 날아온 어린 새들도 가시에 찔려 날아가고

바람만 불면 외롭고 또 괴로워 슬픈 노래를 부르던 날이 많았는데

내 속엔 내가 너무도 많아 당신의 쉴 곳 없네

자아自我가 강한 것은 쉽게 말하면 내가 옳다는 생각이 강한 사람이다. 이런 사람은 성격이 강하고 조급해서, 일상에서 타인과 많이 부딪히거나 상처를 자주 주는 사람이다. 내가 옳다는 생각이 너무 강하기 때문에 그 생각으로 타인을 찌른다. 반대로 공격적이지 않고 속으로 예민한 사람은 타인을 찌르는 대신 화를 삭히느라 자신을 찌른다. 세 번째 유형

인 공격적이고 예민한 사람은 남도 찌르고 자신도 찌른다. 네 번째 유형인 성격이 강하지 않고 예민하지도 않은 사람은 흔히 속없는 사람, 싱거운 사람으로 불리는데, 자아가 약하기 때문에 자신도 안 찌르고 남도 안 찌른다. 이런 네 가지 성격유형은 타고난 카르마業와 자라온 환경에 의해 형성된 카르마가 융합돼서 나타나는 것이므로 개인의 잘못은 아니다. 그렇지만 그 카르마를 얼마나 자각하고 덜어냈는지는 개인의 책임이라 할 수 있다. 선천적인 카르마가 상대적으로 적은 것이 세상 살기에 편하고, 반대로 많은 것이 불편한 것은 맞지만, 큰 깨달음을 얻은 성현들은 대부분 자기 안에 있는 거대한 카르마를 끊임없이 자각하고 계속해서 덜어낸 사람들이다. 그러니 태산처럼 큰 카르마에 너무 낙담하지 말고 부단히 자각하며 덜어내도록 수행 정진할 일이다.

정신분석학자 칼 융 Carl Gustav Jung은 일찍이 동양철학에 관심이 많았고, 그만큼 조예가 깊었다. 도가사상과 역학易學, 인도의 철학과 종교 그리고 불교의 선禪에서 인간의 마음을 치유하는 해법을 찾았다고 한다. 융은 불교 등 동양의 종교나 사상은 서양의 종교나 철학에 상응하기보다는 서양의 정신치료에 해당한다고 봤다. 성공회 신부로서 선禪에 심취했던 앨런 와츠 A. Watts도 불교·유교·노장사상 등은 서양적 개념으로는 종교도 철학도 아닌 정신치료라고 했다. 융은 선禪의 깨달음의 과정을 '의식적 자아自我'가 '무아적無我的 자기自己'에로 돌파 Durchbruch하여 '무아적 자기'를 증득證得, 바른 지혜로써 진리를 깨달아 얻음하는 과정으로 이해했다. 즉 한정된 자아自我를 벗고 무한한 무아無我를 획득하는 것이 선禪의 깨달음인데, 인간 본성을 분석하고 마음을 치료하는 정신분석학적 치료법의 목표도 그것과 다르지 않다고 본 것이다.

칼 융 Carl Gustav Jung, 1875~1961 : 정신과 의사. 정신분석의 유효성을 인식하고 연상 실험을 창시하여 S.프로이트가 말하는 억압된 것을 입증하고 '콤플렉스'라 명명함. 분석심리학의 기초를 세웠다.

장자莊子는 〈소요유逍遙遊〉편에서 사람이 태어나 진정한 자유를 얻기 위해서는 3무無가 필요하다고 하였다. '무기無己: 아집이 없음', '무공無功: 업적이나 성과에 대한 욕심이 없음', '무명無名: 명예에 대한 욕심이 없음'의 경지에 도달해야 한다는 것이다. 즉 자기 자신을 잊어야만 비로소 미망迷妄에서 벗어날 수 있으며, 아울러 업적이나 성과에 대한 욕심이 있게 되면 업적이나 성과에 속박 당하고, 명예가 있게 되면 명예에 구속받게 되어 있다는 것이다. 이 세 가지를 모두 떨쳐버리고 아무것도 없는 광대무변한 무無의 경지로 들어간다면, 인간은 비로소 진정한 절대적 자유를 맛볼 수 있다는 것이다. 바로 이 무無가 바로 도道의 경지다.

또한, 장자 〈대종사大宗師〉편에는 '藏山於澤 藏舟於壑 藏天下於天下 장산어택 장주어학 장천하어천하'란 구절이 나온다. 어떤 사람이 산을 연못에 감추고, 배를 골짜기에 숨겨놓고는 도둑맞을 염려가 없다고 생각하고 있었다. 그러나 잠이 든 사이에 큰 힘을 가진 도둑이 이를 업고 가버렸다. 작고 큰 물건을 제각기 적당한 장소에 감춘다 해도 큰 힘을 가진 도둑인 시간의 변화에는 어찌할 수가 없으니, 그것은 언젠가는 없어질 것이다. 그런데도 어리석은 자는 그것을 알지 못한다. 그렇지만 만약에 '장천하어천

하藏天下於天下, 천하를 천하 속에 감춘다면' 잃어버릴 염려가 없을 것이며, 이것이야말로 모든 것에 통하는 진리임이 틀림없다고 한 것이다. 천하를 천하 속에 감춘다는 표현이 절묘하다. 내 안에 자아自我가 털끝만큼도 없으니, 대신 그 자리에 온 우주가 들어 있고, 온 우주 안에 내가 있는 경지다. 아상我相이 없으니 우주 만물이 확장된 나인 것이다. 그러니 '나'라는 한 천하를 온 우주인 또 다른 천하 속에 감출 수 있는 것이다.

마지막 구절 '故貴以身爲天下 고귀이신위천하' 그래서 제 몸을 귀하게 여기는 것처럼 천하를 귀하게 여기거나, 내 몸을 사랑하듯 천하를 사랑하는 자가 있다면 그자에게 가히 천하를 맡길 만하다. 그 사람이 바로 노자가 생각하는 참다운 지도자요, 세상의 왕인 것이다.

일상 속 수행을 권하는 핵심 화두 話頭

총욕약경 귀대환약신 寵辱若驚 貴大患若身

칭찬받거나 욕먹는 일에 흥분하니, 큰 병을 제 몸처럼 귀하게 여기는 것이다. 칭찬받으면 좋아서 흥분하고 욕먹으면 화나서 흥분한다. 둘 다 평정심을 잃는 행위에서 같다고 본다. 인정욕구는 제 몸이 있다는 생각, 아상我相에 사로잡히기 때문에 생긴다. 지금 이 내 몸이 영원한 것이 아나라 곧 사라질 신기루 같다는 것을 안다면 인정욕구에서 해방될 수 있다. 칭찬받거나 욕먹는 대상인 이 몸이 사실은 내 것도 아니고, 우주의 시간 속에서는 오로라 같은 순간 환영일 뿐인데, 그까짓 외부 평가가 무슨 의미가 있겠는가? 그래서 부질없는 인정욕구에 얽매이는 것을 대환大患이라 한다.

* 화는 어디에서 오는가?

1) 화는 내가 옳다는 생각에서 오는 것이다.

⇒ '내가 옳지 않을 수도 있다'라고 생각하면, 다른 면을 못 봤기 때문이라는 것을 알게 되어 화가 생기는 대신 왜 그런지 궁금해진다 ⇒ '그 사람 입장에서는 그럴 수 있겠구나!'라고 발상이 전환된다.

2) 내가 옳다는 생각 我相, 我執 은 어디에서 오는가?

⇒ 모두 각자가 자기만의 색안경을 쓰고 대상을 보는 것이 바로 아상 我相, 아집 我執 이다
⇒ 처음에는 모든 대상이 상대적 관계로 이루어졌다는 것을 알다가, 어떤 관계가 변함없이 오래되면 그것으로 생각이 고정되어 버린다 ⇒ 주관적인 느낌을 객관화해버리는 것이 바로 아상이며 아집이다 ⇒ 그것을 객관적으로 확인받고 싶어서 주위 사람에게 물어보기도 한다 그렇지만 내 주변 사람은 나와 비슷한 색안경을 쓰고 있는 사람이 대부분임 ⇒ 아상을 객관적으로 확실시하게 된다.

3) 화를 내는 사람의 마음 유형 4단계

① 단계 : 자주 먼저 화 부정적인 생각 를 내는 사람 아상이 강한 사람

② 단계 : 상대방 화에 같이 대응하여 화를 내는 사람 보통사람

③ 단계 : 화를 삭히는 사람 성숙하지만 불행한 사람

④단계 : 화가 안 나는 사람 수행하는 사람 ⇒ 화를 관조하는 사람

⇒ 욕망대로 하는 것 - ①~② 단계에 해당, 반드시 과보가 따름

⇒ 욕망을 절제하는 것 - ③ 단계에 해당, 본인의 스트레스가 쌓임

⇒ 메타인지로 내 욕망을 또다른 내가 바라보는 것 화나 부정적인 욕망이 사라짐

* 화부정적인 생각를 조절하는 3가지 방법

1) 화가 일어나는 것을 알아차리는 것 알아차리면 화가 사그라든다

2) 화를 지켜보는 것 알아차림의 지속, 화가 그친다

3) 상대방 입장에서 생각해보기 성찰, 참회하기로 재발 방지

a word of Tao Te Ching engraved in my heart **내 마음에 새겨보는 도덕경**

만물을 취사선택 取捨選擇 하지 않고
(제27장)

제27장에서는 성인聖人은 이분법적으로 만물을 취사선택取捨選擇하는 행동을 하지 않는다는 내용이 나온다.

善行無轍迹 선 행 무 철 적	잘 행하는 것은 자취를 남기지 않고
善言無瑕謫 선 언 무 하 적	잘 말하는 것은 흠을 남기지 않으며
善數不用籌策 선 수 불 용 주 책	잘 셈하는 것은 계산기를 쓰지 않고,
善閉無關楗 선 폐 무 관 건	잘 잠그는 것은 빗장과 자물쇠가 없지만
而不可開 이 불 가 개	열 수 없으며,
善結無繩約 선 결 무 승 약	잘 묶는 것은 새끼줄이 없어도
而不可解 이 불 가 해	풀 수 없다.
是以聖人 시 이 성 인	이로써 성인聖人은
常善救人 상 선 구 인	언제나 사람을 잘 구제하여
故, 無棄人 고 무 기 인	그러므로 사람을 버리지 않고,
常善救物 상 선 구 물	언제나 물건을 잘 구하여
故, 無棄物 고 무 기 물	그러므로 물건을 버리지 않는다.
是謂襲明 시 위 습 명	이를 일러 밝음깨달음을 지녔다 한다.

故, 善人者 고 선인자	그러므로 선한 사람은
不善人之師 불선인지사	선하지 못한 사람의 스승이요
不善人者 불선인자	선하지 못한 사람은
善人之資 선인지자	선한 사람에게 도움이 되는 것이니,
不貴其師 불귀기사	스승을 귀하게 여기지 않고
不愛其資 불애기자	도움이 되는 자를 사랑하지 않으면,
雖智大迷 수지대미	비록 안다고 하더라도 크게 미혹된 것이니
是謂要妙 시위요묘	이를 일컬어 오묘함이라 부른다.

첫 구절부터 살펴보면, '善行無轍迹선행무철적이라', 잘 행하는 것은 자취를 남기지 않는다. 불교에서 말하는 '무주상보시無主相布施, 상에 머무르지 않는 보시'와 상통하는 말이다. '보시布施'란 남에게 내 것을 베풀어준다는 뜻이며, '상相, 모양에 머무르지 않는다'라는 것은 내가 내 것을 누구에게 주었다는 생각조차도 버리는 것을 의미한다. 예수님도 일찍이 같은 의미로 "오른손이 하는 일을 왼손이 모르게 하라" 하셨고, 다석 유영모 선생도 강의료 받고 설교하는 것에 대해 "하느님으로부터 받은 진리를 전하는데 무슨 돈을 받고 하는가? 거저 받았으니 거저 주어야 하지 않는가?"라고 하셨다.

류영모 柳永模 1890~1981 : 개신교 사상가, 교육자 오산학교 교장, 철학자, 호는 다석多夕. 함석헌 선생의 스승으로 유교·불교·도교와 기독교 사상을 조화시켜 '얼나사상'

을 정립했다.

　이어 '善言無瑕謫선언무하적이라', 잘 말하는 것은 흠을 남기지 않는다. 탈무드에 '사람에게 하나의 입과 두 개의 귀가 있는 것은 말하기보다 듣기를 두 배로 하라는 뜻이다'라는 구절이 나온다. 그런데 교만한 사람은 들어야 할 때 입을 열고, 어리석은 사람은 침묵해야 할 때 입을 연다. 지혜로운 사람은 꼭 말해야 할 때 입을 연다. 앞 장에서도 '다언삭궁多言數窮'이라, 말이 많으면 자주 막히고 흠을 남긴다고 했다. 남을 험담하는 말, 자기과시의 말, 거짓말, 과장이나 왜곡하는 말, 솔직함을 가장한 상처 주는 말, 부정적인 말 등은 다언多言이 아니어도 흠을 남긴다.

　이어 '善數不用籌策선수불용주책이라', 잘 셈하는 것은 계산기를 쓰지 않는다. 하늘의 도리에 맞춰 처신하는 사람은 유불리를 따지지 않기에 계산기도 필요 없게 되는 것이다. 다석 유영모 선생은 인간의 계산과 하느님의 계산을 비교하여 말하기를, "사람들은 이利를 남기려하고 밑지는 일은 하지 않겠다고 한다. 그래서 음흉한 제사장이 되고 난폭한 폭군이 된다. 그러한 그들이야말로 밑지는 장사를 한 사람이다. 겉보기에는 분명히 실패하여 밑진 예수님이나 간디는 그 진리의 무저항 정신으로 인류 역사에 큰 이利를 남겼다. 천 배 만 배의 이利를 남겼다. 우리도 그 같이 이利를 남겨야 하지 않겠는가? 그런데 남기지 못하고 걸러만지니 이 세상이 희망이 있는 세상이라고 할 수 있겠는가?" 예수와 간디는 계산하지 않는 계산, 즉 선계善計로 후대에 수천만 배의 이익을 남긴 것이다. 우리는 어떻게든 이익을 내려고 촘촘한 계산기를 두들겨 보지만, 길게 보면 후대에 큰 손해를 남기는 계산을 하고 있는 게 아닐까?

다음으로 '善閉無關楗선폐무관건 而不可開이불가개이며', 잘 잠그는 것은 빗장과 자물쇠가 없지만 열 수 없으며, '善結無繩約선결무승약 而不可解이불가해라', 잘 묶는 것은 새끼줄이 없어도 풀 수 없다. 이 구절은 '선폐善閉'와 '선결善結'의 속뜻을 풀이하는 것이 관건이다. 잘 잠그고 잘 묶는다는 것은 무엇을 의미하는가? 어떻게 잠그고 묶었길래 빗장이나 자물쇠가 없고, 노끈이나 새끼줄이 없는데도 열거나 풀 수가 없단 말인가?

모든 것이 큰 천도天道의 질서 아래 묶여 있고, 하느님 아버지와 부처님 안에 있으므로, 그 큰 질서의 테두리를 어떤 자물쇠로 잠글 것이며, 어떤 노끈으로 묶을 수 있단 말인가? 그래서 이 천도天道의 질서를 깨달은 성인聖人은 하나도 안 갖고 있으면서 다 가진 자이다. 그리하여 성인이 가진 것은 누구도 뺏을 수 없으며, 잃어버리지도 않는 것이다. 하느님과 피조물의 관계도 엄청난 사랑으로 묶여 있고, 부모와 자식 간의 사랑도 보이지 않는 끈으로 묶여 있는 것이다. 그래서 사도 바울Paul은 "누가 우리를 그리스도의 사랑에서 떼어놓을 수 있겠는가? 환난이냐? 굶주림이냐? 칼이냐? 아무도 우리를 그리스도의 사랑에서 떼어놓을 수 없다. 죽음도 생명도 천사들도 그 어떤 피조물도!"

그렇다. 도道라는 것이, 하느님의 사랑이나 부처님의 자비라는 것이, 일체 만물에 하나도 빠짐없이 고르게 작용하는 우주의 질서이므로, 이 구절의 '선폐善閉'와 '선결善結'이라 할 수 있다.

사도使徒 **바울** Paul, ?~? : 기독교 최초로 이방인에게 복음을 전한 전도자. 열렬한 유대교도로서, 기독교도를 박해하러 가다가 다메섹에서 예수의 음성을 듣고 믿음을 바꾸어 평생에 걸쳐 전도에 힘쓰고 각지에 교회를 세웠다. 로마에서 순교하였으며, 〈로마서〉·〈고린도서〉·〈갈라디아서〉를 썼다.

그런데 정작 우리는 거대한 사랑 안에 묶여 있는 걸 모르고, 이분법적인 관념에 사로잡혀 분리된 의식으로 단독자처럼 생활하려 한다. 그리하여 환경파괴와 기후변화 위기, 세계대전, 종교갈등, 구조적 불평등, 차별 등 오늘날의 여러 문명의 병들이 생겨난 것이다. 그래서 《금강경 金剛經》에도 '미혹하여 미처 그것을 깨닫지 못한 자 일컬어 중생이라 하고, 그것을 깨달은 자 일컬어 부처라 한다 迷之者曰衆生 悟之者曰佛'라고 하였다.

다음 구절에 '是以聖人 시이성인은 常善救人 상선구인하여 故,無棄人 고,무기인이라', 이로써 성인은 언제나 사람을 잘 구제하여 고로 사람을 버리지 않고, '常善救物 상선구물하여 故,無棄物 고,무기물이라', 언제나 물건을 잘 구하여 고로 물건을 버리지 않는다.

성인은 무기인 無棄人하고 무기물 無棄物이라, 사람이나 사물을 버리지 않는다는 것은 내가 원하거나 싫어하는 것을 택하지 않는다는 것이다. 이 세상의 모든 것이 하느님의 말씀으로 지어졌기에 하찮은 물건도 함부로 다룰 수 없는 것이다. 부처님도 "하늘과 땅에 가득한 것들이 모두 부처를 이루었다" 하셨고, 장자도 "도 道는 강아지풀이나 돌피에도 있고, 기와나 벽돌에도 있으며, 똥이나 오줌에도 있다"라고 하였다. 모두가 천도

天道 안에서 다 하나로 소중한 내 몸인데 무엇을 취사선택取捨選擇한단 말인가? 우리가 어떤 사람을 나쁜 사람이라고 생각하는 것도 사실은 이미 자기 자신이 어떤 견해에 집착하고 있기 때문인 경우가 많다. 내 관점이 잘못되었기 때문에 私에 사로잡혀 있으므로 그렇게 보이는 경우가 많은 것이다.

우주 만물이 나와 연결되어 있지 않은 게 없다는 걸 깨우쳐 아는 것을 '是謂襲明 시위습명이라', 이를 일러 밝음 깨달음을 지녔다 한다. 앞 장에서 '知常曰明 지상왈명이라', 실재를 아는 것을 밝은 깨달음이라 했는데, 실재를 아는 것이란 바로 사람과 사물을 구할 것과 버릴 것으로 양분하여 인식하는 대립적 의식구조에서 벗어나 이 둘의 불가분의 관계와 연기성緣起性을 알아채는 것을 말한다. 그러면 내가 입고 있는 옷이 나와 둘이 아닌 것을 알게 된다. 면 옷감이 목화솜으로 만들어졌고, 목화는 햇볕과 흙, 비와 바람으로 만들어졌으며, 햇볕과 흙, 비, 바람은 또 어디서 왔는가를 따져보면, 나와 내가 무심하게 걸치고 있는 이 옷은 모든 생명의 근원과 연결되어 있음을 알 수 있다. 내 몸을 구성하고 있는 산소, 탄소, 칼슘, 황, 철, 인 등의 원소는 초신성의 폭발로 인해 별들이 우주 공간에 뿌려준 원소라 하지 않는가? 우리는 모두 별에서 왔고 죽어서 별로 가는 존재들인 것이다.

끝으로, '故,善人者 고,선인자 不善人之師 불선인지사라', 그러므로 선한 사람은 선하지 못한 사람의 스승이요, '不善人者 불선인자 善人之資 선인지자라', 선하지 못한 사람은 선한 사람에게 도움이 되는 것이니, '不貴其師 불귀기사 不愛其資 불애기자면', 스승을 귀하게 여기지 않고 도움이 되는 자를 사랑하지 않으면, '雖智大迷 수지대미하니 是謂要妙 시위요묘라', 비록 안다고 하더라도 크게 미혹된 것이니, 이를 일컬어 오묘함이라 부른다.

'선한 사람은 그렇지 못한 사람이 본받으니 스승이 된다'라는 앞 구절 해석은 어렵지 않은데, '선하지 못한 사람은 선한 사람에게 도움이 된다'라는 뒤 구절은 언뜻 이해가 안 될 수 있다. 앞 구절은 선하지 못한 사람이 선한 사람을 타산지석他山之石과 정면교사正面敎師로 삼는다면, 뒤 구절은 선한 사람이 선하지 않은 사람의 행동을 보고 '나는 저러지 말아야지' 하며 반면교사反面敎師로 삼는다는 뜻이다. 그러니 선하지 못한 사람에게도 도움을 받는 것이다. 성인聖人은 무기인無棄人이라는 구절과 상통한다고 볼 수 있다.

그래서 선한 사람인 스승을 귀하게 여기지 않고, 선하지 않아 반면교사가 되는 사람을 사랑하지 않으면, 비록 안다고 하여도 미혹하여 제대로 아는 게 아니라는 것이다. 분별지分別智에 갇힌 채 사람을 선택하여 귀하게 여기거나 사랑하면, 밝은 깨달음에서 멀어지고 어두운 미혹에 빠진다는 것이다. 이러한 이치를 일컬어 오묘한 이치道라 한다.

일상 속 수행을 권하는 핵심 화두 話頭

선행무철적 선언무하적 善行無轍迹 善言無瑕謫

잘 행하는 것은 자취를 남기지 않고, 잘 말하는 것은 흠을 남기지 않는다. 천의무봉 天衣無縫이라, 가장 잘 만든 옷은 솔기가 없다는 뜻처럼 말과 행동에 흔적을 남기지 않는 것이 최선이라는 것이다. 말을 잘하기 위해서는 몇 가지 법칙을 유의하는 것이 좋다. 말을 독점하면 적이 많아지고, 잘 들을수록 내 편이 많아진다. 목소리의 '톤'이 높아질수록 '뜻'은 왜곡된다. 낮은 목소리가 힘이 있다. 칭찬에 '발'이 달려있다면, 험담에는 '날개'가 달려있다. '혀'를 다스리는 것은 나지만 내뱉어진 '말'은 나를 다스린다. 내가 하고 싶은 말보다 상대가 듣고 싶은 말을 해야 한다. 앞에서 할 수 없는 말은 뒤에서도 하지 마라. 뒷말이 항상 문제를 일으킨다.

a word of Tao Te Ching engraved in my heart 내 마음에 새겨보는 도덕경

만물을 취사선택取捨選擇하지 않고 (제27장)

자기를 알고 스스로 만족하는 자
(제33장)

이어 제33장에서는 성인^{聖人}이 지기^{知己}와 지족^{知足}, 견지역행^{堅持力行}하고, 제 자리를 잃지 않음으로써 영원히 사는 모습을 그리고 있다.

知人者智 지 인 자 지	남을 아는 자는 지혜롭고
自知者明 자 지 자 명	자기를 아는 자는 밝으며,
勝人者有力 승 인 자 유 력	남을 이기는 자는 힘이 있고
自勝者强 자 승 자 강	자기를 이기는 자는 굳세고 강하다.
知足者富 지 족 자 부	만족할 줄 아는 자는 부유하고
强行者有志 강 행 자 유 지	힘써 행하는 자는 뜻이 있으며,
不失其所者久 불 실 기 소 자 구	그 있을 자리를 잃지 않는 자는 오래 가고
死而不亡者壽 사 이 불 망 자 수	죽어도 망하지 않는 자는 오래 산다.

첫 구절부터 살펴보면, '知人者智^{지인자지}하고 自知者明^{자지자명}이라', 남을 아는 자는 지혜롭고, 자기를 아는 자는 밝다. 남을 잘 안다는 것은 세상을 잘 안다는 것이다. 즉 현상계를 잘 아는 자는 지혜롭다. 그런데 세

상을 잘 아는 지혜는 오히려 세상을 어지럽히는 원인이 되기도 한다. 그래서 제19장에서는 "분별심을 끊고 지혜를 버리면 백성의 이로움이 백배가 된다 絶聖棄智 民利百倍"라고 하였다. 《중용 中庸》에서 공자는 도 道가 행해지지 않는 이유를 다음과 같이 밝히고 있다. "도가 행하지 못할 것을 내가 안다. 지혜로운 자는 지나치고 어리석은 자는 미치지 못한다. 도가 밝지 못할 것을 내가 안다. 어진 자는 지나치고 어질지 못한 자는 미치지 못한다. 子曰道之不行也 我知之矣, 知者 過之, 愚者 不及也, 道之不明也 我知之矣, 賢者 過之, 不肖者 不及也"

《도마복음》에 "모든 것을 잘 알되, 자신에 대한 지혜가 부족한 자들은 아무것도 모르는 자이다"라는 구절이 있다. 불교에서도 '무명 無明'은 무엇을 모르는 게 아니라 '자기'를 모르는 것을 말함이다. 그래서 소크라테스도 '너 자신을 알라'고 한 것이다. 자신을 스스로 잘 아는 자는 밝은 것이다. 자신을 스스로 안다는 것은 끊임없는 자아 성찰로 '참나 眞我'의 본성을 안다는 것이고, 본성을 안다는 것은 도 道를 아는 것이다. 부처님이 고행의 길을 선택한 것은 바로 나를 의심하면서부터다. 나를 끊임없이 의심하면서 성찰하다가, 이 '나 ego, 我相'라는 것이 '참나 眞我, 大我'가 아니라는 것을 깨우치게 된다. 그리고 절대적 존재이며 영원불변의 '참나'를 깨닫게 되는데, 그게 바로 다름 아닌 성불 成佛이다.

서산대사의 제자이자 임진왜란 때 승병장으로도 활약했던 청매선사 靑梅禪師, 1548~1623의 '십종무익송 十種無益頌'에도 이런 내용이 잘 나와 있다.

心不返照 (심불반조)	자신의 마음을 돌이켜 보지 않으면
看經無益 (간경무익)	경전을 읽어도 이익이 없다.
不達性空 (부달성공)	자성自性과 공空함을 알지 못하면
坐禪無益 (좌선무익)	좌선을 하더라도 이익이 없다.
不信正法 (불신정법)	스스로 바른 법을 믿지 않으면
苦行無益 (고행무익)	고행을 하더라도 이익이 없다.
不折我慢 (부절아만)	자기 내부의 교만을 꺾지 못하면
學法無益 (학법무익)	불법을 배워도 이익이 없다.
欠人師德 (흠인사덕)	다른 사람의 스승이 될 덕이 없으면
濟衆無益 (제중무익)	중생을 제도한들 이익이 없다.
內無實德 (내무실덕)	안으로 참다운 덕이 없으면
外儀無益 (외의무익)	밖으로 그럴듯해 보여도 이익이 없다.
心非信實 (심비신실)	마음이 진실하지 아니하면
巧言無益 (교언무익)	말을 잘 하더라도 이익이 없다.
輕因重果 (경인중과)	원인을 가벼이 여기고 결과를 중히 여기면
求道無益 (구도무익)	도를 구하여도 이익이 없다.
滿腹無識 (만복무식)	뱃속에 무지만 가득하면
驕慢無益 (교만무익)	잘난 체하며 뽐낸들 이익이 없다.
一生乖角 (일생괴각)	일생동안 자기의 고집을 버리지 못하면
處衆無益 (처중무익)	대중과 함께 하더라도 이익이 없다.

청매선사의 십무익송十無益頌을 보면, 그 핵심은 올바른 방향과 길을

모르고 수행하거나 자신을 되돌아보지 않으면, 아무리 열심히 공부하고 수행해도 이익이 없다는 말이다. 마치 모래를 쪄서 밥을 지으려고 하는 것처럼 부질없는 헛수고일 뿐이라는 경고이다. 청매선사는 한국불교 선객들 사이에서는 고고하게 은둔 수행한 가장 모범적인 선사로도 알려져 있는데, 참선하는 모습을 그린 아래의 선시禪詩가 마치 한 폭의 수묵화 같다.

般柴運水野情慵 땔나무 해오고 물 길어 오는 일 외엔 하는 일 없네.
반 시 운 수 야 정 용

參究玄關性自空 나를 찾아 현묘한 도리의 참구參究에 힘쓸 뿐
참 구 현 관 성 자 공

日就萬年松下坐 날마다 변함없이 소나무 밑에 앉았노라면
일 취 만 년 송 하 좌

到東天日掛西峯 동녘 하늘의 아침 해가 어느덧 서산에 걸려 있네.
도 동 천 일 괘 서 봉

이어 '勝人者有力승인자유력하고 自勝者强자승자강이라', 남을 이기는 자는 힘이 있고 자기를 이기는 자는 굳세고 강하다. 남을 이기는 것은 힘이 있기에 강하다고 할 수 있지만, 진정 강한 것은 자신을 스스로 이기는 것이다. 《중용中庸》에서 공자는 제자인 자로子路가 강함에 관하여 묻자 군자의 강함에 대하여 다음과 같이 말하였다. "군자는 주변과 조화를 이루되 대세를 따라 휩쓸리지 않으니 강하다. 중립하여 치우치지 않으니 강하다. 나라에 도가 있을 때, 궁색했을 적에 지키던 뜻을 변치 않으니 강하다. 나라에 도가 없을 때에는 죽어도 지조를 변치 않으니 강하다. 君子和而不流 强哉矯! 中立而不倚 强哉矯! 國有道 不變塞焉 强哉矯! 國無道 至死不變 强哉矯!" 대세에 휩쓸리

지 않고 중립을 지키며 죽어도 지조를 지킬 수 있는 것은 자기 자신을 이길 때 가능한 것이다.

다음 구절, '知足者富 지족자부', 만족할 줄 아는 자는 부유하다. 항상 자기가 처한 상황에서 만족함을 아는 자는 어느 상황에서도 부족함이 없기에 항상 부유하다. 그 어떤 상황에 있더라도 만족하지 못하면, 천하의 권력을 잡고 부를 누리더라도 항상 빈한 貧寒하다. 《채근담 菜根譚》에 이런 구절이 있다. "不足之足常有餘 부족지족상유여하고, 足之不足常不足 족지부족상부족이라, 부족한데도 만족함을 알면 늘 넉넉하고, 넉넉함에도 만족함을 모르면 늘 부족하다."

《중용 中庸》에도 이와 유사한 구절이 나온다. "군자는 현재의 그 자리에 따라 행하고, 그 밖을 원하지 않는다. 君子 素其位而行 不願乎其外 부귀에 있어서는 부귀대로 행하며, 빈천에 있어서는 빈천대로 행하며, 오랑캐에 있어서는 오랑캐대로 행하며, 환난에 있어서는 환난대로 행하니, 군자는 들어가는 데마다 스스로 얻지 못함이 없다. 素富貴 行乎富貴, 素貧賤 行乎貧賤, 素夷狄 行乎夷狄, 素患難 行乎患難, 君子 無入而不自得焉"

사도 바울 Paul도 《빌립보서》에서 이와 유사한 고백을 했다. "나는 어떤 처지에서도 스스로 만족하는 법을 배웠다. 나는 비천하게 살 줄도 알고, 풍족하게 살 줄도 안다. 배부르거나, 굶주리거나, 풍족하거나, 궁핍하거나, 그 어떤 경우에도 적응할 수 있는 비결을 배웠다." 이렇듯 동서양 성현들은 모두 성인 聖人의 기본 소양으로 '지족 知足'을 꼽고 있다.

이어 '強行者有志 강행자유지라' 힘써 행하는 자는 뜻이 있다. 이 구절은 보는 견해에 따라 해석이 분분하나, 도 道와 하나가 되려는 뜻을 세운 자는 힘써 쉼 없이 수행한다는 것으로 풀이하는 것이 타당해 보인다. 《주역 周易》의 '중천건괘 重天乾卦'는 끊임없이 운행하는 하늘의 이치를 나타내고 있는데, 〈괘상전 卦象傳〉에는 이러한 이치를 본받아 군자가 행해야 할 덕목을 다음과 같이 말하고 있다. "하늘의 운행이 굳세니, 군자가 이를 본받아 스스로 굳세어 쉬지 않는다. 天行健, 君子以自彊不息" 군자 君子, 즉 하늘의 뜻을 알게 된 자는 스스로 굳세어 힘써 행하느라 쉬지 않게 된다는 것이다.

동학의 2대 교주인 해월 최시형 崔時亨은 이 구절을 몸소 실천한 대표적인 인물이라 할 수 있다. 해월은 어디를 가든지 잠시도 쉬는 법이 없었다고 한다. 심지어 관군을 피해 숲속에 몸을 숨겼을 때도, 짚신을 삼거나 멍석을 짜거나 해서 손을 놀리지 않았다고 한다. 노끈을 다 꼬아서 할 일이 없으면 꼬았던 노끈을 풀어서 다시 꼬았다고 한다. 제자들이 쉬기를 권하면 해월은 "한울님도 쉬지 않는데, 사람이 한울님이 주는 녹 祿을 먹으면서 부지런하지 않는 것은 한울님의 뜻을 어기는 것이니라"라고 대답했다고 한다.

최시형 崔時亨, 1827~1898 : 자 경오 敬悟, 호 해월 海月. 동학의 제2대 교주로 조정에 교조의 신원, 포덕의 자유, 탐관오리 숙청을 요구했으며, 전봉준의 동학농민운동에 호응하여 10만여 병력을 일으켰으나 잇따른 패배로 체포되어 처형당했다. 《동경대전 東經大全》《용담유사 龍潭遺詞》등 주요 경전 經典을 발간, 교의 敎義를 체계화했다.

'不失其所者久 불실기소자구'라, 그 있을 자리를 잃지 않는 자는 오래 간

자기를 알고 스스로 만족하는 자 (제33장)

다. 자기 자리를 지킨다는 말은 과분한 욕심을 부리지 않고 자기 분수를 안다는 것이다. 앞 구절과 연계해보면 자기를 알고知己, 자기 처지에 만족하며知足, 도道에 큰 뜻을 두고 근면 성실하게 정진하는 자리를 잘 지키는 자는, 쉽게 허물어지지 않고 오래 간다는 것이다.

끝으로, '死而不亡者壽사이불망자수라', 죽어도 망하지 않는 자는 오래 산다. 앞의 죽음은 육체의 죽음을 의미한다. 육신은 세월이 흐름에 따라 때가 되면 죽을 수밖에 없지만, 평소 수행을 통해 '참나大我, 道, 하느님'를 잘 지키는 일에 망하지 않는 자는 영원히 산다는 것이다.

일상 속 수행을 권하는 핵심 화두話頭

심불반조 간경무익 心不返照 看經無益

자신의 마음을 돌이켜보지 않으면, 경전을 읽어도 이익이 없다. 위대한 경전을 수백 권 읽었어도 결국 자신의 마음에 적용하여 성찰하지 않으면 아무 소용이 없다는 것이다. 반대로 단 한 권의 경전을 읽어도 제 마음을 돌아보면 깨달음이 있으리라.

일상에서 빠지기 쉬운 여러 욕구에 대한 경계
(제44장)

제44장에서는 사람이 일상을 살아가면서 빠지기 쉬운 여러 가지 욕구에 대한 경계와 함께 영원히 사는 법을 말하고 있다.

名與身孰親 명 여 신 숙 친	명성과 몸, 어느 것이 나에게 더 가까운가?
身與貨孰多 신 여 화 숙 다	내 몸과 재물, 어느 것이 나에게 더 소중한가?
得與亡孰病 득 여 망 숙 병	얻음과 잃음, 어느 것이 나에게 더 해로운가?
是故甚愛必大費 시 고 심 애 필 대 비	이런 까닭에, 지나치게 사랑하면 반드시 크게 소비하고,
多藏必厚亡 다 장 필 후 망	너무 많이 지니고 있으면 반드시 크게 잃게 된다.
知足不辱 지 족 불 욕	만족할 줄 알면 욕됨이 없고
知止不殆 지 지 불 태	그칠 줄 알면 위태롭지 않으니
可以長久 가 이 장 구	오래도록 지킬 수 있다.

첫 구절부터 살펴보면, '名與身孰親명여신숙친하고 身與貨孰多신여화숙다라', 이름명예, 명성과 몸, 어느 것이 나에게 더 가까우며, 내 몸과 재물, 어느 것이 나에게 더 소중한가? 명예 또는 재물과 내 몸 중에 어느 것이 더 소

중한가를 물음으로써, 사람들이 명예와 재물을 좇느라 자기 몸의 건강까지 해치는 것을 비판하고 있다.

《장자莊子》에 보면 이런 구절이 나온다. "德蕩乎名덕탕호명하고 知出好爭지출호쟁이라, 덕성은 명예욕 때문에 없어지고 지식은 경쟁욕 때문에 세차게 생겨난다. 名也者 相軋也명야자 상알야하고 知也者 爭之器也지야자 쟁지기야라, 명예는 서로 헐뜯는 것이고 지식은 투쟁하는 도구다. 二者凶器 非所以盡行也이자흉기 비소이진행야라, 두 가지는 흉기이기 때문에 마구잡이로 진행되어서는 안 된다"라고 하였다. 또한 "名實者 聖人之所不能勝也명실자 성인지소불능승야라, 명예와 실리라는 것은 거룩한 사람도 잘 이겨내질 못 한다"라고 하였으니, 뭇 중생들이 명名과 실實을 이겨내고 초탈한다는 것이 얼마나 힘겨운지 두말해 무엇하랴.

이어 '得與亡孰病득여망숙병이라, 얻음과 잃음, 어느 것이 나에게 더 해로운가?' 명성과 재물은 얻는 것도 힘들고, 또 잃는 것도 고통이기 때문에 둘 다 해로우니, 몸을 해칠 만큼 구하지 말라는 뜻이다.

다음 구절, '是故甚愛必大費시고심애필대비이고 多藏必厚亡다장필후망이라', 이런 까닭에, 지나치게 사랑하면 반드시 크게 소비하고, 너무 많이 지니고 있으면 반드시 크게 잃게 된다. 명성과 재물뿐 아니라, 운동이나 취미를 너무 좋아하거나 자식 사랑이 너무 지나치거나 애착이 너무 강하면, 반드시 시간, 비용, 에너지를 과소비하게 된다. 그리고 필요 이상을 소유하는 것은 반드시 크게 잃게 된다. 그 누구도 다 놓고 돌아가는 죽음을 피할 수 없는 것이다.

그리하여 '知足不辱지족불욕이요 知止不殆지지불태라', 만족할 줄 알면 욕됨이 없고, 그칠 줄 알면 위태롭지 않다. 지족 知足의 반대되는 상태인 부지족 不知足은 앞 구절에서 나온 명성을 좇고 貪名, 재물을 탐하고 貪貨, 지나치게 애착하고 甚愛, 필요 이상으로 소유하는 것 多藏이라 할 수 있으니, 이런 것을 그치고 '낙천명 樂天命, 천명을 즐기고, 정수순 正隨順, 바르게 따르며 수행하는 것'이 지족 知足이다. 천명에 따라 자기 처지에 만족할 줄 알고, 적당한 때에 그칠 줄 알면 욕됨이 없고 위태롭지도 않게 된다.

이 두 구절을 보고 감산 스님 1546~1623, 중국 명나라 고승, 풍부한 교학과 깊은 선정 체험을 바탕으로 중국불교 집대성은 다음과 같이 극찬하셨다고 한다. "이 구절은 破千古之重昏 파천고지중혼이요, 啓膏肓之妙藥 계고황지묘약이라, 천고의 깊은 어둠을 깨치는 것이요, 명의 名醫 편작도 못 고쳤다는 고황병을 고치는 묘약이다."

그리하여 '可以長久 가이장구라', 오래도록 자기 몸과 영성을 지킬 수 있다.

일상 속 수행을 권하는 핵심 화두 話頭

심애필대비 甚愛必大費

지나치게 사랑하면 반드시 크게 소비한다. 그 대상이 자식이든 취미든 사랑하는 것이 지나치면 그것에 너무 집착하게 되어, 결국 자기 자신마저 잃어버리게 되니 늘 지나침을 경계하라.

지족불욕 지지불태 知足不辱 知止不殆

만족할 줄 알면 욕됨이 없고, 그칠 줄 알면 위태롭지 않다. 명예나 재물뿐 아니라 사랑조차 지나침을 경계하여 순리에 따라 만족하고 그칠 줄 알면, 욕됨이나 위태로움 없이 장구 長久할 수 있다.

매일 쌓았으면 매일 덜어내야
(제48장)

이어 제48장은 잘 알려진 '위학일익爲學日益 위도일손爲道日損' 구절이 나온다. 매일 쌓았으면 매일 덜어내야 무위無爲에 도달할 수 있다고 말하고 있다.

爲學日益
위 학 일 익
배우는 것은 날로 쌓아가는 것이고

爲道日損
위 도 일 손
도道를 깨달아 가는 길은 날로 덜어내는 것이다.

損之又損
손 지 우 손
덜어내고 또 덜어내면

以至於無爲
이 지 어 무 위
무위無爲에 이르니

無爲而無不爲
무 위 이 무 불 위
무위無爲하면 하지 못함이 없다.

取天下常以無事
취 천 하 상 이 무 사
천하를 다스리고자 한다면 언제나 무위無爲해야 한다.

及其有事
급 기 유 사
만약에 유위有爲로 일을 꾀하려고 한다면

不足以取天下
부 족 이 취 천 하
천하를 잘 다스릴 수가 없다.

첫 구절부터 살펴보면, '爲學日益위학일익이고 爲道日損위도일손이라', 학문을 하는 길은 날로 더해가는 것이고, 도道를 깨달아 가는 길은 날로 덜어내는 것이다. 학문은 지식을 익혀 지혜를 얻는 일이기에, 훌륭한 지혜는 어느 정도 지식의 양과 질에 비례할 수밖에 없다. 그래서 날마다 공부하여 지식과 지혜를 쌓는 것이 필요하다. 그러나 도를 익히는 것은 우주와 만물이 태어나고 소명하는 섭리를 깨닫는 것이다. 근원에서 시작해 과거, 현재에 이르는 과정에서 이치를 찾고 이를 미래로 연결, 꿰뚫는 것을 말한다. 그렇게 하기 위해서는 기본 학문이 바탕을 이뤄야 하고, 반면에 하나의 이치를 깨달을 때마다 이를 뒷받침하는 지식은 쓰임을 다하였으니 덜어낼 수 있어야 한다. 강을 건넜으면 나룻배를 버려야 하는데 나룻배를 계속 이고 가는 지식인이 많다. 어디 날마다 버려야 할 것이 지식뿐이랴. 내 안에 날마다 쌓인 잘못된 습성, 아집, 편견의 때도 일손 日損 일일손 日日損 해야 도道에 다다를 수 있다.

이어 '損之又損손지우손이면 以至於無爲이지어무위하니 無爲而無不爲무위이무불위이라', 덜어내고 또 덜어내면 이윽고 무위無爲에 이르니, 무위無爲하면 하지 못함이 없다. 그렇지만 일상에서 매일매일 덜어낸다는 것이 얼마나 지난至難한 일인가? '손지우손損之又損', 즉 덜어내고 또 덜어내는 일의 고충을 보조국사 지눌이 다음의 선시禪詩에서 생생하게 그려내고 있다.

頓悟雖同佛 돈 오 수 동 불	문득 깨치면 부처와 같다지만
多生習氣深 다 생 습 기 심	무량겁에 찌든 버릇 그대로 깊구나.
風定波尙湧 풍 정 파 상 용	바람은 자도 물결은 아직 출렁이고
理現念猶侵 이 현 염 유 침	이치는 드러나도 망상은 아직 남아 있네.

2연에 나오는 '다생多生'은 자신의 이번 생뿐만 아니라 대대로 내려오는 생물학적 유전자와 문화적 유전자까지도 포함한 억만 겁의 생生을 말한다. 일제강점기의 불운한 천재 작가 이상李箱은 〈오감도烏瞰圖〉시 '제2호'에서 내 안에 유구히 전해져 내려오는 무량겁無量劫의 다생多生을 절묘하게 표현해내고 있다.

"나의 아버지가 나의 곁에서 졸 적에 나는 나의 아버지가 되고 또 나는 나의 아버지의 아버지가 되고 … 중략 … 나는 왜 드디어 나와 나의 아버지와 나의 아버지의 아버지와 나의 아버지의 아버지의 아버지 노릇을 한꺼번에 하면서 살아야 하는 것이냐."

이상李箱, 1910~1937 : 본명 김해경. 일제강점기 초현실주의와 심리소설의 개척자이며 선구적인 모더니즘 작가 시인·소설가·수필가, 화가, 건축가로 활동했다.

이상은 마지막 연에서 '나는 왜 나뿐만 아니라 나의 아버지와 나의 아버지의 아버지, 그 아버지의 아버지의 아버지… 끝없는 아버지들의 노릇까지 한꺼번에 하면서 살아야 하는가'라며 억겁의 카르마業를 견뎌내야 하는 중생의 고충을 토로하고 있다.

다시 선시로 돌아오면, 보조국사 지눌은 수행과정에서 깨우침은 번번이 오기도 하지만, 이 무량겁의 업에서 오는 버릇을 떨쳐내기가 얼마나 어려운지를 시로 표현한 것이다. 3연의 '바람은 자도 물결은 출렁인다'

라는 말은 욕망을 여의어서 도를 깨우쳤지만, 버릇은 계속된다는 의미이며, 마지막 연의 '이치는 드러도 망상은 아직 남아 있네'도 같은 뜻이라 볼 수 있다.

　서산대사도 그의 명저 《선가귀감禪家龜鑑》에서 같은 고충을 말하고 있다. "理雖頓悟이수돈오 事非頓除사비돈제라, 이치는 단박에 깨칠 수 있다 하더라도, 버릇은 한꺼번에 버려지지 않는다."

　그래서 노자는 무한 겁의 버릇이라는 게 이렇게 버리기가 쉽지 않으니, 날마다 덜고, 시시각각 덜어내고 또 덜어내야 무위無爲에 이를 수 있다고 한 것이다. 그리고 무위에 이르면 '무불위無不爲'라, 되지 않는 일이 없다. 인위로써 억지로 무리하게 뭔가를 도모하지 않으니 안되는 게 있을 수 없는 것이다. 기도할 때 100% 응답받는 비결은 '내 뜻대로 마시고 아버지 뜻대로 하소서' 하면 된다는 말도 같은 의미이다. 내 뜻이 유위有爲이고, 하느님 아버지의 뜻이 무위無爲이기 때문이다.

　그러하므로, 마지막 구절에 천하를 얻거나 다스리려면 무위로 해야 바르게 다스려지고, 유위로 일을 도모하면 잘 다스려지지 않는다고 한 것이다.

일상 속 수행을 권하는 핵심 화두 話頭

위학일익 위도일손 爲學日益 爲道日損

학문을 하는 길은 날로 더해가는 것이고, 도道를 깨달아 가는 길은 날로 덜어내는 것이다. 젊어서는 쌓는 일에 집중하고, 장년 이후에는 덜어내는 삶을 살아야 나중에 그 생生이 홀가분하다. 죽을 때까지 더 많이 쌓으려고 욕심부리는 것을 노욕 老慾이라 하며, 그런 사람은 끝까지 그 생生이 무겁고 버겁다. 부모를 다 모셨고, 자녀 교육을 다 마친 장년 이후는 내일 죽어도 후회가 없도록 매일매일 덜어내고 또 덜어내시라. 그러면 그 덜어낸 자리에 진정으로 가치있는 것들이 충만해진다.

a word of Tao Te Ching engraved in my heart **내 마음에 새겨보는 도덕경**

고정된 마음 없이 모든 사람을 대하고
(제49장)

제49장에서 성인聖人은 무상심無常心으로, 즉 고정된 마음 없이 모든 사람에게 선하고 진실하게 대하는데, 이는 참된 덕德에 자신을 맡기기 때문이라고 말하고 있다.

聖人無常心 성인무상심	성인聖人은 고정된 마음을 갖지 않고
以百姓心爲心 이 백 성 심 위 심	모든 사람의 마음을 자기의 마음으로 삼기에,
善者吾善之 선 자 오 선 지	선한 사람에게 나는 선하게 대하고
不善者吾亦善之 불 선 자 오 역 선 지	선하지 못한 사람에게도 나는 선하게 대하니
德善 덕 선	이는 덕德이 참으로 선하기 때문이다.
信者吾信之 신 자 오 신 지	진실한 사람에게 나는 진실하게 대하고
不信者吾亦信之 불 신 자 오 역 신 지	진실하지 못한 사람에게도 나는 진실하게 대하니
德信 덕 신	이는 덕德이 진실하기 때문이다.
聖人在天下 성 인 재 천 하	성인聖人이 세상에 있을 때는
歙歙爲天下渾其心 흡 흡 위 천 하 혼 기 심	모든 것과 일체가 되어 세상과 그 마음이 하나가 된다.
百姓皆注其耳目 백 성 개 주 기 이 목	모든 사람이 저마다 눈과 귀를 기울여 살피지만
聖人皆孩之 성 인 개 해 지	성인聖人은 그들을 어린아이처럼 대한다.

이 장의 해석은 그리 어렵지 않다. 첫 구절부터 보면, '聖人無常心성인무상심하여 以百姓心爲心이백성심위심라', 성인은 무심無心하여 고정된 마음을 갖지 않기에, 모든 사람의 마음을 자기의 마음으로 삼는다. 성인은 분별심이 없어서 모두 자기처럼 평등하게 대한다는 것이다.

그래서 '善者吾善之선자오선지하고 不善者吾亦善之불선자오역선지하니 德善덕선이라', 선한 사람에게 나는 선하게 대하고, 선하지 못한 사람에게도 나는 똑같이 선하게 대하니, 이는 덕德이 참으로 선하기 때문이다. 다른 해석으로, 그렇게 대하니 '내 덕이 선해진다'로 풀이하기도 하는데, 그렇게 해도 무리가 없다.

이어지는 구절도 뜻풀이가 비슷하다. '信者吾信之신자오신지하고 不信者吾亦信之불신자오역신지하니 德信덕신이라', 진실한 사람에게 나는 진실하게 대하고, 진실하지 못한 사람에게도 나는 똑같이 진실하게 대하니, 이는 덕德이 진실하기 때문이다. 여기도 '내 덕이 진실해진다'로 풀이해도 자연스럽다. 그렇게 내 덕이 더 선해지고 진실해지면 사람을 취사선택하지 않으니, 내 운용 범위가 더 넓어지고 그만큼 역량이 더 커질 수 있다. 그 대표적인 예가 자신을 죽이려고 했던 데바닷타를 선善으로 대한 부처님과 자신을 팔아넘긴 가롯 유다를 신信으로 대한 예수님이다. 두 분은 원수를 선과 신으로 대하여 충복忠僕으로 만드신 것이다. 다시 정리하면 덕德이란 상대방의 상태와 상관없이, 무조건 선하고 진실하므로 덕을 실천하는 성인은 만인을 그렇게 대한다는 것이다. 이 앞의 두 구절은 《마태복음》에 나와 있는 예수님의 산상수훈과 정확히 일치한다.

"너희 원수를 사랑하고, 너희를 박해하는 사람을 위하여 기도하여

라. 그래야만 너희가 하늘에 계신 너희 아버지의 자녀가 될 것이다. 아버지께서는, 악한 사람에게나 선한 사람에게나 똑같이 해를 떠오르게 하시고, 의로운 사람에게나 불의한 사람에게나 똑같이 비를 내려주신다. 너희를 사랑하는 사람만 너희가 사랑하면, 무슨 상을 받겠느냐? 세리도 그만큼은 하지 않느냐? 또 너희가 너희 형제자매들에게만 인사를 하면서 지내면, 남보다 나을 것이 무엇이냐? 이방 사람들도 그만큼은 하지 않느냐? 그러므로 하늘에 계신 너희 아버지께서 완전하신 것 같이, 너희도 완전하여라."

다음 구절 '聖人在天下성인재천하는 歙歙흡흡하여 爲天下渾其心위천하혼기심이라', 성인이 어떤 세상의 공간에 있을 때는, 그 공간에 있는 모든 것을 품어서, 세상과 그 마음이 하나가 된다. '歙歙흡흡'은 '오므리다'의 뜻을 지니고 있는데, '수렴하거나 품는다'로 의역하는 것이 좋겠다. 이 구절은 앞 두 구절을 정리해서, 성인이 덕을 품었기에 조건 없이 세상 사람들과 마음이 하나가 됨을 말하고 있다.

끝으로, '百姓皆注其耳目백성개주기이목이나 聖人皆孩之성인개해지라', 모든 사람이 저마다 눈과 귀를 기울여 살피지만, 성인은 그들을 어린아이처럼 대한다. 이 장에서는 이 구절의 해석이 좀 어렵다. 사람들이 이목耳目을 기울여 살핀다는 것은, 각자의 주관과 분별심으로 매사 이것저것 따져본다는 것을 의미한다. 선善과 악惡, 진眞과 위僞를 구분하고 헤아리는 이분법적 사고가 일상화됨을 말한다. 그렇지만 '聖人皆孩之성인개해지라', 성인은 그 사람들을 모두 어린아이처럼 대한다는 것이다. 모든 분별지分別智를 여의고, 앞 구절에서처럼 덕德으로써 선善과 신信에 상관없이 모두를 대하는 성인의 눈에는, 그렇게 매사 분별하고 헤아리고 평가하는 사람들이 마치 어린아이들처럼 보인다는 것이다. 무변무한無邊無限의 경지에 있는 사람의 눈에는, 아주 찰나를 살면서도 상대적 관계 속에서 분별하느라 애쓰는 사람들이 다 고만고만하고 똑같아 보일 것이다. 코끼리 눈으로 개미를 보면, 그 개미가 다른 개미보다 커봤자 얼마나 더 클 것이며 똑똑해봤자 얼마나 더 똑똑할 것인가. 그렇지만 개미가 분별지를 여의고 공평무사한 덕德을 품으면 코끼리처럼 큰 자아를 갖게 된다.

일상 속 수행을 권하는 핵심 화두話頭

선자오선지 불선자오역선지 善者吾善之 不善者吾亦善之

현명한 사람은 선한 사람에게 선하게 대하고, 선하지 못한 사람에게도 선하게 대한다. 보통 사람은 선한 사람을 좋아하고 선하지 못한 사람은 배척하는 반면, 깨달아서 분별지를 여읜 사람은 모두를 평등하게 대한다는 뜻인데, 일상을 살아가는 평범한 사람이 실천하기에는 쉬운 말이 아니다. 그렇지만 효율성을 생각할 때, 선하지 못한 사람도 포용하여 내 사람으로 만들 수 있다면 내 가용범위가 넓어지고 그만큼 내 역량이 커진다. 너무 깨끗한 물에는 물고기가 살 수 없듯이 너무 까다롭게 내 기준을 세우면 곁에 있을 사람이 없다. 내 기준을 절대화하지 말라. 선善과 불선不善의 기준도 나만의 기준일 수 있음을 명심하라. 그 고정된 기준에서 자유로워지면 내가 활용할 수 있는 폭이 그만큼 넓어지리라. 인간관계론의 대가 데일 카네기Dale Harbison Carnagey, 1888-1955의 묘비명이 이 구절의 효용성을 잘 보여주고 있다. '자기보다 훌륭하고 덕이 높고, 자기보다 잘난 사람, 그런 사람들을 곁에 모아둘 줄 아는 사람, 여기 잠들다.'

사람들은 왜 죽음의 길을 선택하는가?
(제50장)

제50장에서는 왜 사람들은 죽음의 길을 선택하는지 그 이유와 그렇지 않기 위해서는 어떻게 살아야 하는지에 관한 해법을 제시하고 있다.

出生入死 출 생 입 사	나오는 것이 삶이고, 들어가는 것이 죽음이다.
生之徒十有三 생 지 도 십 유 삼	삶의 길을 택하는 자가 열 중에 셋이고
死之徒十有三 사 지 도 십 유 삼	죽음의 길을 택하는 자가 또한 열 중에 셋이며,
人之生動之死地者 인 지 생 동 지 사 지 자	살다가 죽음의 자리로 가는 자가
亦十有三 역 십 유 삼	또한 열 중에 셋이다.
夫何故 부 하 고	어째서 그런가?
以其生生之厚 이 기 생 생 지 후	살려고 지나치게 애를 쓰기 때문이다.
蓋聞 개 문	무릇 듣건대
善攝生者 선 섭 생 자	삶을 잘 다스리는 자는
陸行不遇兕虎 육 행 불 우 시 호	땅을 걸어도 코뿔소나 호랑이를 만나지 않고,
入軍不被甲兵 입 군 불 피 갑 병	전쟁터에 가도 갑옷과 병기에 당하지 않으니
兕無所投其角 시 무 소 투 기 각	코뿔소가 그 뿔로 받을 곳이 없고,
虎無所措其爪 호 무 소 조 기 조	호랑이가 그 발톱으로 할퀼 곳이 없으며

兵無所容其刃 _{병 무 소 용 기 인}	병사가 그 칼로 찌를 곳이 없다.
夫何故 _{부 하 고}	어째서 그런가?
以其無死地 _{이 기 무 사 지}	그에게는 죽음의 여지가 없기 때문이다.

이 장은 크게 보면 두 문단, 두 주제로 나눌 수 있다. 하나는 '왜 다수의 사람들은 죽음의 자리를 택하는가?'이고, 다른 하나는 '왜 성인은 죽지 않고 영원한 삶의 길을 가는가?'이다.

그럼 첫 번째 주제부터 살펴보자. '出生入死_{출생입사}라', 나오는 것이 삶이고, 들어가는 것이 죽음이다. 천지_道에서 태어나 세상으로 나오는 것이 생_生이고, 다시 천지로 들어가는 것이 사_死라는 뜻이다.

이어 '生之徒十有三_{생지도십유삼}이고, 死之徒十有三_{사지도십유삼}이며, 人之生動之死地者_{인지생동지사지자} 亦十有三_{역십유삼}이라', 삶의 길을 택하는 자가 열 중에 셋이고, 죽음의 길을 택하는 자 또한 열 중에 셋이며, 살다가 죽음의 자리로 가는 자가 또한 열 중에 셋이다. 여기서 열 중에 셋은 정확히 3/10을 말하는 것이 아니라, 세상 사람들을 삼등분하여 1/3은 생을 택하여 잘살고 있고, 1/3은 목숨은 살았는데도 죽은 자처럼 살고 있으며, 나머지 1/3은 나름대로 열심히 살기는 하는데 오히려 자신을 죽음의 자리로 내모는 것처럼 살고 있다는 뜻이다.

'夫何故_{부하고} 以其生生之厚_{이기생생지후}라', 어째서 그런가? 그것은 삶을 너무 지나치게 두껍게 하기 때문이다. 즉 살려고 지나치게 생_生에 집착하는 것이 오히려 자신을 죽음의 자리로 내몬다는 것이다. 지나친 건강염

려증이 오히려 건강을 해치는 것과 같은 이치다.

생生에 과도하게 집착하지 않으려면 과거에 대한 후회와 미래에 대한 불안을 여의고, 바로 '지금'을 사는 것이다. 생명 사상인 '한살림운동'을 주창하신 무위당 장일순張壹淳 선생도, 어제도 내일도 없이 '영원한 오늘'을 사는 것이, 삶에 대한 집착과 허무를 극복할 수 있는 유일한 비결이라 말한다. "우리가 쉽게 '내일을 위해서' 어쩌고 하는 말을 하는데 말이지 그 말에 사실은 무서운 함정이 있는 거라. 그 말에 홀려서 '오늘'을 희생하거나 엄벙덤벙 살아가게 된다면 그건 제대로 사는 게 아닐세. 왜냐하면, 있는 건 '지금'뿐이고 언제나 내일이 사실 따로 있는 게 아니거든."

장일순 張壹淳, 1928~1994 : 호는 청강靑江·무위당无爲堂·일속자一粟子, 서화가·사회운동가·정치가. 어려서부터 한학과 서예를 익혔고, 1970년대 반독재투쟁의 사상적 지주 역할을 했으며. 1980년대에는 자연 복구를 주장하는 '생명사상운동 한살림운동'을 펼쳤다.

'蓋聞개문에', 무릇 듣건대, '善攝生者선섭생자는', 생生에 지나치게 집착하지 않고 삶을 자연스럽게 잘 다스리는 자는, '陸行不遇兕虎육행불우시호하고', 땅을 걸어도 코뿔소나 호랑이를 만나지 않고, '入軍不被甲兵입군불피갑병하니', 전쟁터에 가도 갑옷과 병기에 당하지 않으니, '兕無所投其角시무소투기각하고', 코뿔소가 그 뿔로 받을 곳이 없고, '虎無所措其爪호무소조기조하며', 호랑이가 그 발톱으로 할퀼 곳이 없으며, '兵無所容其刃병무소용기인이라', 병사가 그 칼로 찌를 곳이 없다. 생生에 지나치게 집착하지 않는다는 것은 앞 장에서 자기 몸이 있다고 생각하지 않는 것과 맥을 같이한다. 상대적 세계에서 계속 변하고 사라지는 몸에 대한 모든 집착을 여의고, 영원불변의 또 다른 '나眞我'의 세계에 있는 자를 어찌 세상의 칼과 뿔, 발톱으로 해할 수 있단 말인가.

'夫何故부하고 以其無死地이기무사지라', 어째서 그런가? 그에게는 죽음의 여지가 없기 때문이다. 몸과 죽음이라는 한정된 자아를 뛰어넘은 자는 무한한 절대적 경지에 들어 있기에 죽음의 여지가 있을 수 없는 것이다.

일상 속 수행을 권하는 핵심 화두 話頭

이기생생지후 以其生生之厚

살려고 지나치게 애를 쓰기 때문이다. 죽음의 길을 선택하는 자가 십중팔구인데, 그 이유가 역설적으로 지나치게 생生을 도모하기 때문이라는 것이다. 살려고 애쓰면 더 잘 살아야 하는데 어째서 죽음의 길로 가는 것이라 하는가? 재산을 더 모으고 명예를 더 높이기 위해서 건강을 해치면서까지 애쓰기 때문이다. 지구상의 생명체 중 인간만이 그렇게 한다. 어느 생명체도 자기

배가 부르면 더 먹지 않는다. 현대의 성인병 대부분이 몸속에 과잉 축적된 잉여 영양분이 일으키는 것이다. 남들보다 더 잘살려고 지나치게 생을 도모한 것이 실은 자신을 죽음으로 몰고 있는 것이다. 너무 잘 살려고 애쓰지 않는 것이 잘 사는 것이다. 이미 지나가 버린 과거에 대한 후회나 집착, 아직 오지도 않은 미래에 대한 걱정을 다 내려놓고, 내일 죽어도 여한이 없도록 오늘 하루 의미있게 잘 살면 된다. 그 오늘만이 쌓여서 값진 인생이 된다.

a word of Tao Te Ching engraved in my heart **내 마음에 새겨보는 도덕경**

사람들은 왜 죽음의 길을 선택하는가? (제50장)

사람들은 왜 좁은 지름길을 선호하는가?
(제53장)

제53장에서는 큰길을 걷는 것은 힘들지 않고 쉬운데, 사람들은 좁은 지름길을 선호하여 어려움을 자초한다며 개탄하고 있다.

使我介然有知 시 아 개 연 유 지	내게 작은 지혜라도 있다면
行於大道 행 어 대 도	큰길을 갈 때
唯施是畏 유 이 시 외	다만 옆길로 새지 않을까 두려워하겠다.
大道甚夷 대 도 심 이	큰길은 매우 평탄하지만
而民好徑 이 민 호 경	사람들은 샛길로 질러가기를 좋아한다.
朝甚除 조 심 제	조정은 아주 잘 정돈되어 있지만
田甚蕪, 倉甚虛 전 심 무 창 심 허	밭은 매우 황폐하고 곳간은 텅 비었는데도
服文采, 帶利劍 복 문 채 대 리 검	화려한 옷을 입고 날카로운 칼을 차고
厭飮食, 財貨有餘 염 음 식 재 화 유 여	실컷 먹고 마시고 재물이 남아돈다.
是爲盜夸 시 위 도 과	이를 일컬어 도둑의 영화라고 하니
非道也哉 비 도 야 재	이것은 도道가 아니다.

이 장의 해석은 그리 어렵지 않다. 첫 구절부터 살펴보면, '使我介然 有知시아개연유지면 行於大道행어대도하여 唯施是畏유이시외라', 내게 조금이라 도 지혜가 있다면, 큰길을 갈 때, 즉 도道를 행하거나 하느님의 길을 갈 때, 다만 옆길로 새지 않을까 두려워하겠다. 그 정도正道에서 벗어날까 염 려한다는 것이다.

다음에 매우 상징적이고 중요한 구절이 나온다. '大道甚夷대도심이지만 而民好徑이민호경이라', 큰길은 매우 평탄하지만, 즉 도道와 하느님과 함께 걷는 길은 크고 평탄해서 하나도 힘들지 않은데, 사람들은 샛길로 질러 가기 좋아해서 역경을 자초한다. 왜 대도大道는 매우 평탄하고 쉬운 길인 가? 억지로 자기 뜻을 좇아가는 길이 아니라, 도道의 원리와 하느님 말씀 대로 순행하기 때문이다. 욕심부리지 말고 남과 비교하거나 결과에 집착 하지 말고, 만사를 자기 깜냥껏 순리대로 처리하면 힘들 까닭이 없다. 그 래서 예수님은 "내 멍에는 쉽고 가볍다"라고 말씀하신 것이다. 그런데 사 람들은 더 빨리 가고자 하는 욕심 때문에 지름길을 찾아서, 대도大道를 벗어나 옆길로 새는 것이다. 큰 물결道와 하느님에 몸을 맡기면 하나도 힘들 지 않은데, 물의 흐름과 반대 방향으로 역영力泳하자니 얼마나 힘이 들겠 는가?

그렇게 지름길을 찾아 역행하니 '朝甚除조심제하지만', 조정은 궁전과 관청이 아주 화려하게 잘 정돈되어 있는 반면에, '田甚蕪전심무하고 倉甚 虛창심허라', 백성들의 밭은 매우 황폐하고 곳간은 텅 비어 있다. 그런데도 고관대작들은 '服文采복문채하고 帶利劍대리검하며, 厭飮食염음식하고 財貨 有餘재화유여라', 번쩍거리는 화려한 옷을 입고 날카로운 칼을 차며, 물리도록 실컷 먹고 마시고 재물이 남아돌아 흥청망청 쓴다.

'是爲盜夸 시위도과 하니 非道也哉 비도야재 라', 이를 일컬어 도둑의 영화榮華라고 하니, 이것은 도道가 아니다. 큰길인 도道에서 벗어나 서로 경쟁적으로 지름길로 가려고 다투다 보니, 도道에서 멀어진 결과가 나오는 것이다. 넘치면 부족한 곳으로 당연히 흘러가는 게 도道의 원리인데, 도道에 역행하는 세상의 이치는 재물이 넘치는 사람에게 더 많은 재화가 몰리고, 부족한 곳은 더 부족해지는 부익부富益富 빈익빈貧益貧 현상이 더 심해지는 것이다. 이런 현상은 참 덕德의 영화가 아닌 도둑의 영화이고, 다름 아닌 비도非道라 할 수 있다.

일상 속 수행을 권하는 핵심 화두 話頭

대도심이 이민호경 大道甚夷 而民好徑

큰길은 매우 평탄하지만, 사람들은 샛길로 질러가기를 좋아한다. 큰길은 우주의 원리다. 진달래가 애쓰지 않아도 봄이 되면 절로 피어나게 해주고, 종달새가 애쓰지 않아도 하늘을 날며 노래하게 해주는 하느님의 길이다. 우주만물은 그 평탄한 큰길을 따라 순명대로 걸어가는데, 인간만이 더 빨리 가고자 좁고 울퉁불퉁한 샛길로 가로질러 가려한다. 그러다 넘어지고 다치거나 제 명대로 못사는 경우가 많은 것이다. 천수를 누리고 싶거든 샛길로 빨리 가고싶은 마음을 경계하라.

어렵고 큰일을 쉽거나 작게 보지 않고
(제63장)

제63장에서 깨달은 자는 어렵고 큰일을 쉽거나 작게 보지 않고, 무위無爲로써 성심을 다하므로 끝내 어려움을 겪지 않는다고 말하고 있다.

爲無爲 위 무 위	하지 않음으로써 함을 삼고
事無事 사 무 사	일 없음으로 일을 삼으며
味無味 미 무 미	맛 없음으로 맛을 삼으니,
大小多少 대 소 다 소	크고 작고 많고 적음에
執怨以德 보 원 이 덕	원한을 덕德으로 갚는다.
圖難於其易 도 난 어 기 이	어려운 일을 쉬운 데서 꾀하고
爲大於其細 위 대 어 기 세	큰일을 작은 데서 하니,
天下難事 천 하 난 사	세상의 어려운 일은
必作於易 필 작 어 이	반드시 쉬운 데서 시작되고
天下大事 천 하 대 사	큰일 또한
必作於細 필 작 어 세	반드시 작은 게 커진다.
是以聖人 시 이 성 인	그래서 성인聖人은
終不爲大 종 불 위 대	결코 크게 일을 벌이지 않아도

故, 能成其大 고 능성기대	마침내 큰일을 이룬다.
夫輕諾必寡信 부경낙필과신	무릇 쉽게 승낙하는 것은 믿기 어렵고
多易必多難 다이필다난	너무 쉬우면 반드시 큰 어려움이 있으니,
是以聖人猶難之 시이성인유난지	그래서 성인聖人은 오히려 일을 어렵게 여긴다.
故, 終無難矣 고 종무난의	그리하여 끝내 어려움을 겪지 않는다.

도덕경에서 잘 알려진 첫 구절 '爲無爲위무위 事無事사무사'는 깨달은 자의 모습을 표현하는 것으로, 세간에 인용이 많이 되는 구절이다. 하지 않음으로써 함을 삼고, 일 없음으로 일을 삼으며, '味無味미무미라', 맛 없음으로 맛을 삼는다. 노자 특유의 모순어법으로 진리를 전하는 표현법을 여기서도 쓰고 있다. 성인은 인위人爲나 작위作爲가 전혀 없으니, 하는 것 없이 다 하는 것이다. 그렇게 많은 일을 해도 업業을 남기지 않는다. 그래서 성인의 행위는 '무철적無轍迹이라', 흔적을 남기지 않는다.

이어 '大小多少대소다소에 執怨以德보원이덕이라', 크고 작고 많고 적음에, 원한을 덕德으로 갚는다. 매사 누구 것이 더 크고 작으며, 누가 더 많고 적게 가졌는가를 따지면 원怨이 생기게 되는데, 도道는 모양이나 수數를 초월한 것이기에 모두 '큰 하나大一'로 본다. 도道 안에서 모두가 하나인데 누가 누구를 원망한단 말인가? 그래서 원한을 덕德으로 갚을 수 있는 것이다. 예수님의 '원수를 사랑하라'는 말씀은 처음부터 원수가 없으니 하나인 모두를 사랑하라는 뜻이다.

다음 구절 '圖難於其易도난어기이하고 爲大於其細위대어기세라', 성인은 어려운 일을 쉬운 데서 꾀하고, 큰일을 작은 데서 하니, '天下難事천하난사는 必作於易필작어이라', 세상의 어려운 일은 반드시 쉬운 데서 시작되고, '天下大事천하대사는 必作於細필작어세라', 큰일 또한 반드시 작은 게 커진다. 역사를 보면 아주 큰 일도 그 시작은 아주 작은 일에서 시작됨을 알 수 있다. 제1차 세계대전도 세르비아 청년이 쏜 총성 한 방에서 시작됐고, 프랑스대혁명도 왕과 귀족의 사치와 방탕에서 비롯됐으며, 미국의 독립전쟁도 '보스턴 차 사건Boston Tea Party'에서 시작되었다. 그래서 성인은 작은 일을 크게 여기고, 쉬운 일을 어렵게 여겨 매사 무심無心으로 성심誠心을 다한다.

다음 구절, '是以聖人시이성인은 終不爲大종불위대하니, 故能成其大고능성기대라', 그래서 성인은 결코 크게 일을 벌이지 않아도 마침내 큰일을 이룬다. 즉 작위作爲로 일을 벌이지 않고, 작은 일도 크게 알아 성심을 다함으로써 마침내 큰일을 이뤄낼 수 있다는 것이다. 앞 장에서 세속의 영웅들은 큰 이상과 이념에는 승리할지 몰라도 작은 일상에서 쉽게 무너진다고 한 것과 같은 의미다. 소小 영웅들은 반복적인 일상의 일들을 하찮게 보기 때문이다. 작은 것이 지속되면 얼마나 커지는지 모르기 때문에 결국 크게 지는 것이다.

이어 '夫輕諾必寡信부경낙필과신하고 多易必多難다이필다난이라', 무릇 쉽게 승낙하는 것은 믿기 어렵고, 너무 쉬우면 반드시 큰 어려움이 있으니, '是以聖人猶難之시이성인유난지하고 故終無難矣고종무난의라', 그래서 성인은 오히려 일을 어렵게 여기고, 그리하여 끝내 어려움을 겪지 않는다. 약속을 쉽게 하는 사람의 말은 믿기 어렵고, 매사를 쉽게 건성건성 하는 사람은 반드시 나중에 큰 어려움을 겪게 된다. 그래서 깨달은 자는 매사 강 위의 살얼음 밟듯이 삼가고, 아무리 작은 일도 작게 보지 않고 정성을 다하며, 위무위爲無爲 사무사事無事로 처리하여, 끝내 어려움을 겪지 않게 된다.

일상 속 수행을 권하는 핵심 화두 話頭

위무위 사무사 爲無爲 事無事

하지 않음으로써 함을 삼고, 일 없음으로 일을 삼는다. 도덕경의 실천 덕목을 한 줄로 보여주는 멋진 구절이다. 모든 일을 작위적으로 도모하지 않으니 무위無爲가 가장 큰 함이고, 무사無事가 가장 큰 일이 되는 것이다. 백수건달처럼 아무 일도 하지 말고 놀라는 얘기가 아니다. 세상일을 가만히 들여다보면 누구도 아닌, 내가 나를 괴롭게 하는 일이 대부분이다. 안 해도 되는 일을 내가 만들고, 내 꾀에 내가 넘어가는 일이 부지기수다. 그것만 안 해도 무위無爲하므로 무사無事가 가능해지고, 그 비워진 공간에 여러 가치 있는 새 일들을 채울 수 있는 것이다.

도난어기이 위대어기세 圖難於其易 爲大於其細

어려운 일을 쉬운 데서 꾀하고, 큰일을 작은 데서 도모한다. 처음부터 큰 난제가 오는 법은 없다. 작은 것이 쌓여서 크고 어렵게 된다. 잘 나갈 때 승리에 도취하면 작은 틈이 보여도 무시하게 되는데, 그 틈이 커져서 결국 조직 전체를 무너트리는 큰 재앙을 일으킨다. 그러니 쉽고 미세한 문제를 간과하지 말라. 미리 작은 문제를 크게 보고 대비하면, 큰 문제를 손쉽게 막을 수 있다.

일을 시작하기 전에 마음을 먼저 정제하고
(제64장)

제64장은 큰일은 아주 작은 일부터 시작되니, 첫 시작부터 억지로 무리하게 도모하지 말고, 마음을 먼저 정제하고 나서 신중히 해야 한다고 말하고 있다. 앞의 63장과 내용이 자연스럽게 이어지면서 주제를 같이 한다.

其安易持 기 안 이 지	안정된 상태에 있을 때 유지하기가 쉽고
其未兆易謨 기 미 조 이 모	아직 기미가 나타나기 전에 도모하기가 쉽다.
其脆易泮 기 취 이 반	무른 것은 녹이기 쉽고
其微易散 기 미 이 산	미세한 것은 흩어버리기 쉬우니,
爲之於未有 위 지 어 미 유	아직 일이 생기기 전에 미리 처리하고
治之於未亂 치 지 어 미 란	혼란해지기 전에 미리 다스려야 한다.
合抱之木 합 포 지 목	아름드리 큰 나무도
生於毫末 생 어 호 말	털끝 같은 싹에서 생겨나고
九層之臺 구 층 지 대	9층이나 되는 높은 집도
起於累土 기 어 루 토	한 줌의 흙이 쌓여 올라가고
千里之行 천 리 지 행	천릿길도
始於足下 시 어 족 하	한 걸음 내딛는 데서 시작한다.

爲者敗之 _{위 자 패 지}	억지로 하는 자는 실패하고
執者失之 _{집 자 실 지}	움켜잡는 자는 잃게 된다.
是以聖人 _{시 이 성 인}	그래서 성인聖人은
無爲 _{무 위}	억지로 일을 도모하지 않는다.
故, 無敗無執 _{고 무 패 무 집}	그러므로 실패함이 없고 움켜잡지 않으니
故, 無失 _{고 무 실}	그래서 잃지 않는다.
民之終事 _{민 지 종 사}	사람들이 일할 때 보면
常於幾成而敗之 _{상 어 기 성 이 패 지}	거의 다 이루어졌을 때 실패하는데
愼終如始 _{신 종 여 시}	시작할 때처럼 끝까지 신중하면
則無敗事 _{칙 무 패 사}	절대로 실패하지 않을 것이다.
是以聖人 _{시 이 성 인}	그래서 성인聖人은
慾不慾 _{욕 불 욕}	욕심내지 않음을 욕심내고
不貴難得之貨 _{불 귀 난 득 지 화}	얻기 힘든 재물을 귀하게 여기지 않으며,
學不學 _{학 불 학}	배우지 않음을 배우고
復衆人之所過 _{복 중 인 지 소 과}	많은 사람이 지나쳐버리는 데로 돌아가서
以輔萬物之自然 _{이 보 만 물 지 자 연}	만물이 본래의 참모습을 찾도록 도와줄 뿐,
而不敢爲 _{이 불 감 위}	억지로 나서는 일을 하지 않는다.

이 장은 깨달은 자의 일 처리 하는 모습을 말하고 있는데, 첫 구절을 살펴보면, '其安易持_{기안이지}하고 其未兆易謨_{기미조이모}라', 어떤 일이나 조직이 흔들릴 때보다는 안정된 상태에 있을 때 유지하기가 쉽고, 아직 기미가 나타나기 전에 미리 준비하고 도모하는 것이 쉽다.

'其脆易泮기취이반하고', 딱딱하게 굳기 전 말랑말랑한 상태에 있을 때 녹이기 쉽고, '其微易散기미이산이니', 커지기 전 미세한 상태에 있을 때 흩어버리기 쉬우니, '爲之於未有위지어미유하고 治之於未亂치지어미란이라', 아직 일이 생기기 전에 미리 처리하고, 혼란해지기 전에 미리 다스려야 한다. 습관도 마찬가지다. 나쁜 버릇은 한번 굳어지면 고치기 어렵다. 오죽하면 '세 살 버릇 여든까지 간다, 바늘 도둑이 소도둑 된다, 호미로 막을 것을 가래로 막는다'와 같은 속담이 있을까. 작은 버릇이 큰 습관으로 굳어지기 전에 고치는 것이 좋다.

이 구절들은 어떤 일이든 미리 준비하라는 표면적인 뜻도 있지만, 더 큰 함의含意는 어떤 말이나 행동을 하기 전에 그 마음을 먼저 정제하고 다스리라는 뜻이다. 지난 장에서 살펴본 《중용中庸》에서 '중화中和'를 설명할 때 꽃을 피우기 전에 뿌리에 해당하는 '중中'을 잘 지키면 나무는 무럭무럭 자라서 튼실한 꽃과 열매를 맺는다고 했는데, 여기서 '수중守中하라, 즉 중中을 잘 지키라'는 것과 같은 의미이다. 말과 행동을 조심하기 전에 그 마음을 먼저 잘 닦아라. 그래서 마침내 깨달은 경지에 오르면, 즉 내가 하느님 아버지 안에서 도道와 함께 노니는 경지에 오르면, 내 마음껏 하고 싶은대로 다해도 순수한 마음밖에 없어 법도에 어긋남이 하나도 없는 '종심소욕불유구從心所欲不踰矩'의 경지까지 오를 수 있다. 사도 바울의 고뇌에 찬 고백처럼 평생을 노력해도 쉽게 다다르기 힘든 경지이며, 수행하는 자의 꿈과 같은 경지이지만, 공자와 바울도 부단한 공부와 수행을 통해 결국 이 경지에 이르렀듯이 아예 불가능한 꿈은 아니리라.

다음 구절, '合抱之木합포지목도 生於毫末생어호말하고', 아름드리 큰 나무도 처음엔 털끝 같은 아주 작은 싹에서 생겨나고, '九層之臺구층지대도 起於累土기어루토하고', 9층이나 되는 높은 집도 한 줌과 한 삽의 흙이 쌓여서 올라가고, '千里之行천리지행도 始於足下시어족하라', 머나먼 천릿길도 바로 한 걸음 내딛는 데서 시작한다. 앞 구절의 '일이 혼란스러워지기 전에 미리 작은 것부터 준비하고, 그전에 마음을 먼저 다스려라'라는 주제를 이해하기 쉽게 일상 현상과 사물에 빗대어 비유한 것이다.

이어 '爲者敗之위자패지하고 執者失之집자실지라', 억지로 무리하는 자는 실패하고, 움켜잡는 자는 반드시 잃게 된다. 잡으면 언젠가는 놓을 수밖에 없는 게 자연의 필연 법칙이다. 뭔가를 기대하면 반드시 실망이 따른다. 그래서 불가에서도 '무주상보시無住相布施'를 말한 것이다. 머무는 마음 없이 그 마음을 내어 보시報施하라. 그런데 현실에서는 선행에도 거래의 마음이 생긴다. 내가 이만큼 했는데 상대가 얼마만큼의 반응이 없으면 실망하게 된다. 가령 내가 친한 친구에게 밥을 세 번 샀는데, 네 번째도 상대가 안 사면 실망하게 되고, 다섯 번째는 더 이상 안 보고싶은 마음마저 생기게 된다. 내 선행에도 거래의 마음이 숨어 있던 것이다. 결국 다른 누가 아닌 자기의 기대가 자신을 괴롭히는 것이다.

그래서 '是以聖人시이성인은 無爲무위라', 이런 까닭에 성인은 억지로 일을 도모하지 않는다. '故無敗無執고무패무집하니 故無失고무실이라', 그러므로 실패함이 없고, 움켜잡지 않으니, 그래서 잃지도 않는다.

다음 구절, '民之終事민지종사에 常於幾成而敗之상어기성이패지하니', 사람들이 일할 때 보면 거의 다 마무리되는 단계에서 실패하는데, '愼終如始신종여시면 則無敗事칙무패사라', 시작할 때 마음처럼 끝까지 신중하면 절대로 실패하지 않을 것이다. 첫 마음은 순수하게 욕심 없이 시작했다가 결과가 눈에 보이기 시작하면서 욕심이 발동하면, 첫 마음을 잃고 무리하게 되어 일을 그르친다는 것이다. 운동도 처음에는 그저 지금보다 조금 더 건강해지고 싶은 소박한 마음으로 시작했다가, 자꾸 하다 보면 욕심이 생겨서 장비도 좋은 거로 바꾸고 싶고, 근육이나 자세도 남들처럼 빨리 만들고 싶은 욕심이 생기다 보면, 결국 무리하게 되어 병원 신세를 지게 되는 경우가 종종 있다.

'是以聖人 시이성인은 慾不慾 욕불욕하고', 그래서 성인은 욕심내지 않음을 욕심내고, 즉 뭇사람들이 욕심내지 않는 것 無爲, 無慾 등을 욕심내고, '不貴難得之貨 불귀난득지화하며', 얻기 힘든 재물을 귀하게 여기지 않으며, 즉 뭇사람들이 욕심내는 것 재물, 명예 등을 욕심내지 않으며, '學不學 학불학하고', 배우지 않음을 배우고, 즉 뭇사람들이 배우는 않는 것 사물의 근원과 실재 등을 배우며 수행하고, '復衆人之所過 복중인지소과하여' 많은 사람이 지나쳐버리는 데로 돌아가서, 즉 뭇사람들이 외면하는 자리 道, 德, 自然 등에 돌아가서 '以輔萬物之自然 이보만물지자연하되', 만물이 본래의 참모습을 되찾도록 도와줄 뿐, '而不敢爲 이불감위라', 억지로 나서는 일을 하지 않는다.

이 마지막 구절에서 보듯이, 성인의 모습은 욕심내지 않음을 욕심내고, 욕심내는 것을 욕심내지 않으며, 배우지 않음을 배우고, 모두 외면하는 자리로 돌아가는 자이니, 뭇사람들과는 정반대의 길을 가는 자이다. 예수님이 '많은 사람이 가는 넓은 길을 택하지 말고 좁은 길을 가라'고 하신 말씀과 일치한다. 성인은 그 좁은 길에서 '而不敢爲 이불감위라', 억지로 나서서 일하지 않으면서도 만물이 원래 지니고 있던 참모습 佛性, 道, 仁 사랑을 찾도록 도와준다는 것이다.

일상 속 수행을 권하는 핵심 화두 話頭

신종여시 칙무패사 愼終如始 則無敗事

시작할 때처럼 끝까지 신중하면, 절대로 실패하지 않을 것이다. 어떤 일을 새로 시작할 때는 실패하지 않기 위해 주위 내외부 환경을 다 고려하여 신중하게 접근하지만, 일이 어느 정도 진척되고 나면 그 첫 마음을 잃고 관성대로 하는 경향이 생긴다. 신중하게 더 생각하지 않고 관성대로 하게 되는 것은 뇌의 '인지적 구두쇠cognitive miser' 경향 때문이다. 우리 몸에서 가장 에너지를 많이 쓰는 기관이 뇌이다. 뇌가 약 23%, 근육이 22%, 간이 20%의 에너지를 쓴다. 또한 뇌는 신체 산소 소모량의 1/4, 포도당 소모량의 70%가량의 에너지를 소모한다. 그래서 뇌는 불필요한 일에 에너지를 낭비하지 않기 위해서, 반복되는 일에는 습관을 만들어 신체가 알아서 행동하도록 내버려 둔다. 뇌는 뉴런neuron이라는 네트워크로 구성되어 있는데, 이러한 뉴런은 성장을 하면서도 많은 것을 학습하고 경험하면서 상호 연결점이 많아진다고 한다. 결국 경험에 의해 연결된 뉴런은 경험을 인지하고 저장해 두었다가, 같은 일이 반복되었을 때 동일한 반응과 행동으로 나타나게 되는데, 그것이 바로 타성과 관성이다. 이러한 뇌의 습성 때문에 뇌는 변화를 싫어하고 도전에 대한 두려움을 가진다. 이미 형성된 습관과 패턴에 따라 행동하는 것은 게으른 뇌가 편하게 느끼기 때문이다.

그렇지만 이러한 뇌의 '인지적 구두쇠' 경향은 뇌의 '가소성 neuroplasticity'으로 극복할 수 있다. 인간의 뇌는 마치 말랑말랑한 찰흙이나 플라스틱처럼 변형 가능하다는 개념이다. 뇌의 각 부위의 기능이나 역할 혹은 작동 방식은 체계적이고도 반복적인 자극을 주게되면 얼마든지 변화시킬 수 있다는 것이다. 뇌의 가소성에 대해서 노먼 노이지 Norman Doidge, 정신분석가·정신과의사의《스스로를 변화시키는 뇌 The Brain that Changes Itself》라는 책에 많은 사례가 자세히 언급되어 있다. 노이지에 따르면 '나는 이미 나이가 많이 들어서 머리가 굳어졌는데…'라는 생각은 잘못된 것이다. 우리의 머리는 평생 굳어지지 않는다. 늙어 죽을 때까지 우리의 뇌는 계속 변화한다. 뇌는 어떻게 쓰느냐에 따라서, 즉 어떠한 자극을 반복적으로 주느냐에 따라서 그 작동 방식이 달라진다. 인지능력과 문제해결력을 주로 담당하고 있는 전두엽이 강화되도록 반복해서 자극을 주게 되면 실제로 마음 근력이 강해진다. 선천적으로 몸이 약한 사람도 꾸준한 운동을 통해 건강한 사람이 될 수 있는 것처럼 마음 근력도 꾸준한 노력을 통해 얼마든지 향상될 수 있다. 더욱이 이러한 변화는 나이에 상관없이 얼마든지 가능하다. 마음 근력을 강화하는 훈련은 남녀노소 누구나 할 수 있는 것이다.

이렇게 뇌와 마음 근력 강화 훈련을 통해 타성과 관성을 극복하고, 어떤 일을 처음 시작할 때처럼 마음을 늘 새롭게 하는 사람은 고여 있거나 실패하지 않고 계속 성장한다.

도가 道家의 세 가지 보물
(제67장, 59장)

제67장은 도덕경 중에서 '삼보 三寶의 장'으로 잘 알려져 있는데, 바로 성인 聖人이 지니고 있는 세 가지 보물 慈, 儉, 不敢爲天下先에 관해서 이야기하고 있다.

天下皆謂我道大 천 하 개 위 아 도 대	세상 모두가 말하기를 내 도道는 너무 커서,
似不肖 사 불 초	도道 같지 않은 듯하다고 한다.
夫唯大 부 유 대	무릇 오직 크기 때문에
故, 似不肖 고 사 불 초	도道 같지 않아 보이는 것이다.
若肖 약 초	만일 도道 같아 보인다면
久矣其細也夫 구 의 기 세 야 부	오래전에 이미 작았을 것이다.
我有三寶 아 유 삼 보	나는 세 개의 보배를 가지고 있는데
持而保之 지 이 보 지	늘 간직하고 지킨다.
一曰慈 일 왈 자	그 첫째는 사랑이고,
二曰儉 이 왈 검	둘째는 검소함이며,
三曰不敢爲天下先 삼 왈 불 감 위 천 하 선	셋째는 세상에 감히 앞서 나서지 않는 것이다.
慈故能勇 자 고 능 용	사랑하기 때문에 용감할 수 있고
儉故能廣 검 고 능 광	검소하므로 넓어질 수 있으며,

不敢爲天下先 불감위천하선	감히 세상에 앞서 나서지 않기에
故, 能成器長 고 능성기장	다른 관리들의 수장이 될 수 있다.
今舍慈且勇 금사자차용	오늘날 사랑이 없으면서 용기만 있고
舍儉且廣 사검차광	검소하지 않으면서 넓기만 하며,
舍後且先 사후차선	뒤에 서는 태도를 버린 채 앞서려고만 하는데
死矣 사의	이는 죽는 길이다.
夫慈以戰則勝 부자이전즉승	무릇 사랑으로 싸우면 승리하고
以守則固 이수즉고	사랑으로 지키면 견고하다.
天將救之 천장구지	하늘은 장차 그런 사람들을 구원하여
以慈衛之 이자위지	사랑으로 그들을 지켜주리라.

첫 구절, '天下皆謂我道大천하개위아도대하여 似不肖사불초라', 세상 모두가 말하기를 내 도道는 너무 커서, 도 같지 않은 듯하다고 한다. 여기서 '초肖' 자는 '닮다'는 뜻으로 '似不肖사불초'는 '도道를 닮은 것 같지 않다'로 읽을 수 있다.

'夫唯大부유대여서 故似不肖고사불초라', 무릇 오직 크기 때문에 도道 같지 않아 보이는 것이다. 노자가 말하는 도道는 너무 커서 눈에 보이거나 손으로 만져지지 않아 사람들이 실감하지 못한다는 것이다.

'若肖약초면 久矣其細也夫구의기세야부라', 만일 도道 같아 보인다면 오래 전에 이미 작았을 것이다. 반대로 인간의 오감으로 느껴지는 작은 것들은 이미 도道가 아니라는 것이다. 도道는 그 작은 것들을 세상에 낳고, 보이지 않는 곳에서 그것들이 잘 운행하도록 도와주기 때문에 사람들은 느끼지 못하는 것이다. 그래서 앞 장에서 '하수下手가 도道를 듣고 비웃지 않으면 도道가 아니다'라고 했던 것이다.

다음 구절, '我有三寶아유삼보하여 持而保之지이보지라', 나는 세 개의 보배를 가지고 있는데, 늘 간직하고 지킨다. 불교의 삼보三寶는 '불·법·승佛法僧'이고, 기독교의 세 가지 보물은 '사랑·믿음·소망'이며, 노자의 삼보三寶는 다음을 말한다. '一曰慈일왈자요, 二曰儉이왈검이요, 三曰不敢爲天下先삼왈불감위천하선이라', 그 첫째는 사랑이고, 둘째는 검소함이며, 셋째는 세상에 감히 앞서 나서지 않는 것이다. 셋 다 눈에 보이거나 손으로 잡히지 않는 것들이어서 사람들은 듣고도 자기들이 생각하는 도道가 아닌 것 같다고 하는 것이다.

첫째 보물인 '자慈'는 어미가 새끼에게 젖을 먹이듯 아무 조건 없는 사랑을 가리킨다. 조건 없는 사랑은 자식에게만 국한되는 것이 아니라, 모든 사물에게 베푸는 사랑에도 마찬가지다. 앞 49장에서 나왔던 '덕德은 착한 사람을 착하게 대하고, 착하지 못한 사람도 착하게 대한다'라는 내용과 일치한다. 일찍이 예수님이 원수를 사랑하라 하셨는데, 성철性徹 스님도 비슷한 말씀을 하셨다. "용맹 가운데 가장 큰 용맹은 옳고도 지는 것이고, 공부 가운데 가장 큰 공부는 남의 허물을 뒤집어쓰는 것이다." 내가 옳고도 지는 것이 가장 큰 용맹이고, 남의 허물을 뒤집어쓰는 것이 가장 큰 공부라 했을 때, 내가 크게 양보하라는 의미로 받아들이면 표면적인 이해에 불과하다. 옳다는 생각이 '내 기준에서 옳은 것이구나'를 알게 되고, '남의 허물'이라는 것도 '내 기준에서 허물로 보인다'라는 것을 깨닫게 되면, 일부러 져줄 것도, 뒤집어쓸 것도 없게 된다. 이렇게 조건 없는 사랑인 '자慈' 안에서는 이기고 지는 게 있을 수 없으며, 내 허물과 남의 허물의 구분도 있을 수 없다. 자타불이自他不二의 사랑이기 때문이다. 꽃은 자기를 꺾는 사람에게도 향기를 묻힌다.

> **성철 스님**性徹, 1912~1993 : 속명 이영주 李英柱, 호 퇴옹 退翁, 법명 성철性徹. 한국 현대 불교의 가장 유명한 고승, 학구열과 함께 평생 철저한 수행으로 '큰스님'으로 일컬어지며, 조계종 종정으로 추대되었다.

사도 바울도《고린도전서》에서 "믿음·소망·사랑, 이 세 가지는 항상 있을 것인데, 그 가운데 으뜸은 사랑이다"라고 하였는데, 세상의 모든 종교가 일제히 제1의 보물로서 사랑慈을 얘기하고 있다.

둘째 보물인 '검儉'은 검소함을 말한다. 제59장 첫 구절에 '치인사천治人事天 막약색莫若嗇이라', 사람을 다스리고 하늘을 섬기는 데 '아낌'만한 것이 없다고 했는데, 이때의 '아낌'을 뜻하는 '색嗇'이 둘째 보물인 '검儉'과 같은 의미라 할 수 있다. 아낌을 일컬어 근원으로 '빨리 돌아감早復'이라 하고, 빨리 돌아감을 일컬어 '덕을 거듭 쌓는다重積德'라고 하였다. 검소할수록 덕을 계속 쌓는 일이요 근원으로 돌아간다는 것인데, 아껴야 하는 사물과 내가 근원적으로 '하나物我一體'이기 때문이다. 그래서 감산憨山 스님은 색嗇을 '본성本性으로 돌아가는 공부'라고 하였다.《중용》의 첫 구절에 '천명天命을 성性이라 하고, 그곳으로 돌아가서 성性을 따라 살아가는 것을 도道'라 했는데, 결국 도道로 돌아가는 것이 색嗇이요 검儉인 것이다. 과소비로 경기를 부양하는 현대 자본주의 사회와는 정반대의 이야기를 하고 있다. 그만큼 도道와 천명天命, 성性에서 멀어진 소비사회는 '부도不道 는 조이무단라'. 일찍 끝나게 되어 있으니, 지금이라도 정신을 번쩍 차려야 이 '자연의 종말'을 막을 수 있으리라.

간디의 검儉 : "나는 가난한 탁발승이오. 내가 가진 거라고는 물레와 교도소에서 쓰던 밥그릇과 염소젖 한 깡통, 허름한 숄 몇 장, 수건 그리고 대단치도 않은 평판, 이것뿐이오."

셋째 보물인 '不敢爲天下先불감위천하선'은 감히 세상에 앞서 나서지 않는다는 것인데. 이 구절을 잘못 해석하면 도덕경을 수동적인 세계관이라 비판할 수 있다. 실제로 그런 비판이 종종 있었다.《순자荀子》〈천론天論〉편에 '老子有見於屈노자유견어굴이나 無見於伸무견어신이라, 노자는 굽히는 네거티브한 면에 대해서는 훌륭한 견해가 있지만, 펴는 포지티브한 면에서는 견해가 부족하다'라는 구절이 나온다. 이런 오해는 도덕경의 표면적인 뜻만 보고, 그 속에 숨어 있는 함의는 간과했기 때문에 발생하는 것이다. 도덕경은 수동성이나 적극성이라는 이분법적 세계관을 뛰어넘어 '수동적 적극성'이라는 '모순 통일의 세계관'을 말하고 있기에, 얼핏 보면 이해하기 힘든 것이다. 이 구절도 마찬가지이다. 셋째 보물은 구태여 앞에 나서지 않고 수행에 전념하지만, 때가 되면 저절로 추대되어 많은 것을 이룬다는 것이다.

다음 구절은 위의 세 가지가 어째서 보물이라 하는지, 그 이유를 설명하고 있다.

첫째 '慈故能勇 자고능용이라', 사랑하기 때문에 용감할 수 있다. 진실로 사랑한다는 것은 무엇인가를 재거나 헤아리지 않는다는 것이다. 그래서 용감한 것이다. 자식이 물에 빠졌는데 무엇을 잰다는 말인가? 곧바로 물에 뛰어드는 것과 같은 이치다.

둘째 '儉故能廣 검고능광이라', 검소하므로 넓어질 수 있다. 검소하면 지금의 처지에 만족하므로, 세상 사람들이 보기에 부족해 보여도 자신은 늘 남아도는 것이다. 그래서 넓은 것이다. 반대로 사치하면 부족하고, 늘 좁은 것이다.

셋째 '不敢爲天下先 불감위천하선이라', 감히 세상에 앞서 나서지 않기에 다른 관리들의 수장이 될 수 있다. 앞 장에서 지적 토대가 좁은 사람일수록 용감하다고 했다. 이분법적 세계관으로 한가지 이념에만 도취하기 때문에 쉽게 깃발 들고 앞장서는 것이다. 유무상생 有無相生이라는 양극의 일치와 모순 통일의 원리를 아는 사람은 여러 상황을 다 고려하기에 쉽게 나서지 않고, 한발 뒤로 물러나 그 본질을 보려 한다. 그리고 때가 무르익게 되면 그 사람의 혜안이 뭇사람들에게 알려지게 되고, 자연스럽게 수장으로 추대되어 복잡하게 얽힌 현안들을 풀어내는 것이다.

그런데 오늘날의 세상은 정반대의 현상이 벌어진다. '今舍慈且勇 금사자차용하고', 오늘날은 사랑이 없으면서 용기만 있고, 즉 거짓으로 무모하게 용감한 척만 하고, '舍儉且廣 사검차광하며', 검소하지 않으면서 넓기만

하고, 즉 아끼지 않고 경쟁적으로 소비만 하려 하며, '舍後且先사후차선인데' 뒤에 서는 태도를 버린 채 앞서려고만 하는데, 즉 공부의 본질을 모르면서도 서로 경쟁적으로 1등만 하려 하는데, 이는 '死矣사의라', 모두 죽는 길이다.

마지막 구절 '夫慈以戰則勝부자이전즉승하고 以守則固이수즉고라', 무릇 사랑으로 싸우면 승리하고, 사랑으로 지키면 견고하다. 사람이 상대적 관계 속에서 살다 보면 어쩔 수 없이 이웃 간에 싸움이 생길 수도 있고, 나라 간에 전쟁이 일어날 수도 있는데, 불가피하게 싸우더라도 기저에 사랑이 있으면 져도 결국 이기지만, 사랑이 없으면 이겨도 진다는 것이다. 실제로 상대방을 너무 잔인하게 이기면, 결국 패자 쪽에 반감을 불러일으켜 보복 전쟁이 끊이질 않으니 이겨도 이긴 게 아니다. 그래서 부득이하게 싸워서 이겼어도 패자를 사랑으로 감싸주면, 패자가 진심으로 승복하여 평화를 견고하게 지킬 수 있는 것이다.

이어 '天將救之천장구지하여 以慈衛之이자위지라', 하늘은 장차 그런 사람들을 구원하여, 사랑으로 그들을 지켜주리라. 하늘은 이런 세 가지 보물을 잘 간직하는 자를 구원해 주며, 무한한 사랑으로 그 사람들을 지켜준다는 것이다. 산스크리티어로 '조건 없는 사랑'을 뜻하는 'Mietri'를 한자로 옮긴 것이 '자慈'이다. 사랑은 한 뿌리를 가진 각 개체 사이의 일체감이다. 모두가 내 형제자매임을 인식하는 사람은 사랑이 충만하여 하늘의 도움 없이도 스스로 구원받게 되며, 그 사랑이 그 사람을 지켜줄 것이다.

일상 속 수행을 권하는 핵심 화두 話頭

일왈자一日慈, 이왈검二日儉, 삼왈불감위천하선三日不敢爲天下先

그 첫째는 사랑이고, 둘째는 검소함이며, 셋째는 세상에 감히 앞서 나서지 않는 것이다. 노자의 세 가지 보물인 자타불이自他不二의 조건 없는 '사랑', 본성으로 돌아가는 진짜 공부인 '검소함', '세상에 억지로 앞서 나서지 않는 수동적 적극성'을 명심하면서 세상을 살아가는 자는 하늘이 끝없는 사랑으로 그를 지켜주리라.

a word of Tao Te Ching engraved in my heart 내 마음에 새겨보는 도덕경

도가道家의 세 가지 보물 (제67장, 59장)

아는 것이 어떻게 병病이 되는가?
(제71장)

제71장은 진정으로 아는 것과 모르는 것이 무엇인지, 아는 것이 어떻게 병病이 되는지, 깨달은 자는 왜 그 병을 앓지 않는지 설명하고 있다.

知不知上 지 부 지 상	알지 못함을 아는 것은 최상이고
不知知病 부 지 지 병	모르면서 안다고 하는 것은 병病이다.
夫唯病病 부 유 병 병	다만 병을 병으로 알면
是以不病 시 이 불 병	이로써 병을 앓지 않는다.
聖人不病 성 인 불 병	성인聖人은 병을 앓지 않으니
以其病病 이 기 병 병	그 병을 병으로 알기 때문이다.
是以不病 시 이 불 병	그러므로 병을 앓지 않는 것이다.

첫 구절부터 살펴보면, '知不知上지부지상이고 不知知病부지지병이라', 알지 못함을 아는 것은 최상이고, 모르면서 안다고 하는 것은 병病이다. '부지不知'를 아는 것이란 무엇인가? 자기가 알지 못하고 있다는 사실을 자각하는 것이다. 현상계를 살고 있는 유한한 우리 인간이 알면 얼마나 알겠

는가? 현대에 최첨단 과학이 이렇게 발달했어도 우주에 대해서 우리가 밝혀낸 것은 5%도 안 된다고 한다. 95% 이상은 우리가 모르는 거대한 암흑물질과 암흑에너지라고 한다. 광대무변廣大無邊한 우주의 끝 공간이 어디까지인지 모르며, 무한한 우주의 시간이 어디가 끝인지도 알 수 없다.

거대한 우주만 모르는 게 아니다. 인간 자신도 모른다. 내 잠재의식이나 무의식을 잘 알 수 없으며, 내 현재 의식의 흐름도 알기 어렵고, 의식 너머 초의식은 더 모른다. 나 자신도 모르고 우주도 모르니 '모른다'고 할 수밖에 달리 할 말이 있겠는가?

아울러 우리 인간은 상대적 세계를 살고 있는 유한한 존재이므로, 무한한 절대적 세계를 다 알 수가 없는 것이다. 그래서 노자는 도덕경 첫 장에서 "도道를 도라 하면 이미 도가 아니다"라고 말한 것이다. 스콜라 철학의 대표 신학자 토마스 아퀴나스 Thomas Aquinas, 1225~1274도 "우리가 하느님에 대해서 가질 수 있는 최고의 인식은, 그분은 알 수 없는 분이라는 인식이다"라고 했다.

그리하여, 그리스에서 가장 현명한 사람이라고 신탁神託을 받았다는 소크라테스는 "내가 아는 것은 내가 아무것도 모른다는 사실이다"라고 하면서 "네 자신을 알라"고 무지의 자각을 설파하고 다녔다. 동양의 공자도 제자들에게 말하기를, "너에게 앎에 대해 가르쳐 주겠다. 아는 것을 안다고 하고 모르는 것을 모른다고 하는 것이 참으로 아는 것이다"라고 하였다. 동서양 철학계의 양대 산맥이라 할 수 있는 두 시원始原의 철학자가 '앎'과 '모름'에 대해 같은 말을 하고 있다.

소크라테스 Socrates, BC 469?~BC 399 : 고대 그리스의 대표적인 철학자. 문답법을 통한 깨달음, 무지에 대한 자각, 덕과 앎의 일치를 중시하였다.

공자 孔子, BC 551~BC 479 : 이름은 구丘, 자는 중니仲尼, 중국 춘추 시대의 사상가·학자. 여러 나라를 두루 돌아다니면서 인仁을 정치와 윤리의 이상으로 하는 도덕주의를 설파하여 덕치를 강조하였다.

이어 '夫唯病病부유병병하면 是以不病시이불병이라', 다만 병病을 병으로 알면, 이로써 병을 앓지 않는다. 모르면서 안다고 하는 것은 병인데, 그 병을 내가 인식하고 있으면, 즉 '내가 지금 모르는 것을 아는 척하고 있구나' 하고 알아차리면, 바로 아는 척하는 행위를 멈출 수 있기에 더는 병을 앓지 않는다고 한 것이다.

끝으로, '聖人不病성인불병하니 以其病病이기병병이라', 성인聖人은 병을 앓지 않으니, 그 병을 병으로 알기 때문이다. 성인은 자기가 아는 것과 모르는 것을 알고 있고, 모르는 것을 아는 척하는 것이 병이라고 알기에 그런 짓을 하지 않는다. '是以不病시이불병이라', 그러므로 병을 앓지 않는 것이다. 부처님은 49년 동안 주옥같은 설법을 남기고도 마지막에 가서 "나는 49년 동안 한마디도 하지 않았다"라는 말로 자신의 앎과 설법을 부정하셨다. 내가 아는 것은 네가 아는 게 아니다, 내 말은 네게 다 틀릴 수도 있으니 네가 스스로 법을 찾아 깨달음을 얻어라. 부처님은 병을 병으로 알았던 것이다.

일상 속 수행을 권하는 핵심 화두 話頭

지부지상 부지지병 知不知上 不知知病

알지 못함을 아는 것은 최상이고, 모르면서 안다고 하는 것은 병病이다. 내 무지를 자각해야 공부의 동기가 생기고 계속 성장할 수 있다. 모르거나 어렴풋이 아는 것을 다 안다고 생각하면, 더 이상 공부의 필요성을 느끼지 않아서 성장할 수 없으니 큰 병이 아닐 수 없다. 지속적으로 내 무지를 또 다른 내가 자각하는 것, 즉 매순간 끊임없는 메타인지가 이 병을 치료할 수 있다.

a word of Tao Te Ching engraved in my heart **내 마음에 새겨보는 도덕경**

아는 것이 어떻게 병病이 되는가? (제71장)

큰 원한은 화해를 잘해도 여한이 남으니
(제79장)

제79장에서는, 큰 원한은 아무리 화해를 잘해도 여한이 남으니, 애초부터 원한 살만한 일을 만들지 않는 게 현명하다도 말하고 있다. 더 나아가 그 일이 어떻게 가능한지 '빚문서'에 빗대서 설명하고 있다.

和大怨 화 대 원	큰 원한은 화해를 잘해도
必有餘怨 필 유 여 원	반드시 여한이 남게 되니
安可以爲善 안 가 이 위 선	어찌 잘 된 것이라 하겠는가?
是以聖人 시 이 성 인	이런 까닭에 성인은
執左契 집 좌 계	빚문서를 들고서
而不責於人 이 불 책 어 인	사람들에게 독촉하지 않는다.
有德司契 유 덕 사 계	덕德이 있는 사람은 문서를 맡고
無德司徹 무 덕 사 철	덕德이 없는 사람은 빚 받는 일을 한다.
天道無親 천 도 무 친	하늘의 도道는 편애하는 일이 없기에
常與善人 상 여 선 인	항상 착한 사람과 함께 한다.

첫 구절부터 살펴보면, '和大怨화대원해도 必有餘怨필유여원이니 安可以 爲善안가이위선이라', 큰 원한은 화해를 해도 반드시 여한이 남게 되니, 어찌 잘 된 것이라 하겠는가? 여기서 '安안'자는 원래 '편안하다'의 의미지만, 문장 맨 앞에 오면 의문사로 '어찌'의 뜻이 된다. 큰 원한이나 원망은 아무리 잘 풀고 화해해도 여한이 남으니, 아예 처음부터 원한 관계를 맺지 않는 게 낫다는 것이다. 앞 장에서 '아무리 잘 싸워 승리해도 안 싸우는 것만 못하다'라는 말과 의미가 상통한다. 어떻게 하면 모든 인간관계에서 애초부터 원한 관계를 만들지 않으며 살 수 있을까? 노자는 사私가 없으면 가능하다고 말한다. 너무 큰 방편이어서 잘 잡히지 않으면, 논어의 아래 구절에 사私 없이 사람을 대하는 자세가 나오니 참고해보자.

제자 중궁仲弓이 공자에게 인仁에 대해 묻자, 공자가 대답했다.

"出門 如見大賓출문 여견대빈하고, 使民 如承大祭사민 여승대제하며, 己所不欲기소불욕 勿施於人물시어인하면, 在邦無怨재방무원하고, 在家無怨재가무원이라, 문밖으로 나가면 큰 손님을 뵙듯 하고, 백성을 부릴 때는 큰 제사를 받들 듯하며, 자신이 하고 싶지 않은 일을 남에게 시키지 않으면, 벼슬길에 나서선 백성의 원망을 사지 않고, 가문을 지키고 있을 땐 가족의 원망을 사지 않게 되리라." 상대방을 큰 손님 대하듯 하고, 큰 제사를 받들 듯 섬기며, 내가 하고 싶지 않은 일을 시키지 않으면 평생 원한 살 일이 없다는 것이다. 사私를 완전히 없애지는 못할지라도 최소한으로 약화해야 가능하리라.

스승인 공자의 말씀을 듣고 제자 중궁이 답했다.

"雍雖不敏옹수불민하지만 請事斯語矣청사사어의라, 이 염옹중궁의 이름이 비록 어리석고 둔하지만, 그 말씀을 받들겠나이다." 중궁의 답변이 참 인간적이다. 어리석고 둔해서 그 말을 쉽게 따라 할 수 없을지라도 깜냥껏 하는 데까지는 최선을 다해보겠노라. 이것이 평범한 사람이 '곤이지지困而知之, 곤경에 처하고서야 깨달음' 하기 전에 '학이지지學而知之, 열심히 배워서 깨달음' 하는 가장 바람직한 자세일 것이다.

다음 구절을 보면, '是以聖人시이성인은 執左契집좌계하되 而不責於人이불책어인라', 이런 까닭에 성인은 빚문서를 들고 있으나 사람들에게 독촉하지 않는다. 여기서 '좌계左契'에 대한 해석이 분분한데, 전체 맥락으로 보아 다음처럼 해석하는 것이 자연스럽다고 본다. 옛 중국에서는 돈을 꿔주고 받을 때 그 거래 내용을 대나무 조각에 써서, 이를 두 쪽으로 잘라 채권자의 이름이 쓰여 있는 우계右契는 상대편인 채무자가 갖고, 채무자의 이름이 쓰여 있는 좌계左契는 채권자가 가졌다고 한다. 그런데 성인은 채권자가 되었을 때 빚문서를 들고는 있지만, 절대 채무자에게 독촉하지 않는다. 여기서 좌계는 상대방을 지배할 수 있는 위치의 상징적인 의미라 볼 수 있다. 상대방보다 위에 있지만 절대 지배하거나 자기 입장을 강요하지 않는다고 봐야 한다. 그러니 어느 처지에 있어도 원한 살 일을 만들지 않는 것이다.

이어서 '有德司契유덕사계하고 無德司徹무덕사철이라', 덕德이 있는 사람은 문서를 맡고, 덕이 없는 사람은 빚 받는 일을 한다. 여기서 '徹철'은 주周나라의 세법이다. 소출의 1/10을 세금으로 가져가는 방식이다. 흉년이 들거나 사정이 생겨서 납부를 못 하게 되는 경우가 자주 발생하였는데, 그때 관리들이 참고 기다려주기보다는 굶주린 백성들을 다그쳐서 세금을 거두고 핍박하였다 한다. '契계'는 빚문서나 세금 문서를 말한다. 덕이 있는 사람은 빚문서나 세금 문서만 들고 있으면서 받아내지 않고, 덕이 없는 사람은 재촉하는 일을 한다는 것이다.

마지막 구절, '天道無親천도무친하여 常與善人상여선인이라', 하늘의 도道는 편애하는 일이 없기에 항상 착한 사람과 함께 한다. 전편 제3장에서 '천지불인天地不仁이라', 하늘은 사사로운 정이 없다고 했듯이 하늘의 도는 누구를 선택해서 편애하는 일을 하지 않는다. 햇빛은 성당이나 절에 그 밝은 빛을 비추는 것과 똑같이 교도소에도 비춘다. 사사로이 선택해서 비추는 법이 없다. 아무리 선한 사람도 때가 되면 죽듯이 악한 사람도 결국엔 죽는다. 편애해서 살리지 않는다. 그런데 편애하지 않는다고 해놓고 항상 착한 사람과 함께 한다고 한 것은 무슨 뜻이란 말인가? 여기서 선인善人은 단순히 심성이 착한 사람을 의미하는 것이 아니라 도道를 깨닫고 함께하는 사람이다. 바로 예수님과 부처님이 한목소리로 말했던 '귀 있는 자 들어라'에서 진리의 말씀을 알아들을 수 있는 밝은 귀를 지닌 자를 말한다. 하늘의 도道는 편애하지 않기 때문에 항상 깨달은 자와 함께 한다는 것이다. 깨닫지 못한 사람은 도道나 하느님, 부처님 안에 있어도 그 안에 있는 줄을 모르기 때문이다.

일상 속 수행을 권하는 핵심 화두 話頭

기소불욕 물시어인 己所不欲 勿施於人

자신이 하고 싶지 않은 일을 남에게 시키지 말라. 성경의 황금률과 같은 의미이다. 황금률 黃金律, Golden Rule은, 3세기경 로마 황제 알렉산더 세베루스 Alexander Severus가 신약성경의 "남이 너희에게 해주기를 바라는 그대로 너희도 남에게 해주어라 마태복음 7:12"라는 말씀을 황금으로 써서 벽에 붙인 데서 유래한다. 행동규범으로써, 마치 황금으로 여겨질 정도로 귀하고 소중한 말씀이라는 의미인데, 위의 공자 말씀과 같은 뜻이다. 자공이 공자에게 물었다. "한 마디로 평생 지키고 행하여야 할 덕을 나타낸 말이 있습니까?" 하니, 공자가 대답하기를 "그것은 바로 서恕라는 말이다. 내가 하기 싫은 일은 남에게도 베풀지 마라 己所不欲勿施於人." 여기서 말하는, 서恕는 용서라는 뜻이다. 더 넓은 의미의 관용을 말한다. 즉 자신을 헤아리고 미루어 스스로 용서하는 마음을 남에게까지 확장하는 것, 그것이 바로 관용이다. 바로 자신에게 관대한 용서를 타인에게 동일하게 적용하는 이 관용의 자세가 대인관계에서 평생을 지키고 행해야 하는 최고의 덕이라고 공자는 강조한다.

천도무친 상여선인 天道無親 常與善人

하늘의 도道는 편애하는 일이 없기에, 항상 착한 사람과 함께 한다. 하늘의 도道는 사사로운 정이 없어서 특정 인간이나 사물을 편벽되게 사랑하지 않고, 모두 공평무사하게 대한다. 인간의 기준으로 착한 사람을 사랑하지 않는다. 하늘의 기준으로 착한 사람을 사랑한다. 하늘의 기준으로 착한 사람은 하늘의 원리와 질서를 바로 알고 실천하는 사람이다. 천명을 따르니 사랑하지 않을 수 있겠는가? 반대로 천명을 따르지 않으니 사랑을 줘도 받을 수가 없는 것이다. 이것이 공평무사한 하늘의 사랑법이다.

믿음직스러운 말은 아름답지 못하고
(제81장)

도덕경의 마지막 장인 제81장은 도_道와 덕_德의 원리와 그것을 실천하는 성인_{聖人}의 모습을 종합해서 재정리하고 있어서, 전편들을 다 살펴본 독자라면 뜻을 읽는 데 큰 어려움이 없을 것이다.

信言不美 신 언 불 미	믿음직스러운 말은 아름답지 못하고
美言不信 미 언 불 신	아름다운 말은 믿음직스럽지 못하다.
善者不辯 선 자 불 변	훌륭한 사람은 말을 잘하지 못하고
辯者不善 변 자 불 선	말을 잘하는 사람은 훌륭하지 못하다.
知者不博 지 자 불 박	아는 자는 박식하지 않고
博者不知 박 자 불 지	박식한 자는 알지 못한다.
聖人不積 성 인 부 적	성인_{聖人}은 쌓아두지 않고
旣以爲人 기 이 위 인	모두 다른 사람을 위해 일하지만
己愈有 기 유 유	자기는 더 많이 있게 되고,
旣以與人 기 이 여 인	모두 다른 사람에게 나누어 주지만
己愈多 기 유 다	자기는 더욱 많아진다.
天之道 천 지 도	하늘의 도_道는

利而不害 이로움을 주지만 해가 되지 않고
이 이 불 해
聖人之道 성인의 도道는
성 인 지 도
爲而不爭 일하되 다투지 않는다.
위 이 부 쟁

    첫 구절부터 살펴보면, '信言不美신언불미하고 美言不信미언불신이라', 믿음직스러운 말은 아름답지 못하고, 아름다운 말은 믿음직스럽지 못하다. 여기서 미언美言, 즉 아름다운 말은 겉꾸밈이 심한 말, 진정성이 없는 말을 가리킨다. 좋지 못한 글은 미사여구美辭麗句가 너무 많은 글이다. 화려한 수식이 너무 많으면 정작 전하고자 하는 의미가 수식들에 가려진다. 잎이 너무 무성하면 뿌리가 죽는 법이다. 원래 사기꾼은 말을 잘한다. 남을 꼬드기고 속여서 자기 이익을 챙기려면 얼마나 많은 감언이설甘言利說을 동원해야 하겠는가. 공자도《논어論語》〈안연顔淵〉편에서 미언美言을 경계하고 있다. 제자 자장子張이 '명明, 밝은 깨달음에 대해 묻자 이렇게 대답한다. "浸潤之譖침윤지잠과 膚受之愬부수지소가 不行焉불행언이면 可謂明也已矣가위명야이의리라, 물에 스며드는 듯한 모략, 살갗에 닿는 듯한 속삭임에도, 행하지 아니하면, 밝은 깨달음에 이르렀다고 할 것이다."

    이어서 '善者不辯선자불변하고 辯者不善변자불선이라', 훌륭한 사람은 말을 잘하지 못하고, 말을 잘하는 사람은 훌륭하지 못하다. 이미 앞 장에서 '대변大辯은 약눌若訥이라, 훌륭한 말은 더듬는 것처럼 들린다'라고 했었다. 공자도《논어論語》〈위령공衛靈公〉편에서 '교언巧言은 난덕亂德이라, 교묘한 말은 덕德을 어지럽힌다'라고 했다. 세상에서 잘하는 말은 인과의 논리가 딱딱 들어맞고 매끄럽지만, 진리를 담고 있는 훌륭한 말은 뭔가

엉성해 보이고 어눌해 보인다. 진리는 세상의 논리 그 너머에 있기 때문이다.

'知者不博지자불박하고 博者不知박자불지라', 아는 자는 박식하지 않고, 박식한 자는 알지 못한다. 여기서 '박博'은 이것저것 넓고 잡다하게 많이 아는 것을 가리킨다. 많이 알려고 여기저기 관심을 갖다 보니 정작 제대로 아는 게 없는 것이다. 미국 초대 대통령 링컨은 학식이 많지 않았다고 한다. 그가 곁에 두고 평생 읽은 것은 성경 한 권이었다 하니, 어느 한 곳을 제대로 깊게 들어가 보면 결국 하나의 근원인 도道와 하느님의 세계, 진리의 말씀에 도달하는 것이다. 반대로 지식욕으로 온갖 것에 기웃거리다 보면 겉껍데기만 많이 알게 되고, 정작 본질인 속 알갱이는 하나도 모르게 된다.

다음 구절, '聖人不積성인부적하고 旣以爲人기이위인이되 己愈有기유유라', 성인은 쌓아두지 않고 모두 다른 사람을 위해 일하지만 자기는 더 많이 있게 되고, '旣以與人기이여인이되 己愈多기유다라', 모두 다른 사람에게 나누어 주지만 자기는 더욱 많아진다. 성인은 이미 사私를 넘어선 사람이니 쌓아 둘 재물도 없는 것이다. 자타불이自他不二이고 물아일체物我一體여서 타인과 만물이 모두 '커다란 나大我'이므로, 따라서 모든 것이 다 내 것이다. 그러하므로 다른 사람들을 위해 일하는 것 같지만, 다른 사람이 '또 다른 나'이므로 결국 자기를 위한 일인 것이고, 다른 사람에게 나누어주지만 실은 내가 나에게 주는 것이니, 종국에는 자기 것이 더 많아지는 것이다. 이 말이 너무 이상적이어서 현실적으로 와닿지 않는다면 이미 고인이 된 지인들을 돌아보라. 어디에서 어떻게 살았든 결국 자기 것이 하나도 없지 않은가. 세상의 모든 것은 다 도道와 하느님의 것이기 때문이다. 우리 몸과 생명도 그곳에서 났으니 생명조차 내 것이 아닐진대, 어느 물건이 내 것일 수 있겠는가. 역으로 우리는 모두 도道와 하느님의 자식들이니, 또한 만물이 모두 다 나와 하나이기도 한 것이다.

마지막 구절을 보면, '天之道천지도는 利而不害이이불해하고', 하늘의 도道는 이로움을 주지만 해가 되지 않고, '聖人之道성인지도는 爲而不爭위이부쟁이라', 성인의 도道는 일하되 다투지 않는다. 세상의 이해관계는 누군가 이익을 보면 다른 누군가는 손해를 보게 되어 있지만, 대도大道와 하느님은 사私가 없기에 만물에게 이익을 주지만 손해 보는 자가 없게 된다. 현상계를 살아가는 상대적 존재인 우리 인간이 어찌 바로 절대 세계인 도道와 하느님처럼 살 수 있겠는가? 위학일익爲學日益 위도일손爲道日損의 자세가 필요하다. 우리나라 평균수명이 여든 살을 훌쩍 넘어 백세시대를 앞두고 있다. 인생의 전반부, 부모와 자식을 부양해야 하는 쉰 살까지는 위학일익爲學日益의 자세로 지식과 재물을 쌓는 데 치중했다면, 후반부인 쉰 살 이후부터는 위도일손爲道日損의 자세로 그동안 쌓은 지식도 나누고, 재물도 나누는 삶이 필요하다. 그래서 생을 마감할 때는 더 이상의 나눠줄 지식도 재물도 없어야 다시 홀가분하게 근본으로 돌아갈 수 있을 것이다.

그래서 깨달음을 얻은 성인聖人의 도道는 '爲而不爭위이부쟁이라', 무슨 일을 해도 다툼이 되지 않는다. 인생 전반부에는 위학일익爲學日益 하느라 어쩔 수 없이 경쟁하고 다퉜다면, 후반부에는 위도일손爲道日損의 자세로 모든 일에 임한다면 어떤 일을 해도 다툼이 없을 것이다. 그리하여 마침내 공자가 말한 진리를 체득한 성인聖人의 모습, '종심소욕불유구從心所欲不

踰矩라', 내 욕심대로 다 해도 일체 법도에 어긋남이 없게 되고 부끄러움을 남기지 않게 되리라.

끝으로 당唐나라 때 선승 화정선자華亭舡子가 쓴 선시禪詩를 소개한다.

千尺絲綸直下垂 긴 낚싯대 곧장 아래로 드리우니
천척 사륜 직 하 수
一波纔動萬波隨 한 물결 일렁이자 일만 물결 뒤따르네
일 파 재 동 만 파 수
夜靜水寒魚不食 고요한 밤 물이 차가워 고기는 입질 않고
야 정 수 한 어 불 식
滿舡空載月明歸 텅 빈 배에 밝은 달빛만 가득 싣고 돌아오네.
만 선 공 재 월 명 귀

첫 구절에서 낚싯줄을 드리운다는 것은 물고기를 잡으려는 욕망의 표현이고, 다음 구절에서 물결이 일렁이는 것은 욕망을 따라오는 번민과 갈등을 의미하는 것으로, 전반부 앞의 두 구句는 세속의 삶을 묘사한 것이라 볼 수 있다. 한편 긴 낚싯줄은 큰 물고기를 잡으려는 것이니, 부단한 수행으로 큰 깨달음을 이루겠다는 수행자의 의지로 풀이할 수도 있겠다. 그래서 이 낚시꾼을 가장한 수행자의 마음은 처음부터 물고기를 잡는 데 있는 것이 아니었으므로, 낚시질하던 배경이 셋째 구句에서는 '고요한 밤' 그것도 물고기가 입질도 하지 않는 고요한 밤, 즉 깊은 선정禪定의 세계로 바뀌는 것이다. 그리하여 결국 텅 빈 배에 밝은 달빛만 싣고 돌아오는 선禪의 경지에 다다른다. 돌아오는 길의 텅 빈 배에는 물고기라는 세속적 탐욕 대신 밝은 달빛, 즉 도道라는 깨달음의 세계를 가득 실은 것이다. 이윽고 '텅 빈 충만'의 경지에 이른 것이다.

여기까지 노자가 말하는 대도大道를 알고 덕德을 몸소 실천하는 성인聖人

의 모습을 살펴봤다. 다음에는 마지막 주제로 '큰 덕德을 지닌 지도자는 가정과 단체, 나라를 어떻게 다스리는가'에 관한 노자의 "지도자론指導者論"을 살펴보기로 하자.

a word of Tao Te Ching engraved in my heart **내 마음에 새겨보는 도덕경**

지도자론

덕德을 지닌 지도자는 어떻게 다스리는가?

《도덕경道德經》은 크게 보면 도道와 덕德에 관한 이야기이다. 큰 범주로 도경道經과 덕경德經이 있고, 덕경德經 안에 성인론聖人論이 들어 있고, 다시 성인론 안에 지도자론指導者論이 들어 있다고 보면 전체 범주를 이해하기 쉽다. 노자는 지도자를 왕으로 표현하기도 하고, 덕을 실천하는 자로 말하기도 한다.

노자가 말하는 왕은 나라를 다스리는 유가에서의 정치적 지도자를 지칭하기도 하지만, 이 세상의 위대한 네 가지 '하늘天·땅地·도道·왕 王' 중의 하나로서 '크게 깨달은 사람'을 상징하기도 한다. 즉, 영원불변의 법칙을 알고, 모든 것을 포용하며, 무위無爲·무욕無慾·무사無私로서 만사를 극히 공명정대하게 처신하는 사람이다. 이렇게 '덕德을 실천하는 사람이 어떻게 자기가 속한 조직을 다스리는지', 나아가 우리는 '내가 속한 단체에 어떻게 적용할지' 생각하면서 살펴보도록 하자.

욕심낼 만한 것들을 보이지 않음으로써
(제3장)

제3장부터 살펴보면, 덕德을 실천하는 지도자는 단체의 구성원들에게 욕심낼만한 것들을 제시하지 않음으로써 마음을 먼저 다스린다고 말하고 있다.

不尙賢 불 상 현	뛰어난 사람을 떠받들지 않음으로써
使民不爭 사 민 부 쟁	백성들이 다투지 않게 하라.
不貴難得之貨 불 귀 난 득 지 화	얻기 어려운 재화를 귀하게 여기지 않음으로써
使民不爲盜 사 민 불 위 도	백성들이 도적질하지 않게 하라.
不見可慾 불 현 가 욕	욕심낼 만한 것을 보이지 않음으로써
使民心不亂 사 민 심 불 란	백성들의 마음을 어지럽히지 말라.
是以聖人之治 시 이 성 인 지 치	그래서 성인聖人의 다스림은
虛其心 허 기 심	그 마음을 비우고
實其腹 실 기 복	그 배를 채우며
弱其志 약 기 지	그 뜻을 약하게 하고
强其骨 강 기 골	그 뼈를 강하게 하며,
常使民無知無慾 상 사 민 무 지 무 욕	언제나 백성들에게 무지無知, 무욕無慾하게 함으로써

使夫智者不敢爲也 사 부 지 자 불 감 위 야	무릇 지자智者들이 감히 나서서 일하지 못하게 한다.
爲無爲 위 무 위	무위無爲로써 행하면
則無不治 칙 무 불 치	다스려지지 않는 것이 없다.

    앞 세 구절은 세계 어느 나라보다 경쟁이 치열하고, 물질만능주의가 팽배한 한국의 상황에서 시사하는 바가 매우 크다. 먼저 첫 구절을 보면, '不尙賢불상현하여 使民不爭사민부쟁이라', 뛰어난 사람을 떠받들지 않음으로써 백성들이 서로 다투지 않게 하라. 여기서 '현賢'자는 현명함보다는 뛰어남, 잘난 사람으로 해석하는 것이 옳다. 누군가를 떠받드는 것은 상대적으로 다른 누군가를 하대下待하는 것이다. 뛰어난 사람, 1등만 떠받들게 되면 모두가 1등을 하기 위해 경쟁을 하게 되니 그 자체가 다툼이 되는 것이다. 경쟁이 심한 나라일수록 부패지수가 높다는 통계가 있는데, 지나치게 1등을 떠받드는 승자독식 사회가 되면, 서로 이기기 위해 각종 편법과 사기가 난무하게 되기 때문이다. 장자도 기심機心, 기계나 편법을 이용해 남들보다 빨리하려는 마음이 자리를 잡게 되면 인간이 기심機心의 노예가 될 것이라 경고하였다.

    '不貴難得之貨불귀난득지화하여 使民不爲盜사민불위도라', 얻기 어려운 재화를 귀하게 여기지 않음으로써 백성들이 도적질하지 않게 하라. 난득지화難得之貨를 귀하게 여기는 마음은 물질만능주의와 배금주의를 말한다. 여기서 '화貨'는 물질뿐만 아니라 욕심이나 편리, 쾌락까지도 포함할 수 있다. 가장 필요한 것은 가장 흔하게 존재하는 게 자연의 이치다. 그래야 만물이 그것을 요긴하고 쉽게 쓸 수 있기 때문이다. 금보다는 쌀이 더 필요하니 쌀이 더 흔하고, 쌀보다는 물이나 흙이 더 흔하고, 물이나 흙보다는 공기가 더 흔한 것이다. 더 흔한 것일수록 실은 더 가치 있고 필요한 것이다. 다른 존재들은 학교에 다니지 않았어도 본능적으로 그것을 알고 있는데, 오직 인간만 그 반대로 여긴다. 토마스 모어 Thomas More가 쓴 《유토피아 Utopia》에는 금덩어리를 가지고 공기놀이하는 마을이 나온다. 그 마을 사람들에게는 금덩어리가 식량이 되는 쌀이나 마실 수 있는 물보다 못한 길가의 돌멩이 정도로 여겨지는데, 그런 곳이 바로 유토피아의 모습이라는 것이다. 이 작품에서 재치 있고 예리한 풍자를 통해 당시 정치·사회·문화를 통렬하게 비판하고자 했던 토마스 모어는 정치인이기 전에 정통 인문주의자답게 세상에서 진정한 가치가 무엇인지 통찰했던 것이다.

토마스 모어 Saint Thomas More, 1478~1535 : 사상가, 정치가. 평생 스콜라주의적 인문주의자로서 덕망이 높았으며, 대법관을 포함하여 여러 관직을 역임하였다. 자신이 저술한 책에서 묘사한 이상적인 정치체제를 지닌 상상의 섬나라에 주었던 이름인 유토피아 Utopia라는 단어를 만들어냈으며, 이름 앞에 'Saint'가 붙여질 정도로 기독교의 성인으로 칭송받는다.

세상에 흔하지 않고 얻기 어려운 것을 귀하게 여기지 않게 하여, 백성들이 서로 도둑질하지 않게 하라는 것인데, 왜 도둑질하냐면 흔하지 않기 때문에 욕심이 생기고, 욕심이 생기니 도심 盜心도 생기기 때문이다.

욕심낼 만한 것들을 보이지 않음으로써 (제3장)

흔한 흙이나 풀을 누가 도둑질한단 말인가? 그러나 아무도 훔쳐가지 않는 그 흔한 것이 실은 가장 필요하고 귀한 것이다.

'不見可欲불현가욕하여 使民心不亂사민심불란이라', 욕심낼만한 것을 내보이지 않음으로써 백성들의 마음을 어지럽히지 말라. 여기서 '見'자는 '나타낼 현'으로 읽어야 한다. 이 구절은 앞 두 구절의 재정리라 볼 수 있는데, 욕심낼만한 1등 자리나 재물 등을 추앙하거나 드러내 보이지 말라. 그러면 사람들의 마음 또한 어지럽지 않고 중심을 잘 잡아서, 무엇이 더 중요한 가치인지 알면서 살아간다는 것이다.

'是以聖人之治시이성인지치는 虛其心허기심하고 實其腹실기복이라', 그래서 성인의 다스림은 그 마음을 비우고 그 배를 채운다. 마음을 비운다는 것은 마음을 없앤다는 말이 아니다. 살아가는 동안 마음을 없앨 수는 없으니, 잘못된 분별심이나 차별심을 갖지 않게 하는 것을 말한다. 대신 백성들의 배를 채워라. 쓸데없는 마음을 갖게 하는 데 힘쓰지 말고, 그 대신 백성들의 먹고사는 일에 집중해라. 《맹자孟子》〈양혜왕梁惠王〉편에도 '무항산無恒産 무항심無恒心'이라는 구절이 나오는데, 맹자는 정치를 묻는 제선왕에게 "백성들이 항산恒産이 없으면, 항심恒心도 없다 경제생활이 안정되지 않으면, 바르고 떳떳한 마음을 견지하기 어렵다"라면서 바르고 떳떳한 마음이 없어지게 되면 방탕放蕩, 괴벽怪癖, 부정不淨, 탈선脫線 등 모든 악惡을 저지르게 된다고 하였다. 백성들이 죄를 범하게 된 뒤에 법으로 그들을 처벌한다는 것은 곧 백성을 그물질하는 것과 같다며, "어떻게 어진 임금이 위에 있으면서 백성들을 그물질網民할 수가 있겠습니까?"라고 일갈한다. '망민網民'이라는 말은 백성들을 그물질한다는 말이다. 법률이 너무 까다로워 '耳懸鈴鼻懸鈴이현령비현령'이 되는 경우를 '網民法망민법'이라고 한다.

맹자 孟子, BC 372~BC 289 : 자는 자여子輿·자거子車, 중국 전국 시대의 사상가. 공자의 인仁 사상을 발전시켜 '성선설'性善說을 주장하였으며, 인의의 정치를 권하였다. 유학의 정통으로 숭앙되며, '아성亞聖'이라 불린다.

이어 '弱其志약기지하고 强其骨강기골하라', 백성들에게 그 뜻을 약하게 하고, 그 뼈를 강하게 하라. '志지'는 무리한 욕심을 의미한다. 지나친 욕심이 과로와 스트레스를 불러와 몸을 망치게 한다. 그러니 백성들에게 욕심을 줄이게 하고 대신 뼈만사 근본이 되는 건강를 강하게 하라.

'常使民無知無慾상사민무지무욕하여 使夫智者不敢爲也사부지자불감위야하라', 언제나 백성들에게 무지無知와 무욕無慾하게 하게 함으로써, 무릇 지자智者들이 감히 나서서 일하지 못하게 한다. 여기서 '무지無知'란 아는 것을 없게 하라는 뜻이라기보다는 '기존의 잘못된 지식을 버리는 것unlearning'을 의미한다. 기존의 잘못된 지식이란 '본말전도本末顚倒된 지식'을 말한다. 근본과 가지가 바뀐 지식, 뿌리가 자연이고 인간이 그 가지인데 인간을 중심에 두고 자연을 곁가지로 이용하는 현상을 말한다. 그래서 무지無知란, 역으로 사물의 본말本末과 일의 시종始終을 '제대로 아는 것'을 말한다. 노자식 모순어법으로 '박식博識한 무지無知'다. 이어 '지자智者가 앞서서 일하게 하지 말라'에서, '지자智者'는 지혜로운 자가 아니라 한 분야만 잘 아는 지식인, 전문가technocrats를 의미한다. 우주 만물 전체의 유기적 관계를 보지 못하고 한쪽만 잘 알고 그것을 절대시하는 전문가가 역사의 전면에 나섰을 때, 우리 역사는 퇴보했고, 사회는 거꾸로 갔으며, 자연환경은 파괴되었다. 그러니 무릇 지도자는 그들을 중용重用하면 안 된다는 것이다.

끝으로 '爲無爲위무위하면 則無不治즉무불치라', 만사를 무위無爲로써 행하면 다스려지지 않는 것이 없다. 유위有爲의 세상智者를 賢者로 받들고, 보석을 탐내게 하는에서는 어떤 유능한 지도자도 못 다스린다. 그러나 그런 것을 다 여의고 무위無爲로 다스리면, 다스려지지 않는 게 없다. 백성들이 저절로 자연의 질서에 따르므로 누가 지도자인지도 모르는 것이다.

일상 속 수행을 권하는 핵심 화두話頭

불현가욕 사민심불란不見可慾 使民心不亂

욕심낼만한 것을 내보이지 않음으로써 사람들의 마음을 어지럽히지 말라. 집안, 학교, 회사, 나라에서 1등을 추켜세우고, 부자를 추앙하면 사람들 사이에 다툼이 생기고 도심盜心과 기심機心이 깃든다. 행복의 반대말은 불행이 아니라 비교라는 말이 있다. 내 소중한 자식, 제자, 직원들을 더 성장시키기 위해 자꾸 1등과 비교하는데, 성장 의지를 각성시키기보다는 마음만 어지럽히고 불행에 빠트리는 행위라는 것이다.

지도자의 네 단계와 최고 수준의 통치
(제17장)

이어서 제17장에서는 백성들이 저절로 그렇게 되었다고 말하는 '최고 수준의 통치 경지가 어떻게 가능한지' 지도자의 네 단계와 훌륭한 지도자가 되기 위한 조건에 관해 설명하고 있다.

太上 태 상	가장 높은 단계의 훌륭한 지도자는
下知有之 하 지 유 지	아랫사람이 그가 있다는 것만 겨우 알고,
其次 기 차	그 아래 단계의 지도자는
親而譽之 친 이 예 지	가까이 여겨 칭찬하거나 받들며,
其次 기 차	그 아래 단계는
畏之 외 지	지도자를 두려워하는 것이고,
其次 기 차	그 아래 단계는
侮之 모 지	지도자를 업신여기는 것이다.
信不足焉 신 부 족 언	그러므로 신의信義, 말의 성실함가 모자라면
有不信焉 유 불 신 언	아랫사람의 신뢰를 얻지 못한다.
猶兮 유 혜	그러니 말을 삼가 조심하여
其貴言 기 귀 언	말의 가치를 높여야 한다.

功成事遂 많은 일을 이루고 모든 일이 잘 풀리면
공 성 사 수
百姓皆謂我自然 백성들은 모두 저절로 그렇게 되었다고 말한다.
백 성 개 위 아 자 연

　이 장에서 노자는 세상의 지도자를 네 단계로 구분하고 있는데, 우선 가장 훌륭한 지도자는 아랫사람이 그 지도자의 존재 자체를 잘 모를 정도로 통치하는 자이다. 가장 작은 통치로 가장 훌륭한 정치를 하는 지도자인 셈이다. 앞 장에서도 나왔듯이 자연의 순리에 따라 무위無爲로 다스리니 안 다스려지는 게 없는 것이다. 그래서 백성은 자신들을 통치하는 지도자가 있는지 없는지조차 모르는 것이다.

　그다음 단계는 친근함을 주고, 백성들이 칭송하는 지도자이다. 세속의 눈으로 보면 가장 훌륭한 지도자인 것 같은데, 노자의 눈에는 두 번째 단계인 것이다. 앞 장에서 도道가 무너지면 인의仁義가 생겨나고 인의가 무너지면 예禮가 생겨난다고 했는데, 최상의 지도자가 도道에 입각한 정치를 하는 지도자이고, 두 번째 단계의 지도자가 인의에 입각한 덕치주의를 하는 지도자라 할 수 있는 것이다. 유가에서 최선의 정치라 일컫는 덕치주의도 노장에서는 차선의 정치인 것이다. 사람들이 좋아하고 찬양하는 것은 그 지도자를 의식하는 것인데, 최상은 인간의 감지 대상 밖의 영역에 존재하는 것이다. 우리가 평소 공기의 소중함을 모르거나 자식들이 생전에 부모의 사랑을 의식하지 못하는 것처럼, 너무나 크고 자연스러운 것은 존재 자체를 잘 인식하지 못하는 것이다. 아주 편한 옷은 내 몸의 일부처럼 여겨져 입었는지조차 의식하지 못하는 법이다. 그래서 최상의 지도자는 편한 옷처럼, 부모의 사랑이나 공기처럼 편안하고

당연하게 여겨, 사람들이 존재 자체를 의식하지 못한다. 인의仁義로 다스리는 것은 그 다음 아래 단계다.

　세 번째 단계의 지도자는 사람들이 두려워하는 리더를 말한다. 백성들을 주로 법과 형벌로 다스리는 법치 만능주의를 의미한다. 강력한 통치력을 갖고 있던 대부분의 지도자 유형에 속한다. 과거 권위주의 시대에는 카리스마 있다고 여겨져서, 능력 있는 리더십의 전형으로도 인식됐었다. 현대 경영학에서는 이렇게 당근과 채찍 같은 외적보상이나 통제로 단체를 이끄는 리더십은 단기효과는 있지만, 중장기적으로는 구성원들의 자율성과 창의성을 떨어트려 조직에 해가 되고 있다고 평가하고 있다. 그래서 최근의 경영 트렌드는 구성원들의 '자발적인 내적 동기Drive'를 유발하는 쪽으로 바뀌고 있다.

　네 번째 최하위 지도자는 백성들에게 업신여김을 당하는 부류이다. 지시에 원칙도 없고 거짓말도 잘하여 신뢰가 바닥에 떨어지고, 부도덕하여 부정부패를 일삼으니 백성들이 비웃고 업신여기는 것이다.

　정치에서 다스릴 '치治'자의 어원은 물길을 다스리는 것에서 유래했다. 물이 자기 흐름의 원리대로 자연스럽게 잘 흐르도록 길을 터주는 것이 다스림治인데, 사람의 다스림도 치수治水와 같이 각각 그 사람이 가지고 있는 역량을 스스로 잘 발휘할 수 있도록 도와주는 것이 바른 정치인 것이다.

　이어서, 앞 구절은 표면적으로는 '믿음이 부족하면'으로 해석할 수 있지만, 뒤 구절과의 호응이나 또 '신信'자의 어원을 생각해보면 '사람의 말'이 믿음의 바탕이 되므로, '말의 신실信實함이 부족하면'으로 해석하는 것이 더 타당해 보인다. 말이 상황에 따라 너무 자주 바뀌거나 허황된 말을 많이 하여 그 신실함이 부족하면 백성들이 신뢰하지 않는다.

그러니 '猶兮유혜하여 其貴言기귀언이라', 말을 삼가 조심하여 말의 가치를 높여야 한다. 교언영색巧言令色하지 말고 말을 신중히 삼가고 조심하여, 자신의 말 값어치를 스스로 높여야 백성들로부터 신뢰를 얻을 수 있다는 것이다.

끝으로, '功成事遂공성사수하면 百姓皆謂我自然백성개위아자연이라', 지도자가 많은 공을 이루고, 또 모든 일이 술술 잘 풀리면, 백성들은 모두 우리 스스로가 저절로 그렇게 된 것이라고 말한다. 이 구절을 읽을 때면 바로 요堯임금 때의 '격양가擊壤歌'가 떠오른다. 요임금이 제위에 오른 지 50년이 되던 해, 자신이 나라를 잘 다스리고 있는지 궁금해서 신분을 드러내지 않고 미복잠행微服潛行을 나가보니, 어떤 노인이 손으로 배를 두드리고 땅을 구르면서 이렇게 노래했다고 한다. "해가 뜨면 일을 하고 해가 지면 쉬면서, 우물을 파서 물을 마시고 밭을 갈아서 음식을 먹는데, 임금의 힘이 도대체 나에게 무슨 상관이 있겠는가? 日出而作 日入而息 鑿井而飮 耕田而食, 帝力於我何有哉" 그 노인이 부른 노래가 바로 '격양가擊壤歌'다. '격양擊壤'은 땅을 두드린다는 뜻이다. 배불리 먹고 배를 두드린다는 '함포고복含哺鼓腹'과 같은 의미의 말이다. 음식이 입안에 들어 있는 상태를 '포哺'라고 한다. 실컷 먹어 배가 부르니 불룩해진 배를 두드리면서 콧노래를 흥얼거리는 것이다.

이런 태평성대를 살아가는 백성들은 어떤 위대한 지도자가 그렇게 만든 것이 아니라, 자기들 스스로 자연스럽게 그렇게 된 것으로 여긴다는 것이다. 요임금이 그 소리를 듣고 서운하기는커녕 자신의 정치가 제대로 되고 있음을 알고 안심했던 것처럼, 훌륭한 지도자는 그러해야 한다는 것이다.

일상 속 수행을 권하는 핵심 화두 話頭

신부족언 유불신언 信不足焉 有不信焉

신의信義, 말의 성실함가 모자라면 아랫사람의 신뢰를 얻지 못한다. 부모가 자식에게, 또는 상사가 부하직원에게, 대통령이 국민들에게 하는 말이 성실하지 못하면 원칙이 없이 말을 자주 바꾸거나 약속을 어기는 경우 아랫사람으로부터 신뢰를 얻을 수 없다는 것이다. 말을 사려 깊게 하고 원칙이나 약속을 잘 지켜야 그 말의 값어치가 높아지고, 신뢰가 두터워진다.

지도자의 네 단계와 최고 수준의 통치 (제17장)

분별심과 아는 체하는 것을 버리고
(제19장)

제19장에서는 지도자가 분별심과 아는 체하는 것을 버리고 본래의 순박함으로 돌아가면 백성들도 올바르게 살게 되고 세상도 안락해진다고 말하고 있다.

絶聖棄智 절 성 기 지	분별심을 끊고 아는 체하는 것을 버리면
民利百倍 민 리 백 배	백성에게 백배나 더 이롭다.
絶仁棄義 절 인 기 의	인仁을 끊고 의義를 버리면
民復孝慈 민 복 효 자	백성이 저절로 효성과 자애를 되찾는다.
絶巧棄利 절 교 기 리	잔 기교를 끊고 이익을 보려는 마음을 버리면
盜賊無有 도 적 무 유	도둑이 없어진다.
此三者 차 삼 자	이 세 가지는
以爲文不足 이 위 문 부 족	겉을 꾸미는 일에 지나지 않으니 충분하지 않다.
故, 令之有所屬 고 영 지 유 소 속	그래서 모름지기 속해야 할 곳이 있으니
見素抱樸 견 소 포 박	본 바탕의 순수함을 드러내고 타고난 순박함을 지키며
少私寡欲 소 사 과 욕	사私를 적게 하고 욕심을 줄이는 것이다.

첫 구절, '絶聖棄智절성기지'에서 '절성絶聖'에 대한 해석이 분분한데, '성 聖'자를 분별심으로 해석하기도 하고, 성스러움이나 성스러운 체하는 행위로 해석하기도 한다. 노자는 유가의 인의예지仁義禮智가 도道가 무너져서 생긴 인위적인 행위라고 보기 때문에, 뒤 구절에 나오는 인의仁義와의 연계성을 고려해보면, 작위적인 분별심으로 풀이하는 것이 더 자연스러워 보인다. 지도자가 분별심으로 백성을 대하지 말고, 또 이것저것 지나치게 따지거나 아는 체하는 것을 모두 그만두면, 백성들에게 몇백 배 이롭게 된다는 것이다.

이어 '인仁을 끊고 의義를 버리면 백성이 저절로 효성과 자애를 되찾는다'는 구절은 앞 18장에서 대도大道가 무너져서 인의仁義가 생겼고, 지혜가 존중받아 큰 거짓이 생겼으며, 가족이 서로 불화해서 효자孝慈가 생겼고, 나라가 어지러워 충신忠臣이 생겼다는 구절과 일맥상통한다. 인위적인 인의仁義가 표면적인 예지禮智로 나타나거나 사회적 강압이 되기도 하므로, 그런 작위가 없어지면 저절로 효성과 자애로움이 회복된다는 것이다.

'絶巧棄利절교기리하면', 잔 기교를 끊고 이익을 보려는 마음을 버리면, '盜賊無有도적무유라', 도둑이 없어진다. '교巧'는 잔재주로 뭔가를 만들어내는 기술이고, '리利'는 수단 방법을 가리지 않고 이익을 얻으려는 마음을 말한다. 이 '교巧'와 '리利'를 없애면 백성들이 사기치는 마음이나 남의 물건을 탐내는 마음이 없어지게 되므로 저절로 사기꾼과 도적떼가 사라지게 된다는 것이다.

이 세 가지는 '以爲文不足이위문부족이라', 겉을 꾸미는 일에 지나지 않으니 충분하지 않다. 여기서 '문文'자에 대한 해석도 꾸밈, 문명, 문화, 겉, 무늬, 법 등 여러 갈래로 나뉘는데, 뒤 구절 소素·박樸과의 호응 관계를 고려해보면 '겉치레하는 행위'로 보는 것이 더 타당해 보인다. 성지聖智·인의仁義·교리巧利, 이 세 가지는 뿌리에 해당하는 근원적인 행위가 아니고, 겉으로 보이는 곁가지에 해당하는 행위여서, 이것으로 백성을 제대로 다스리기는 부족하다는 것이다.

그래서 '故令之有所屬고영지유소속이니', 모름지기 속해야 할 곳이 따로 있으니, 바로 '見素抱樸견소포박이라', 본바탕의 순수함을 드러내고 타고난 순박함을 지키는 것이다. 여기서 어원으로 보면 '소素'자는 명주 천을 물들이기 전 흰 바탕을 말하며, '박樸'자는 인공적으로 다듬어지지 않은 원목, 통나무를 말한다. 작위적인 기교가 들어가기 전, 때 묻지 않은 순박한 본바탕을 지키라는 것이다.

끝으로 '少私寡欲소사과욕이라', 사私를 적게 하고 욕심을 줄여라. '사私'와 '욕欲'을 줄이는 것은 모든 종교에서 강조하는 바이다. 에고ego, 私, 我相로 인하여 우주 만물의 실재를 제대로 보지 못하기에, 사私와 아상我相, 욕欲을 여의어야 실재를 있는 그대로 볼 수 있는 것이다.

불교의 중요한 수행법 중에 '돈오점수頓悟漸修'가 있다. 돈오頓悟, 즉 문득 깨달음에 다다르는 경지에 이르기까지, 점수漸修 즉 반드시 점진적 수행단계가 따른다는 말이다. 보조국사 지눌知訥은 "돈오頓悟로써 마음이 곧 부처임을 깨닫고나더라도 이전의 나쁜 버릇들이 일시에 제거되기 어려우므로 점수漸修로써 점차 닦아나가 온전한 경지에 이르러야 한다"고 주장했다. 이 수행법을 본 19장에 적용해보면, 우리의 본바탕이 흰 명주 천과 순박한 통나무 같음을 깨닫는 '見素抱樸^{견소포박}'이 바로 돈오^{頓悟}이고, 그 본바탕으로 다시 돌아가기 위해 끊임없이 사^私와 욕^欲을 버려야 하는 '少私寡欲^{소사과욕}'이 점수^{漸修}라 할 수 있겠다.

일상 속 수행을 권하는 핵심 화두^{話頭}

견소포박 소사과욕 見素抱樸 少私寡欲

본 바탕의 순수함을 드러내고 타고난 순박함을 지키며, 사^私를 적게 하고 욕심을 줄이게 하라. 자식이나 부하직원, 국민들에게 이익, 기교, 예법 등 겉치레를 강조하지 말고, 인간 본연의 순박함이 드러날 수 있도록 도와주면, 저절로 효성이나 자애를 되찾게 된다는 것이다. 인위로 물들기 전 순수한 본바탕의 마음을 찾아주고 지킬 수 있도록 도와주는 것이 가정과 직장, 나라를 잘 다스리는 근본이 된다.

분별심과 아는 체하는 것을 버리고 (제19장)

지나침과 사치, 교만을 버려야
(제29장)

제29장에서는 무엇이든지 억지로 하는 자는 실패하니, 성인_{聖人}은 무위_{無爲}로써 지나침, 사치, 교만을 버려야 한다고 말하고 있다.

將欲取天下而爲之 장 욕 취 천 하 이 위 지	천하를 차지하고자 애쓰는 자가 있는데
吾見其不得已 오 견 기 부 득 이	나는 그가 차지하지 못하는 것을 보았을 뿐이다.
天下神器 천 하 신 기	천하는 신령스러운 그릇과 같아서
不可爲也 불 가 위 야	사람이 인위로 어떻게 할 수가 없는 것이다.
爲者敗之 위 자 패 지	억지로 하는 자는 실패하고
執者失之 집 자 실 지	잡으려고 하는 자는 잃게 된다.
凡物或行或隨 범 물 혹 행 혹 수	무릇 사물은 앞서가는 게 있으면 뒤따르는 게 있고
或歔或吹 혹 허 혹 취	약하게 불어 따뜻하게 하며 세게 불어 차게 하기도 하고
或强或羸 혹 강 혹 리	강하여 힘이 세기도 하며 약하여 힘이 없기도 하고
或挫或隳 혹 좌 혹 휴	위로 실려지기도 하며 아래로 떨어지기도 한다.
是以聖人 시 이 성 인	그래서 성인은
去甚 거 심	지나치게 심한 일을 하지 않고
去奢 거 사	사치스러움을 버리며

去泰
거 태

교만한 마음을 덜어낸다.

첫 구절, '將欲取天下而爲之 장욕취천하이위지 인데 吾見其不得已 오견기부득이라', 천하를 차지하고자 애쓰는 자가 있는데, 나는 그가 차지하지 못하는 것을 보았을 뿐이다. 세상의 영웅들이 천하를 차지하고자 수많은 전쟁을 일으켰지만, 결국 얼마 못 가서는 모두 다 잃어버리게 된다는 것이다. 역사를 보면 그런 예가 허다하다. 진시황, 칭기즈칸, 나폴레옹, 히틀러, 최근의 우크라이나를 침공한 러시아 푸틴에 이르기까지. 하지만 성인 聖人은 자신이 이미 천하와 한 몸이라는 것을 깨달았기에 무엇을 더 차지하려는 마음이 없어서, 잃을 것도 실패할 것도 없다.

다음으로, '天下神器 천하신기 하여 不可爲也 불가위야 라', 천하는 신령스러운 그릇과 같아서 사람이 인위 人爲나 작위 作爲로 어떻게 할 수가 없는 것이다. 이 구절에 대한 해석으로 다석 유영모 선생의 말씀이 인상적이다. "사람에게 제일 중요한 것이 생명인데 그 생명은 내 것이 아니다. 내 것이 아니기 때문에 사람은 임종에 다다라 1초도 더 늘릴 수 없다. 진리도 시간도 공간도 내 것이 아니다. 그래서 내 맘대로 할 수 없다. 내 맘대로 할 수 없는 것을 내 것으로 생각하는 것은 망상이다. 그것은 하느님의 것이다. 하느님의 것을 내 것으로 생각하면 그런 망상이 없다. 내 몸도 이 우주도 다 내 것이 아니라고 부정해야 한다. 그것을 모르면 어리석고 어리석은 것이다. 돈이니 감투니 하는 것도 그것을 몰라서 하는 어릿광대짓이다. 그러니까 내 것인 양 타고 앉아 있으려고 하지 말고, 하느님께 돌리는 것이 마땅한 도리다."

여기서 잘못 해석하면 헷갈릴 수 있다. 어디서는 천하와 내가 한 몸이라 하고, 또 어디서는 내 것이 하나도 없다고 하니 어떻게 하란 말인가? 천하와 내가 한 몸이고 다 내 것이라고 할 때의 나는 깨달은 '큰 나 大我'이고, 위의 구절과 유영모 선생이 말하는 '내 것이 아니라고 할 때'의 나는 대아 大我로 가는 과정인 '소아 小我'의 입장에서 말하는 것이다. 여기서도 이이불이 異而不二의 법칙이 통한다. 하느님과 나는 대아 大我와 소아 小我로서 다르지만 둘은 아니다.

이어 '爲者敗之 위자패지하고 執者失之 집자실지라', 인위 人爲로써 억지로 하는 자는 실패하고, 잡으려고 하는 자는 잃게 된다. 억지로 뭔가를 이루었어도 결국은 허물어지고, 억지로 뭔가를 움켜쥐었어도 끝내 잃게 되는 게 자연의 이치다. 왜냐하면, 그 모든 것이 인간이 감히 어쩌지 못하는 자연, 즉 대도 大道의 것이고, 하느님의 것이기 때문이다. 세계 패권을 쥐고자 했던 히틀러도 12년 만에 패전하여 자살로 생을 마감했고, 아시아 패권을 꿈꿨던 일본도 결국 원자폭탄 두 발에 백기를 들고 말았다. 이런 어리석은 시도를 두고 장자는 당랑거철 螳螂拒轍로 비유하고 있다. "저 사마귀를 알지 못하는가? 나름 긴 팔을 뽐내며 수레바퀴에 대든다. 감당하지 못하는 것을 알지 못하고 그 재주를 뽐낸다." 장자는 대도 大道와 역사의 수레바퀴에 덤벼드는 수많은 소영웅들, 그 안의 소아 小我를 보고 비웃은 것이다. 그런 소아 小我를 지닌 자가 어디 소영웅뿐이겠는가?

다음으로, '凡物 범물은 或行或隨 혹행혹수하고, 或歔或吹 혹허혹취하며, 或強或羸 혹강혹리하고, 或挫或隳 혹좌혹휴라', 무릇 사물은 앞서가는 게 있으면 뒤따르는 게 있고, 약하게 불어 따뜻하게 하며 세게 불어 차게 하기도 하고, 강하여 힘이 세기도 하며 약하여 힘이 없기도 하고, 위로 실려지기도 하며 아래로 허물어져 떨어져 내리기도 한다. 여기에서도 사물의 상대적 관계를 말하고 있다. 양극단의 상대가 상대를 존재케 하며, 서로 다른 모순이 하나로 통일되어 있는 게 사물의 본성이다.

끝으로, '是以聖人시이성인은 去甚거심하고, 去奢거사하며, 去泰거태라', 그래서 성인은 지나치게 심한 일을 하지 않고, 사치스러움을 버리며, 교만한 마음을 덜어낸다. 성인은 만물이 서로 상대적 존재라는 것을 알기 때문에 극단을 버린다는 말이다. 심한 일, 사치스러움, 교만함은 모두 극단의 마음에서 나오는 현상들이다. 앞 장에서 도道를 아는 자는 '불욕영不欲盈이라, 가득 채우려 하지 않는다'라는 구절도 이를 두고 하는 말이다. '사奢'를 좀 더 살펴보면, 물질의 사치는 허영 같은 마음의 사치에 오는 것이므로, 먼저 마음의 사치를 다스리는 것이 중요하다. 아울러 과장이나 빈말 같은 언어의 사치도 돌아봐야 한다. 마지막 '태泰'에서, 교만한 마음을 가만히 들여다보면, 앞에 있는 상대방을 하대下待하는 마음에서 온다는 것을 알 수 있다. 그러니 교만함은 나 홀로 잘난 체하는 것으로 끝나는 게 아니라 상대적으로 누군가를 업신여기는 것이 되므로, 그 자체가 죄가 되는 것임을 알고 매일매일 조금씩 덜어내야 한다.

일상 속 수행을 권하는 핵심 화두 話頭

성인 거심, 거사, 거태 聖人 去甚, 去奢, 去泰

성인은 지나치게 심한 일을 하지 않고, 사치스러움을 버리며, 교만한 마음을 덜어낸다. 이 세 극단의 마음, 즉 심한 일, 사치, 교만은 모두 마음의 중용을 잃어버린 데서 나온다. 더 갖고자 하는 마음이 심한 일을 만들고, 마음의 허황이 사치스러움으로 나타나고, 타인을 하대하는 마음이 교만을 불러일으킨다. 본 마음의 중심을 지키면 이러한 세 극단의 마음에 빠지는 것을 막을 수 있다.

a word of Tao Te Ching engraved in my heart **내 마음에 새겨보는 도덕경**

너무 꼼꼼하게 다스리면 사람들 마음이 각박해지고
(제58장, 60장)

제58장은 60장과도 주제가 비슷한데 지도자가 너무 꼼꼼하게 다스리면 사람들 마음이 각박해지고, 반면에 어수룩하게 다스리면 사람들이 저절로 순해져서 잘 다스려진다는 말을 하고 있다.

其政悶悶 기 정 민 민	그 나라의 정치가 어수룩하면
其民淳淳 기 민 순 순	백성이 순박해지고,
其政察察 기 정 찰 찰	그 나라의 정치가 빈틈없이 꼼꼼하면
其民缺缺 기 민 결 결	백성이 못되게 된다.
禍兮福之所倚 화 혜 복 지 소 의	화禍 속에 복이 깃들어 있고
福兮禍之所伏 복 혜 화 지 소 복	복福 속에 화가 숨어 있다.
孰知其極 숙 지 기 극	누가 그 끝을 알 수 있겠는가?
其無正耶 기 무 정 야	언제나 옳은 것은 없다.
正復爲奇 정 복 위 기	올바름이 변하여 이상한 것이 되고
善復爲妖 선 복 위 요	선한 것이 변하여 요망한 것이 된다.
人之迷也 인 지 미 야	이런 것에 사람의 미혹됨은
其日固久 기 일 고 구	참으로 오래되었다.

是以聖人 시이성인	그래서 성인聖人은
方而不割 방이불할	모가 있지만 남을 나누지 않고
廉而不劌 염이불귀	깨끗하지만 깎아내지 않으며
直而不肆 직이불사	곧지만 지나치게 뻗지 않고
光而不燿 광이불요	빛나되 눈부시게 하지 않는다.

이 장은 많은 장과 연결되어 있다. 제20장에서 "俗人察察속인찰찰이나 我獨悶悶아독민민이라, 사람들은 모두 빈틈없이 꼼꼼한데 나 홀로 어리숙하다"와 같은 의미이고, 제17장에서 "太上태상은 下知有之하지유지라, 가장 높은 단계의 훌륭한 지도자는 아랫사람이 그가 있다는 것만 겨우 안다"와도 맥을 같이 한다.

첫 구절부터 살펴보면, '其政悶悶기정민민하면 其民淳淳기민순순하고, 其政察察기정찰찰하면 其民缺缺기민결결이라', 그 나라의 정치가 어수룩하면 백성이 순박해지고, 그 나라의 정치가 빈틈없이 꼼꼼하면 백성이 못되게 된다. 이 구절은 사람들에게 많이 알려진 제60장 첫 구절, "治大國 若烹小鮮치대국 약팽소선이라, 큰 나라를 다스릴 때는 작은 생선을 굽듯이 하라"와도 통한다. 큰 나라를 다스리는 것은 살이 뭉그러지기 쉬운 작은 생선을 굽는 것과 같아서, 빨리 익히려고 자주 뒤적거리다 보면 살이 다 흐트러져서 낭패가 되므로, 자연스럽게 익도록 가만히 지켜보는 것이 가장 좋은 정치라는 뜻이다. 법령을 아침저녁으로 자꾸 고쳐서 갈피를 잡을 수 없는 상태인 '조령모개朝令暮改', 고려의 정책이나 법령은 삼일마다 바뀐다는 뜻의 '고려공사삼일高麗公事三日'의 상황을 경계하는 것이다.

중국 전국시대의 사상가인 한비자韓非子는 《한비자韓非子》〈해로解老〉 편에서 도덕경의 이 구절을 인용하면서 "작은 생선을 구울 때 자주 휘저으면 생선의 윤기를 해치게 된다. 큰 나라를 다스릴 때 자주 법을 바꾸면 백성들이 고통스러워한다. 그래서 학덕學德이 높은 군주는 나라의 안정을 귀하게 여기고 법을 쉽게 고치지 않는다 烹小鮮而數撓之, 則賊其澤, 治大國而數變法, 則民苦之, 是以有道之君貴靜, 不重變法"라면서 민심 안정을 위해서는 법률을 자주 고치지 말아야 함을 강조하였다.

정치가 너무 꼼꼼하게 백성들의 사소한 일까지 간섭하면, 백성들은 그 간섭을 피하기 위해 편법을 획책하게 되고, 그것을 잡으려고 자꾸 더 세세한 법을 만들게 되는 악순환이 계속될수록 백성들은 순박함을 잃고 더욱더 사악해지게 되어있다는 것이다.

다음 구절을 보면, '禍兮福之所倚화혜복지소의하며, 福兮禍之所伏복혜화지소복이라', 화禍 속에 복이 깃들어 있고, 복福 속에 화가 숨어 있다. 세상에 영원한 것은 없다. 늘 길흉화복이 바뀌거나 반복되어 나타난다. 《회남자淮南子》에 나오는 '새옹지마塞翁之馬'를 말한다. 그 뒤의 구절도 같은 맥락의 이야기다. 언제나 옳은 것은 없기에 올바른 것이 변하여 이상한 것이 되기도 하고, 선한 것이 변하여 악하게 되기도 한다. 그런데 사람들은 길·흉吉凶, 화·복禍福, 정·사正邪, 선·악善惡을 절대적 상황으로 인식한다.

이러한 사람들의 미혹됨은 참으로 오래되었다. 人之迷也 其日固久 성경에 보면 최초의 인간인 아담이 미혹에 빠져 선악과를 따 먹으면서부터 시작되었으니, 사람들의 분별지分別智라는 미혹됨의 역사가 얼마나 고구固久한

너무 꼼꼼하게 다스리면 사람들 마음이 각박해지고 (제58장, 60장)

가 말이다.

다음 구절, '是以聖人시이성인은 方而不割방이불할이라', 그래서 성인은 모가 있지만, 즉 자기는 반듯하거나 예리하지만, 남을 그 예리함으로 쪼개거나 나누지 않는다. 분석하거나 평가하지 않는다. 앞 장에서 '대방大方은 무우無隅라', 아주 큰 모서리는 모서리가 없다고 했는데, 아주 큰 반듯함은 모든 것을 품는다는 것이다.

이어 '廉而不劌염이불귀라', 자신은 깨끗하지만 남을 깎아내지 않고, 즉 그 깨끗함은 모든 더러움까지 포용하는 아주 큰 깨끗함이다. 중국 전국시대 이사李斯는 '축객령逐客令'을 반대하는 글로 천하의 명성을 떨치게 되는데, 진나라 이방인異邦人들이 매우 중요한 역할을 했고, 이들의 힘을 빌리지 않고는 천하의 통일을 이룩할 수 없다는 '간축객서諫逐客書'를 올린다. 이 상서上書에서 이사는 '山不讓土산불양토라, 태산은 흙 한 줌도 마다하지 않았기에 그렇게 높은 것이고, 海不讓水해불양수라, 강과 바다는 도랑물과 개천물 등을 가리지 않고 받아들였기에 그렇게 깊은 것입니다'라는 만고의 명언을 남겼고, 훗날 이 말은 대망을 가진 사람의 인재 포용을 뜻하는 명구名句가 되었다.

마지막 구절, '直而不肆직이불사라', 곧지만 지나치게 뻗지 않고, 즉 자신은 솔직하고 곧지만 그 솔직함이 방자하지 않다는 뜻이다. '사肆'는 방자함, 거리낌 없이 함부로 말함을 뜻한다. 솔직하면서 겸손하게 말하기가 그만큼 힘들다는 방증이기도 하다. '光而不燿광이불요라' 빛나되 눈부시게 하지 않는다. 자기는 스스로 빛나지만, 화광동진和光同塵이라, 그 빛을 감추고 세상과 어울리므로, 그 빛이 다른 사람을 눈부시게 하지 않는다는 것이다. 이렇게 하면 세상이 바르게 다스려진다.

일상 속 수행을 권하는 핵심 화두 話頭

산불양토 해불양수 山不讓土 海不讓水

태산은 흙 한 줌도 마다하지 않았기에 그렇게 높은 것이고, 바다는 도랑물과 개천물 등을 가리지 않고 받아들였기에 그렇게 깊은 것이다. 사람도 태산과 바다처럼 크고 깊어지려면 자기가 좋아하는 사람만 받아들여서는 불가능하다. 나를 키우려면 나와 다른 사람, 내가 좋아하지 않는 사람을 내 안으로 받아들여야 한다. 조직도 마찬가지다. 조직을 키우려면 다른 성향의 사람들도 기꺼이 받아들여 다름을 시너지로 융합시켜야 한다. 다름은 조금 불편하지만 나와 조직의 역량을 키운다.

너무 꼼꼼하게 다스리면 사람들 마음이 각박해지고 (제58장, 60장)

다투지 않고 상대를 이기는 법
(제68장)

제68장은 다투지 않고 상대를 이기는 법과 사람을 잘 부리는 법에 관해 이야기하고 있다.

善爲士者不武 선 위 사 자 불 무	훌륭한 무사는 무예를 과시하지 않고
善戰者不怒 선 전 자 불 노	싸움을 잘하는 자는 성 내지 아니하며,
善勝敵者不與 선 승 적 자 불 여	잘 이기는 자는 적과 맞붙지 않고
善用人者爲之下 선 용 인 자 위 지 하	사람을 잘 부리는 자는 그 사람 밑으로 들어간다.
是謂不爭之德 시 위 부 쟁 지 덕	이를 일러 싸우지 않음의 덕이라 하고
是謂用人之力 시 위 용 인 지 력	이를 일러 사람을 부리는 힘이라 하며,
是謂配天 시 위 배 천	이를 일러 하늘의 짝이라 하니
古之極 고 지 극	예로부터 내려오는 지극한 원리이다.

이 장은 잘 싸우는 것과 잘 이기는 법 등이 무엇인지에 관해서 이야기하는데, 다른 장과 마찬가지로 세상의 상식과는 정반대되는 논지를 펼치고 있다.

첫 구절부터 살펴보면, '善爲士者不武선위사자불무하고', 훌륭한 무사는 자기 무예를 과시하지 않고, 즉 과시하면 상대가 내 장점과 약점을 분석하므로 자기 무예를 숨긴다는 얘기다.

이어 '善戰者不怒선전자불노하며', 싸움을 잘하는 자는 성 내지 아니하며, '善勝敵者不與선승적자불여라', 잘 이기는 자는 적과 맞붙지 않는다. 이 구절은 《장자》에 나오는 '목계木鷄' 이야기와 맥락을 같이 한다. 어느 날 왕이 투계鬪鷄를 훈련 시키는 사람에게 닭 한 마리를 주고는 훈련 시키라고 명령했다. 10일 지나서 왕이 물었다. "쓸 만해졌는가?" "아직 덜 되었습니다. 지금 한창 허세와 교만을 부리고 의기양양합니다." 열흘이 지난 뒤 또 묻자 대답했다. "아직 덜 되었습니다. 다른 닭의 소리나 그림자를 보고 달려들려고 합니다." 열흘이 지난 뒤 또 묻자 대답했다. "아직 덜 되었습니다. 다른 닭을 증오의 눈빛으로 보고 잔뜩 성을 냅니다." 열흘이 지난 뒤 또 묻자 대답했다. "예, 이제 되었나이다. 다른 닭들이 아무리 도전해와도 일체 싸우려 들지 않나이다. 마치 목계木鷄와 같사온데, 안으로는 덕德이 충실하옵니다. 다른 닭들은 그 닭의 모습만 보아도 꼬리를 감추며 도망치고 마나이다. 이쯤 되면 그 어떤 닭과 싸우더라도 결코 패할 염려가 없사옵니다." 이 닭이 바로 여기서 말하는 성내지 않고 이기는 '선전자善戰者'요, 적과 붙지 않고도 이기는 '선승적자善勝敵者'인 것이다. 손자병법에서도 "백전백승하는 것이 가장 뛰어난 장수가 아니다. 싸우지 않고서 적을 굴복시키는 것이 가장 훌륭한 장수다"라고 했다.

장자 莊子, BC 369 추정~BC 289 추정 : 이름은 주 周, 자는 자휴 子休, 남화진인 南華眞人, 중국 전국시대의 사상가. 그의 생애나 행적은 자세히 알려지지 않았으나 은둔적 지식인의 삶을 산 것으로 추정, 은자들의 전통을 바탕으로 노자의 사상을 독창적으로 발전시켰다.

이어 '善用人者爲之下선용인자위지하라', 사람을 잘 부리는 자는 그 사람 밑으로 들어간다. 보통 상사는 부하직원 위에서 군림하거나 지휘 감독한다고 생각하는데, 사람을 잘 쓰는 상사는 부하직원들이 일을 잘하도록 밑에서 떠받치고 뒤에서 밀어준다는 것이다. 이렇게 자기를 낮추면, 가장 낮은 바다에 모든 물이 모이듯, 사람들이 주변으로 몰려들어 자연스럽게 그들의 수장이 된다는 것이다. 일부러 자신을 낮추는 것은 작위作爲이기 때문에 부자연스럽고 역효과가 난다. 진심으로 자신을 낮추려면, 누구를 대하든 나와 별개의 사람으로 상대화하지 않아야 한다. 그러면 자신을 낮추려고 그리 애쓰지 않아도 저절로 내려가게 된다.

이렇게, 무예를 자랑하지 않는 것 不武, 성내지 않는 것 不怒, 대적하지 않는 것 不與, 자기를 낮추는 것 爲之下을 일컬어 '不爭之德부쟁지덕이라,' 싸우지 않음의 덕이라 하고, '用人之力용인지력이며', 사람을 부리는 힘이라 하며, '配天배천이니', 하늘의 짝이라 하니, '古之極고지극이라', 예로부터 내려오는 지극한 원리이다. 위의 네 가지 방법으로 싸우지 않고도 이기고, 지도자로서 사람을 잘 써서 그들의 능력을 잘 활용하면 더 큰 일들을 해낼 수 있다는 것이다. 이러한 '부쟁지덕 不爭之德'과 '용인지력 用人之力'은 하늘의 법칙과 하나를 이루는 것으로서 예로부터 전해 내려오는 도道의 지극한 원리이다.

일상 속 수행을 권하는 핵심 화두話頭

선용인자 위지하善用人者 爲之下

사람을 잘 부리는 자는 그 사람 밑으로 들어간다. 위에서 군림하고 강하게 명령하는 자는 하수다. 그러면 구성원들은 그 사람이 있을 때만 잘하거나 다른 조직을 기웃거리게 된다. 자기가 그 지도자의 부속품으로 느껴지기 때문이다. 반면에 지도자가 스스로 아래로 내려가 아랫사람이 일을 잘 할 수 있도록 떠받쳐주면, 구성원들이 자발적으로 일을 찾아서 하게 된다. 각자가 주체적인 개인으로 인식하기 때문이다.

다투지 않고 상대를 이기는 법 (제68장)

부드럽고 약한 것이 굳세고 강한 것을 이기니
(제76장)

제76장에서는 '유약柔弱이 강강剛强을 이긴다'라는 노자 철학의 중심 주제를 다루고 있는데, 굳세고 강한 것을 경계해야 하는 이유를 설명하면서, 언제나 부드럽고 약하게 처신할 것을 권하고 있다.

人之生也柔弱 인 지 생 야 유 약	사람이 살아 있을 때는 부드럽고 약하다가
其死也堅强 기 사 야 견 강	죽으면 단단하고 강해지며,
萬物草木之生也柔脆 만 물 초 목 지 생 야 유 취	만물초목이 살아 있을 때는 부드럽고 연하다가
其死也枯槁 기 사 야 고 고	죽으면 말라 뻣뻣해진다.
故, 堅强者死之徒 고, 견 강 자 사 지 도	그러므로 단단하고 강한 것은 죽음의 무리이고,
柔弱者生之徒 유 약 자 생 지 도	부드럽고 약한 것은 삶의 무리이다.
是以兵强則不勝 시 이 병 강 즉 불 승	이런 까닭에 군대가 강하면 이기지 못하고
木强則折 목 강 즉 절	나무가 강하면 꺾이니,
强大處下 강 대 처 하	강하고 큰 것은 아래에 있고
柔弱處上 유 약 처 상	부드럽고 약한 것은 위에 있다.

첫 구절부터 살펴보면, '人之生也柔弱인지생야유약하고 其死也堅強기사야견강하며', 사람이 살아 있을 때는 부드럽고 약하다가 죽으면 단단하고 강해지며, '萬物草木之生也柔脆만물초목지생야유취하고 其死也枯槁기사야고고라', 만물 초목이 살아 있을 때는 부드럽고 연하다가 죽으면 말라 뻣뻣해진다. 모든 생명은 태어났을 때 부드럽고 약하다가, 죽을 때 마르고 단단해진다. 생명만 그런 게 아니라 사상이나 종교도 유연하고 약하면 다른 사상과 종교를 포용하는데, 굳고 강하면 이단시하거나 배척한다. 유연하고 약하다는 것은 아집我執이 약하다는 것이고, 그 반대는 아집이 굳고 강하다는 것이다.

이어서, '故堅強者死之徒고견강자사지도이고 柔弱者生之徒유약자생지도라', 그러므로 단단하고 강한 것은 죽음의 무리이고, 부드럽고 약한 것은 삶의 무리이다. 생명의 기본 원리를 이야기하면서, 굳세고 강한 것만을 추구하는 세태를 비판하고 있다.

다음 구절, '是以兵強則不勝시이병강즉불승하고 木強則折목강즉절이라', 이런 까닭에 군대가 강하면 이기지 못하고, 나무가 강하면 꺾인다. 역사 속에서 수많은 대제국들이 군대가 가장 강성했을 때 무리하게 전쟁을 일으켜 대패하고 멸망의 길을 걷게 된다. 로마제국, 몽골 기병, 나폴레옹 군대도 그랬고, 수나라·당나라도 고구려를 침범했다가 패하고 멸망했다. 나무도 마찬가지다. 강한 비바람에 여리고 약한 나무들은 휘어졌다가 되돌아오지만, 단단하고 강한 나무는 꺾이고 부러져버린다.

이 법칙에는 사람이나 사람이 만든 조직도 마찬가지다. 조직의 리더가 아집我執이 약하고 유연하면 조직원들의 의견을 잘 수렴하고 포용하지만, 아집이 굳고 강하면 자기 생각만 옳다고 생각하기 때문에 조직원들의 의견을 귀담아듣지 않아 집단지성을 발휘하기 힘들다. 위기에 처하면 유연한 조직은 집단지성을 발휘해 함께 살길을 모색하여 살아남지만, 굳고 강한 조직은 리더 한 사람에게만 의존하므로 위기를 타개해나가기 힘든 것이다. 노자가 강조하는 '수동적 적극성'을 조직의 리더에 적용하면, 평소 낮은 자세로 유연하게 모두를 포용하면서도 때가 되면 결단력 있는 용기를 발휘하는 것이 바로 덕德을 지닌 리더의 모습일 것이다. 미국의 신학자 라인홀드 니버Reinhold Niebuhr, 1892~1971의 '평온을 비는 기도'는 덕德을 실천하고자 하는 리더의 기도라 할 만하다. "주여, 우리에게 우리가 바꿀 수 없는 것을 평온하게 받아들이는 의연함과 바꿔야 할 것을 바꿀 수 있는 용기, 그리고 이 둘을 분별하는 지혜를 허락하소서. God, give us grace to accept with serenity the things that cannot be changed, courage to change the things that should be changed, and the wisdom to distinguish the one from the other."

마지막 구절, '強大處下강대처하하고 柔弱處上유약처상이라', 강하고 큰 것은 아래에 있고, 부드럽고 약한 것은 위에 있다. 여기에서도 약한 것보다 강하고 큰 것이 상위를 차지하는 세상의 법칙과는 정반대의 말을 하고 있다. 자연의 이치는 여리고 약한 것에서 굳고 강한 것이 나왔으니, 여리고 약한 것이 '종宗'이 되고 굳고 강한 것이 '분分'이 되는 것이다. 그러니 유약柔弱이 위에 위치하고, 강대強大가 아래에 위치하게 된다.

일상 속 수행을 권하는 핵심 화두 話頭

강대처하 유약처상 强大處下 柔弱處上

강하고 큰 것은 아래에 있고, 부드럽고 약한 것은 위에 있다. 모든 일은 정점을 지나면 하강 국면을 맞이하게 된다. 가장 강하고 큰 상태가 정점이며, 그 속에 하강 국면이 숨어 있다. 그러니 강대強大함을 경계하라. 강대함 속에서도 부드럽고 약함을 지킬 수 있다면 지속적으로 상승세를 유지할 수 있다.

a word of Tao Te Ching engraved in my heart **내 마음에 새겨보는 도덕경**

부드럽고 약한 것이 굳세고 강한 것을 이기니 (제76장)

남는 것은 덜어내어 모자란 것을 채우고
(제77장)

제77장은 많이 알려진 '損有餘而補不足손유여이보부족, 남는 것은 덜어내어 모자란 것을 채운다'라는 구절이 있는 장으로서, 지도자의 덕목으로 균형, 조화, 평등을 강조하고 있다.

天之道 천지도	하늘의 도道는
其猶張弓與 기유장궁여	마치 활을 당기는 것 같다.
高者抑之 고자억지	높은 데는 누르고
下者擧之 하자거지	낮은 데는 들어 올리며,
有餘者損之 유여자손지	남는 것은 덜어내고
不足者補之 부족자보지	모자란 것은 채운다.
天之道 천지도	하늘의 도道는
損有餘而補不足 손유여이보부족	남는 것은 덜어내어 모자란 것을 채우지만,
人之道 인지도	인간의 도道는
則不然 즉불연	그렇지 않은 법이니
損不足以奉有餘 손부족이봉유여	모자란 것을 덜어내어 남는 것에 바친다.
孰能有餘以奉天下 숙능유여이봉천하	누가 남는 것으로써 천하를 받들 수 있는가?

唯有道者 유유도자	오직 도道를 지키는 사람뿐이다.
是以聖人 시이성인	이로써 성인聖人은
爲而不恃 위이불시	일을 하고도 자랑하지 않고
功成而不處 공성이불거	공을 이루고 거기에 머물지 않으며
其不欲見賢 기불욕견현	자신의 현명함을 드러내지 않는다.

첫 구절부터 보면, '天之道천지도는 其猶張弓與기유장궁여라', 하늘의 도道는 마치 활을 당기는 것 같다. '高者抑之고자억지하고 下者擧之하자거지하며', 높은 데는 누르고 낮은 데는 들어 올리며, '有餘者損之유여자손지하고 不足者補之부족자보지라', 남는 것은 덜어내고 모자란 것은 채운다.

하늘의 도道를 활을 당기는 원리에 비유하고 있다. 활을 당기면 활의 위쪽은 아래로 수그러지고 아래쪽은 위로 올라간다. 아울러 활을 당기기 전에는 줄이 느슨하면 팽팽하게 더 당겨야 하고, 줄이 너무 팽팽하면 느슨하게 풀어줘야 한다.

이어서 '天之道천지도 損有餘而補不足손유여이보부족이나', 하늘의 도道는 남는 것은 덜어내어 모자란 것을 채우지만, '人之道인지도는 則不然즉불연하여 損不足以奉有餘손부족이봉유여라', 인간의 도道는 그렇지 않은 법이니 모자란 것을 덜어내어 남는 것에 바친다. 하늘의 원리는 다랑논에 비가 많이 오면, 맨 위 논에 물이 넘쳐 그 아래 논으로 자연스럽게 흘러 들어가듯이, 남는 것을 덜어서 부족한 것을 채워 공생공영共生共榮, 균형과 조화를 이룬다. 하늘은 '사私가 없어서 균均하다'라는 말이 이 구절과 일맥상통하는데, '사私'가 없다는 것은 사사로운 정을 품지 않는다는 엄정한 뜻을 가지고 있다. 인간만을 특별히 더 사랑하지 않고 우주 만물을 똑같이 '균均'하게 다룬다. 그래서 인간이 사사로운 욕심으로 환경을 파괴하는 행위가 극에 달하여 우주 질서의 균형까지 무너트리면, 하늘의 도道는 어쩔 수 없이 기상이변이라는 또 다른 극단으로 균형을 잡고자 한다. 자연은 일체 '사私'가 없는 '절대 균均'이기 때문이다. 이러한 대자연의 추상秋霜같이 엄정한 '균均'을 인간이 두려워하지 않는다면, 그때는 다시 돌이킬 수 없는 두려운 일이 실제로 일어날 수밖에 없을 것이다.

반면에, 인간의 도道는 쌀 99석 가진 사람이 1석 가진 사람에게 100석 채우게 달라고 하는 것처럼, 모자란 것을 덜어서 남는 것에 바쳐서 빈익빈 부익부 貧益貧 富益富, 불균형과 부조화를 초래한다. 지구촌 선진국 사람들은 너무 많이 먹어서 성인병으로 죽어가고, 후진국 사람들은 못 먹어서 기아로 죽어간다. 같은 한반도 내에서도 휴전선 이북은 기아 문제가 심각하고, 남한은 성인병 문제가 심각하다. 지구촌 전체 식량 생산량은 전 세계인이 충분히 먹고 남을 만큼의 양이라고 한다. 노자가 이 구절에서 말한 것처럼 분배에 구조적 불평등이 있어서 이런 불균형이 생기는 것이다. 공자도 똑같은 지적을 했다. '不患寡而患不均 불환과이환불균'이라, 적음을 근심하지 말고 고르지 못함을 근심하라'는 뜻으로 양量보다 균등한 분배를 강조하였다.

다음 구절, '孰能有餘以奉天下 숙능유여이봉천하리오 唯有道者 유유도자라', 누가 남는 것으로써 천하를 받들 수 있는가? 오직 도道를 지키는 사람뿐이다. 어느 지도자가 남아 돌아가는 자의 것을 덜어서 부족한 자들에게 채워주는 정치를 할 수 있는가를 묻고 있다. 지도자의 중요한 덕목으로 '균_均'을 강조하고 있는 것이다. 과거 사회주의자들이 그 일을 하겠다고 했지만 결국 얼마 못 가서 실패했다. 슬로건으로 내세웠던 '민중 독재'가 '당黨 독재'로 변질되면서 또 다른 특권세력을 만들었을 뿐이었다. 개인의 속 욕심은 그대로 두고 겉모양만 바꿨으니, 위에서 노자가 말한 인간의 도道를 벗어나지 못했던 것이다.

마지막 구절은 앞 구절과 문맥이 이어지지 않는다. 그래서 도덕경을 옮겨 적은 이들이 잘못 편집했을 것이라는 이야기가 있다. 앞 장에서 이미 많이 나온 구절이라 간단히 뜻만 풀이하고 넘어가는 게 좋겠다. '是以聖人 시이성인은 爲而不恃 이불시하고', 이로써 성인은 일을 하고 자랑하지 않고, '功成而不處 공성이불거하며', 공을 이루고 거기에 머물지 않으며, '其不欲見賢 기불욕견현이라', 자신의 현명함을 드러내지 않는다.

일상 속 수행을 권하는 핵심 화두 話頭

손유여이보부족 損有餘而補不足

남는 것은 덜어내어 모자란 것을 채운다. 지도자는 집단 전체 부富의 양을 늘리는 것 못지않게 균均을 중시해야 한다. 여유 있는 곳을 덜어내서 부족한 곳을 채워 상대적 박탈감을 없애야 한다. 그래야 구성원끼리 일체감과 합심을 이룰 수 있어서, 함께 집단을 성장시키는 큰 힘으로 발전시킬 수 있다.

남는 것은 덜어내어 모자란 것을 채우고 (제77장)

좋은 지도자가 되려면 어떻게 해야 하는가?
(제78장)

제78장은 앞장에서도 여러 번 나왔던 것처럼 '유약柔弱이 강강剛强을 이긴다'는 도덕경의 핵심 논지를 물에 빗대서 표현하고 있는데, 이 비유는 '상선약수上善若水'로 대변되는 제8장에서도 살펴본 바 있다. 이 장에서는 더 나아가 '왜 대부분의 사람들은 물처럼 못 사는지'와 '세상의 참 지도자가 되려면 어떻게 해야 하는지'에 관해 말하고 있다.

天下莫柔弱於水 천 하 막 유 약 어 수	천하에 물보다 더 부드럽고 약한 것이 없다.
而攻堅强者 이 공 견 강 자	하지만 견고하고 강한 것을 공격하는 데에는
莫之能勝 막 지 능 승	물보다 나은 것이 없다.
以其無以易之 이 기 무 이 역 지	그 무엇으로도 물을 대신할 만한 것은 없다.
弱之勝强 약 지 승 강	약한 것이 강한 것을 이기고,
柔之勝剛 유 지 승 강	부드러운 것이 굳센 것을 이긴다는 것을
天下莫不知 천 하 막 부 지	세상에 모르는 사람이 없지만,
莫能行 막 능 행	능히 행하지는 못한다.
是以聖人云 시 이 성 인 운	이런 까닭에 성인聖人이 말하기를
受國之垢 수 국 지 구	나라의 더러운 일을 떠맡는 사람을

是謂社稷主 시위사직주	일러 사직의 주인이라 하고,
受國不祥 수국불상	나라의 불상사를 떠맡는 사람을
是謂天下王 시위천하왕	일러 천하의 왕이라 하였으니,
正言若反 정언약반	바른 말은 반대로 들린다.

첫 구절부터 살펴보면, '天下莫柔弱於水천하막유약어수라', 천하에 물보다 더 부드럽고 약한 것이 없다. '而攻堅强者이공견강자는 莫之能勝막지능승이니', 하지만 견고하고 강한 것을 공격하는 데에는 물보다 나은 것이 없으니, '以其無以易之이기무이이지라' 그 무엇으로도 물에 대신할 만한 것은 없다. 이미 제8장에서도 살펴봤지만, 물은 담기는 그릇 모양에 따라 모습이 바뀌고, 온도에 따라 액체에서 고체, 기체로 변한다. 고정된 '자아自我'가 없기에 변화무쌍한 것이다. 그렇기 때문에 여기서 약하다는 것은 에고ego가 약하다는 의미로 해석할 수 있다. 그런데 이 여리고 약한 것이 가장 강한 바위를 뚫는다. 처마 끝에서 한 방울씩 떨어지는 낙숫물에 깊게 파인 댓돌을 보라. 수천 톤이나 되는 배를 바다에 거뜬히 띄우는 것도 물이고, 거대한 산을 깎아서 계곡을 만들어 버리는 것도 가장 여리고 약한 물이다. 세상의 가장 더러운 오물을 깨끗하게 정화하는 것도 물이다. 가장 약한 것이 가장 강한 것이다.

이어서 '弱之勝强약지승강하고, 柔之勝剛유지승강을 天下莫不知천하막부지하지만, 莫能行막능행이라', 약한 것이 강한 것을 이기고, 부드러운 것이 굳센 것을 이긴다는 것을 세상에 모르는 사람이 없지만, 능히 행하지는 못한다. 진리가 무엇인지 아는 것보다 더 중요한 것은 바로 그 진리를 실천하는 것이라고 말하고 있다.

그런데 사람들은 왜 알면서도 실천하지 못하는 것일까? 물처럼 하는 일이 싫은 것이다. 물처럼 가장 더러운 밑바닥에서, 아무도 알아주지 않는 일을 끊임없이 하는 것이 손해 보는 짓이고, 표시도 안 나는 일이라고 생각하기 때문이다. 그래서 세상 사람들이 다 알아주는 굳세고 강한 자가 되고 싶어 하는 것이다. 앞 구절에서 가장 약한 물이 세상의 강한 것들을 다 이기며, 사람들은 이미 그것을 알고 있다고 했는데, 왜 이기는 일을 하지 않는 것일까? 그 아는 것이 제대로 아는 게 아니기 때문이다. 머리로는 이해하지만, 가슴으로 받아들이지 못하고 몸으로 실천하지는 못하는 것이다. 이 구절을 읽을 때마다 떠오르는 시詩가 있다. 신경림申庚林 시인의 '다리'이다.

다리

신경림

다리가 되는 꿈을 꾸는 날이 있다
스스로 다리가 되어
많은 사람들이 내 등을 타고 어깨를 밟고
강을 건너는 꿈을 꾸는 날이 있다
꿈속에서 나는 늘 서럽다
왜 스스로는 강을 건너지 못하고
남만 건네주는 것일까

깨고 나면 나는 더 억울해 지지만

이윽고 꿈에서나마 선선히
다리가 되어주지 못한 일이 서글퍼진다

이 시에서 다리는 노자가 말하는 물의 객관적 상관물이다. 물처럼 표도 안 나고 궂은일만 하는 다리가 되는 것이 꿈에서도 서럽고 억울하게 느껴지지만, 꿈에서라도 선선히 물 같은 역할을 해줬으면 하는 바람을 담고 있다.

다음 구절을 보면, '是以聖人云시이성인운하기를, 受國之垢수국지구를 是謂社稷主시위사직주라', 이런 까닭에 성인이 말하기를, 나라의 더러운 일을 떠맡는 사람을 일러 사직社稷의 주인이라 한다. '垢구'자는 '때'나 '허물'을 뜻하는데, 나라에 적용하면 '더럽고 궂은일'로 풀이할 수 있겠다. '사직社稷'은 토지의 신인 '사社'와 곡식의 신인 '직稷'을 말하는데, 백성은 땅과 곡식이 없으면 살 수 없으므로, 사직은 풍흉과 국가의 운명을 관장한다고 믿어, 나라를 창건한 자는 제일 먼저 왕가의 선조를 받드는 종묘宗廟와 더불어 사직단을 지어서, 백성을 위하여 사직신께 복을 비는 제사를 지냈다. 조선도 태조 때 한강을 바라보고 경복궁 왼쪽현재 종로구 훈정동에 '종묘'를, 오른쪽현재 사직동에 '사직단'을 세웠다. 그러므로 여기서 '사직의 주인'이라 하면 나라를 관장하는 왕을 의미한다.

또한 '受國不祥수국불상을 是謂天下王시위천하왕이라', 나라의 불상사를 떠맡는 사람을 일러 천하의 왕이라 한다. 역시 앞 구절과 일맥상통한다.

이 구절과 연계된 고사가 있는데 바로 '당태종의 탄황吞蝗·풀무치를 삼킴 고사'이다. 여기서 황蝗은 '황충蝗蟲'의 준말로 풀무치를 뜻한다. 당나라 태종626~649은 중국 역사상 위대한 명군으로 꼽히는데, 즉위한 지 2년 만에628년 위기가 닥친다. 가뭄과 함께 황충떼가 당나라 수도 장안을 뒤덮어서 가뭄 때문에 별로 자라지도 않은 곡식까지 남김없이 훑어버리고 있었고, 백성들은 발만 동동 굴렀다. 그 처참한 광경을 목격한 태종은 안타까운 마음에 황충떼를 향하여, "무릇 사람은 곡식으로 살아가는데, 너희가 다 먹어버리면 무고한 백성들이 죽게 된다. 백성들에게 허물이 있다면 나 한 사람에게 있다. 차라리 내 심장을 갉아 먹어라"라고 외치며 황충 두 마리를 잡아 삼키려 했다. 좌우의 대신들이 화들짝 놀라 "폐하. 제발 멈추소서. 병이 될까 걱정됩니다"라고 하며 태종을 말렸는데, 이에 태종은 "황충의 재해가 짐에게 옮겨지기를 바라는데 어찌 병을 피하겠느냐"고 하면서 '꿀꺽 삼키고吞蝗·탄황' 말았다. 그러자 거짓말처럼 황충떼가 다 사라졌다. 〈정관정요〉 '무농'

세종 · 성종 · 정조와 더불어 조선의 4대 명군으로 불리는 영조도 1765년부터 3년 이상 가뭄이 이어지고 황충떼가 창궐하자 '당태종의 탄황 고사'를 인용하며 한탄했다고 한다. "당 태종은 백성을 위해 황충을 삼켰다는데, 아무리 어진 군주라도 정성이 없었다면 어찌 목구멍으로 넘어갔겠느냐. 그러나 이제 늙어버린 과인이 당 태종처럼 할 수 있을지 걱정이다." 〈영조실록〉 1765년

이 구절은 나라의 왕에게만 해당되는 것이 아니다. 어떤 단체나 조직이든 그 안에서 물처럼 허물을 뒤집어쓰고 가장 더러운 일을 스스로

떠맡는 사람은 그 단체의 참 지도자가 될 수 있다는 것이다. 물처럼 유연하고, 약하며, 자신을 한없이 낮추고, 자기를 희생한다는 마음조차 없이 희생하면, 결국 자신과 자신을 둘러싼 주위를 함께 높이며 더불어 살린다는 것이다. 가장 약한 것이 가장 강하기 때문이다.

그래서 '正言若反 정언약반이라', 바른말은 반대로 들린다. 위대한 진리는 모두 세상의 논리와 반대로 들린다. '가장 약한 것이 가장 강한 것을 이긴다'와 같이 '형용모순'이요, '약한 것이 곧 강한 것'과 같이 '양극의 일치'이며, '모순의 통일'인 것이다. 실존주의 철학의 선구자 키에르케고르S. Kierkegaard가 말한 '진리의 역설'인 것이다.

키에르케고르.Søren Aabye Kierkegaard, 1813~1855 : 덴마크의 종교 사상가, 현대 실존주의 철학의 선구자. 형식적이고 위선적인 신앙, 교회를 비판하면서 신앙의 본질과 신神을 탐구하였으며, 개인이 직면하는 감정과 감각의 문제 등 종교적 실존에 관한 문제를 주로 다루었다.

"인간은 대치될 수도 없고 분석될 수도 없으며 모순으로 가득한 삶을 살고 있다. 그것이 실존이다. …중략… 인간의 본질에 대한 모든 보편적인 지식이 불가능하다. 이러한 실존은 불안과 공포와 절망으로 특징 지워지고 있다. 이러한 실존은 '역설적인 방법'으로 신과 합일되려 하나 유한한 인간과 무한한 신 사이의 합일이 쉽게 이루어지지 않는다. 고통과 고뇌가 따른다. 그러나 다른 도리가 없다. 그렇지 않으면 인간은 신을 사

랑할 수 없다." 키에르케고르 〈왜 인간인가〉 중에서

　인간이 신을 사랑하고, 대도大道를 실천하기 위해서 진리의 말을 들어야 하는데, 그 진리가 역설적이어서 받아들이기 쉽지 않고 실천하기는 더 어렵다는 것이다. 고통과 고뇌가 따르지만 그것 말고는 다른 도리가 없다고 하니, 로마서에 기록된 사도 바울의 한탄이 떠오른다. "오호라 나는 곤고한 사람이로다. 이 사망의 몸에서 누가 나를 건져내랴." 기독교에서 가장 위대한 사도로 꼽히는 바울도 하느님에게 가는 길이 얼마나 힘들었으면 이렇게 호소했을까? 그렇지만 온갖 현실의 유혹과 고난을 다 이겨내고 빛나는 사역들을 이뤄낸다. 그리고 마침내 죽음을 눈앞에 둔 때에 소망하기를 "이제 후로는 나를 위하여 의義의 면류관이 예비되었으므로 주님, 곧 의로우신 재판장이 그날에 내게 주실 것이니"라는 확신을 밝히게 된다.

　위대한 사도 바울의 일생은 도道와 하느님의 길에 도달하기가 얼마나 힘든지 말해주고 있으면서, 동시에 끝까지 뜻을 잃지 않고 수행하면 마침내 그 길에 도달할 수 있다는 희망을 함께 주고 있다.

일상 속 수행을 권하는 핵심 화두 話頭

유약승강강 柔弱勝剛强

부드럽고 약한 것이 굳세고 강한 것을 이긴다. 너무 강한 리더십을 배척하는 '강량자부득기사強梁者不得其死'라는 말이 있다. 강한 대들보는 제 수명을 다하지 못한다는 뜻이다. 지나치게 강하면 부러지는 것처럼 강력한 법이나 물리력, 고집으로는 온전하게 리더십을 유지할 수 없으니 유연한 리더십을 갖추라는 의미다. 특히 현대 지식정보화시대의 리더들에게는 필수불가결한 리더십이다. 4차 산업혁명의 주창자인 클라우스 슈밥 Klaus Schwab, 경제학자·세계경제포럼 회장은 "앞으로는 상상도 못 할 다양한 세계가 펼쳐질 것이고, 그 세계에서 살아남고 선도해 나가기 위해서는 이러한 다양성diversity을 포용할 수 있는 유연성flexibility이 필요하다"라고 하였다. 4차 산업혁명의 주된 축이 되는 3D 프린팅, 인공지능, 사물인터넷 등의 발전 속도가 엄청나게 빠르다. 예전에는 3D 프린팅만을, 인공지능만을, 사물인터넷만을 개발하고 적용하는 기업들이 변화를 주도해 왔다면, 지금은 이러한 것들을 어떻게 융합하여 새로운 서비스와 기술을 창출해 내느냐가 화두가 되고 있는 것이다. 기존의 방식만을 굳세고 강하게 밀어붙이는 리더십의 시대는 끝났다. 나 또는 우리 조직과 다른 것을 얼마나 빨리 받아들일 수 있는가, 즉 그런 유연성을 견지하고 있느냐가 리더십의 중요한 덕목이 된 것이다.

좋은 지도자가 되려면 어떻게 해야 하는가? (제78장)

a word of Tao Te Ching engraved in my heart **내 마음에 새겨보는 도덕경**

에필로그

노자가 꿈꾸던 세상은?
(제80장)

지금까지 《도덕경道德經》을 크게는 두 주제 - 도경道經과 덕경德經, 세부적으로는 다섯 주제 - 도道의 본체론本體論, 도道의 작용론作用論, 덕德의 본체론本體論, 성인론聖人論, 지도자론指導者論으로 살펴봤다. 우주 만물은 어디서 비롯됐고, 어떻게 존재하며, 어떤 방식으로 운용되는지를 도론道論에서, 그 도道의 작용이 사람이나 사물을 통해 어떻게 발휘되는지를 덕론德論에서, 그 도道를 온전히 터득하고 덕德을 실천해가는 사람의 모습을 성인론聖人論에서, 자신이 속한 가정과 단체, 나라를 도道와 덕德으로 다스리는 리더의 모습을 지도자론指導者論에서 살펴봤다.

그리고 이러한 큰 도大道와 참 덕常德을 잘 실천하는 성인聖人들이 많은 나라, 그런 성인들이 지도자가 되어 무위無爲로 다스리니, 백성들이 나라에 지도자가 있는지 없는지조차 모르고 함포고복含哺鼓腹하며 살아가는 나라, 노자가 총체적으로 그리는 이 유토피아의 모습이 제80장에 잘 나와 있다.

小國寡民 소 국 과 민	나라는 작고 백성들은 적어서
使有什伯之器 사 유 십 백 지 기	열이나 백 사람 몫을 해낼 인재가 있어도
而不用 이 불 용	쓸 데가 없고,
使民重死 사 민 중 사	백성들에게 죽음을 중히 여기게 하여
而不遠徙 이 불 원 사	멀리 옮겨 다니지 않게 한다.
雖有舟輿 수 유 주 여	비록 배와 수레가 있어도
無所乘之 무 소 승 지	탈 일이 없고
雖有甲兵 수 유 갑 병	비록 갑옷 입은 병사가 있어도
無所陳之 무 소 진 지	진陳을 펼칠 일이 없다.
使民復結繩 사 민 복 결 승	백성들에게 새끼줄을 매듭지어
而用之 이 용 지	그것을 쓰게 하고
甘其食 감 기 식	그 음식을 달게 먹으며
美其服 미 기 복	그 옷을 아름답게 입으며
安其居 안 기 거	그 거처하는 곳에서 평안하며
樂其俗 낙 기 속	그 풍속을 즐기게 한다.
隣國相望 인 국 상 망	이웃 나라가 서로 바라보고
鷄犬之聲相聞 계 견 지 성 상 문	닭과 개 울음소리가 서로 들리지만,
民至老死 민 지 노 사	백성들은 늙어서 죽을 때까지
不相往來 불 상 왕 래	서로 오고 가는 일이 없다.

제80장은 세상에 도道와 덕德이 실현되어 백성들이 자족自足하며 살아가는 모습을 묘사하고 있다.

첫 구절부터 살펴보면, '小國寡民소국과민하여 使有什伯之器사유십백지기한데, 而不用이불용이라', 나라는 작고 백성들은 적어서 열이나 백 사람 몫을 해낼 인재가 있어도, 쓸 데가 없다. 먼저 '나라가 작다는 것'은 면적이나 크기를 의미하는 것이 아니라, 중앙정부의 통제가 작고 그만큼 백성들의 자율성이 충분히 보장되는 나라를 의미한다. 다음 구절 '백성들이 적다는 것'은 먹고사는 것이 충분하고 생활에 만족하니 욕심이 적어서, 출세하거나 돈을 더 벌기 위해 고향을 버리고 대도시로 몰려들지 않으므로, 어디를 가나 사람 많은 큰 도시가 없고 골고루 분산되어 작은 마을을 이루고 산다는 것이다. 당시 춘추전국시대는 모든 군주가 세력을 키우기 위해 전쟁을 일으켜 영토를 확장하고, 나라의 인구를 늘이는 것이 목표인 시기였는데, 노자는 여기에서도 세상의 상식과는 정반대로 '작은 나라, 적은 백성'을 이상향으로 이야기하고 있다.

'使有什伯之器사유십백지기한데 而不用이불용이라' 열 사람이나 백 사람 몫을 해낼 인재가 있어도 쓸 데가 없다. 작은 나라의 작은 마을에서 적은 백성들이 각자 제 몫을 다 해가며 충분히 잘살고 있으므로, 그 이상 몫을 할 인재가 달리 필요 없는 것이다. 여기서 그릇 '器기'는 '인재'로 해석하기도 하고, '도구'로 보기도 한다. '도구'로 보면, 열이나 백 사람이 들어 쓸 도구를 의미하여 아주 큰 수레나 기중기 등이 해당될 텐데, 나라에서 그런 걸 사용할 큰일을 벌이지 않으니 쓸모가 없다는 것이다. 이렇게 해석해도 무리는 없을 듯하다.

이어서 '使民重死사민중사하여 而不遠徙이불원사라', 백성들에게 죽음을 중히 여기게 하여 멀리 옮겨 다니지 않게 한다. 백성들이 죽음을 무겁게 여긴다는 것은 앞 장에서 살펴봤듯이 자기 생명을 소중히 여긴다는 것이다. 생生이 너무 고달프면 죽음을 가볍게 여겨서 이판사판 산속으로 들어가 도적떼가 되거나 사기꾼이 될 수밖에 없다. 백성들이 자기 생을 소중히 여겨 죽음 또한 무겁게 여기므로, 위험을 무릅쓰면서 먼 곳을 떠돌아다니지 않고 한곳에 정착해서 잘살게 된다는 것이다.

이어서 '雖有舟輿수유주여라도 無所乘之무소승지하고', 비록 배와 수레가 있어도 현재 있는 곳에 만족하여 멀리 갈 일이 없으니 탈 일이 없고, '雖有甲兵수유갑병이라도 無所陳之무소진지라', 비록 갑옷 입은 무장한 병사가 있어도 전쟁이 없고 평화로우니, 진陳을 펼칠 일이 없다.

'使民復結繩사민복결승 而用之이용지라', 백성들에게 새끼줄을 매듭지어 그것을 쓰게 한다. 문자가 없던 선사시대에는 새끼줄로 매듭을 지어서 그 매듭으로 의사를 표현했다고 한다. 그러면 노자는 지금 다시 문자 이전의 원시시대로 돌아가자는 말을 하고 있는 것인가? 노자가 그렇게 가능하지도 않은 얘기를 대책 없이 할 리가 있겠는가. 장자가 말한 '기심機心'을 경계하는 말로 봐야 한다. 우리가 일상을 살아가면서 문명이 주는 혜택을 다 버릴 수는 없지만, 백성들이 기계나 물질문명에 지나치게 의존하는 마음, 편리성과 효율성만 추구하는 기심機心, Machine Mind을 버리고, 통나무같이 투박한 본마음을 회복해야 참되고 편안하게 살 수 있다는 뜻이다.

'甘其食감기식하고 美其服미기복하며, 安其居안기거하고 樂其俗낙기속이라', 모두 자기가 만든 단순한 음식을 달게 먹게 하고, 소박한 베옷이지만 아름답게 입게 하며, 초가삼간이라도 자기 집을 평안히 여기며 살게 하고, 지금 자기 마을의 풍속을 있는 그대로 즐기게 한다. 나라에서 무리한 일을 도모하지 않으니, 백성들이 저절로 소박해지고 행복해하는 것이다. 지금 내가 사는 곳에서 충분히 행복한데 굳이 멀리 다른 곳을 기웃거릴 필요가 있겠는가? 그런데 인류역사상 가장 풍요로운 시대에 살고 있는 우리는 과연 지금 먹는 음식을 충분히 달게 먹으며, 지금 입고 있는 옷을 아름답다고 생각하고 있고, 지금 사는 집을 평안한 곳으로 여기며, 자기 동네 풍속을 즐기고 있는가? 음식은 TV나 유튜브만 켜면 나오는 이른바 각종 먹방과 맛집 광고에 현혹되고, 옷은 계절이 바뀔 때마다 새로 산 탓에 옷장에 가득 걸려 있어도 막상 당장 입고 나갈 것이 마땅찮으며, 집은 계속 더 큰 평수가 눈에 들어와서 현재 집은 늘 좁게 느껴지고, 마을 풍속은 고사하고 마을 개념도 없어진 지 이미 오래전 아닌가. 우리는 지금 노자가 꿈꾸던 유토피아에서 너무 멀리 와 있다.

　　마지막 구절은 노자가 궁극적으로 그리는 이상향을 한 편의 시詩처럼 표현하고 있다.

　　'隣國相望인국상망하고 鷄犬之聲相聞계견지성상문하되, 民至老死민지노사토록 不相往來불상왕래라', 이웃 나라가 서로 바라보고 닭과 개 울음소리가 서로 들리지만, 백성들은 늙어서 죽을 때까지 서로 오고 가는 일이 없다. 앞서 말한 것처럼 각 나라의 백성들이 서로 자기 자리에서 모두 안분지족安分知足하며 살고 있으니, 굳이 다른 나라를 기웃거리지 않는다는 것이다.

　　한편, 유가儒家에서 생각하는 이상향은 《예기禮記》〈예운禮運〉편에 나와 있는 '대동大同세계'라 할 수 있다. "대도大道가 행해지는 세계에서는 천하가 공평무사하게 된다. 어진 자를 등용하고, 재주 있는 자가 정치에 참여해 신의를 가르치고 화목함을 이루기 때문에, 사람들은 자기 부모만을 친하지 않고, 자기 아들만을 귀여워하지 않는다. 나이 든 사람들이 그 삶을 편안히 마치고, 젊은이들은 쓰이는 바가 있으며, 어린이들은 안전하게 자라날 수 있고, 홀아비·과부·고아·자식 없는 노인·병든 자들이 모두 부양되며, 남자는 모두 일정한 직분이 있고, 여자는 모두 시집갈 곳이 있도록 한다. 땅바닥에 떨어진 남의 재물을 자기가 가지려고 하지 않는다. 사회적으로 책임져야 할 일들은 자기가 하려 하지만, 반드시 자기만이 할 수 있다고 생각하지는 않는다. 이 때문에 간사한 모의가 끊어져 일어나지 않고, 도둑이나 폭력배들이 생기지 않는다. 그러므로 문을 열어 놓고 닫지 않으니, 이를 대동 大同이라 한다. 大道之行也 天下爲公 進賢與能 講信修睦. 故人不獨親其親 不獨子其子. 使老有所終 壯有所用 幼有所長. 矜寡孤獨廢疾者皆有所養. 男有分 女有歸. 貨惡其棄於地也 不必藏於己 力惡其不出於身也 不必爲己. 是故謀閉而不興 盜竊亂賊而不作 故外戶而不閉. 是謂大同."

앞 장에서도 살펴봤듯이, 유가儒家와 도가道家는 이상향에 도달하는 방법에서는 서로 대립하기도 한다. 유가는 능력 있고 현명한 인재를 등용하여 나라를 다스리며, 백성들을 인의예지신仁義禮智信으로 교화시켜야 한다고 여겼지만, 도가는 지도자가 인위적인 예禮와 지智를 버리고 도道와 덕德으로 다스리면서, 백성들이 원래 가지고 있는 순박한 마음을 회복시켜야 한다고 생각했다. 그렇지만 궁극적인 목표는 둘 다 대동소이大同小異하다. 앞에서 언급했던 토마스 모어가 쓴 유토피아의 모습과도 비슷하다. 예수님과 부처님이 그렸던 현세에서의 천국과 극락의 모습도 크게 다르지 않다. 산 정상으로 올라가는 방법은 각각 다르지만, 정상에 도달했을 때의 모습은 '큰 하나 大一'이기 때문이다.

동서고금의 성현들이 한목소리로 전하는 공통의 진리와 그들이 그렸던 이상사회에서 우리는 너무 멀리 떨어져 왔다. '사람의 미혹함이 참으로 오래되었구나! 人之迷 其日固久' 수천 년 전 노자의 탄식이 바로 귓전에 들려오는 듯하다. 저 광활한 우주 공간으로 우주왕복선을 쏘아 올리고, 인공지능이 인간을 대체하고, 급기야 인간이 조물주를 대신해 생명체를 복제하는 최첨단 과학 문명시대에 우리는 얼마나 더 행복해졌는가? 우리 터전인 지구환경의 파괴로 매년 기록 경신하듯 쏟아지는 기상이변과 끊이지 않는 전쟁, 물질과 인간의 본말전도된 가치관, 과도한 경쟁, 성인 우울증과 청소년 자살률, 아동 ADHD의 급증 등으로 이미 각계의 수많은 학자들이 우리 사회를 '피로사회'와 '위기사회', '위험감수 사회'로 규정하고 있다. 오늘도 현대를 살아가는 개인은 피로하고 불안하며, 사회는 공동체 와해의 위기에 직면해 있고, 지구온난화로 전지구적 생태계 붕괴라는 위험을 감수하면서 살아가고 있다. 후대에까지 이런 위기사회를 물려주고 싶지 않다. 우리 당대에서의 '위대한 단절'이 필요하다. 그리하여 열사의 땅 사막 한복판에서 한줄기 수맥을 찾는 간절한 마음으로, 수천 년 전부터 면면히 이어져 내려오는 생명수를 찾아, 도덕경을 중심으로 세상의 경전과 성현들이 한목소리로 전하는 참 지혜의 말씀을 살펴본 것이다.

혜능선사는 《육조단경 六祖壇經》에서 '一燈能除千年暗 일등능제천년암하고, 一智能滅萬年愚 일지능멸만년우'라, 한 등불이 능히 천 년의 어둠을 없애고, 한 지혜가 능히 만 년의 어리석음을 없앤다'고 했다. 우리가 지금이라도 옛 성현들의 지혜를 등불로 삼아 모두 각자의 자리에서 새로이 각성하고,

만년설처럼 쌓인 마음의 때Karma, 業, 我相를 매일 시시각각 조금씩 벗겨내면서 참나를 찾아 대도大道와 참 덕常德의 길로 나아간다면, 아직 희망의 기회는 있다. 전편에서 살펴봤듯이 도道와 하느님은 일체 편벽됨이 없어서 냉정할 정도로 불인不仁하지만, 본래 자慈, 사랑 그 자체이기 때문이다. 그러니 은나라 시조 탕왕이 세숫대야에 새기며盤銘, 매일 아침 세수할 때마다 다졌던 마음처럼, 구일신苟日新 일일신日日新 우일신又日新, 진실로 새로워지려면 하루하루 새롭게 하고, 또 날로 새롭게 하라.

a word of Tao Te Ching engraved in my heart **내 마음에 새겨보는 도덕경**

Golden Ratio of Life